KAMALA'S PAD

Dan Morain

Kamala's pad

Een Amerikaans leven

Vertaald uit het Amerikaans door Bep Fontijn en Frans Reusink

HOLLANDS DIEP
AMSTERDAM
2021

Deze uitgave kwam tot stand door bemiddeling van Sebes & Bisseling Literary Agency te Amsterdam

Oorspronkelijke titel: *Kamala's Way, An American Life*
Oorspronkelijk uitgegeven door: Simon & Schuster, 2021

Omslagontwerp: Simon & Schuster, New York
Omslagontwerp Nederlandse uitgave: Peter de Lange, Amsterdam
Typografie: Crius Group, Hulshout

ISBN 978 90 488 6098 2
ISBN 978 90 488 6099 9 (e-book)
NUR 681

www.hollandsdiep.nl
www.overamstel.com

OVERAMSTEL
uitgevers

Hollands Diep is een imprint van Overamstel Uitgevers bv

FSC
www.fsc.org
MIX
Papier van verantwoorde herkomst
FSC® C004472

Voor Claudia, mijn alles

Inhoud

Hoofdstuk 1

Shyamala's dochter

Als Kamala Harris haar plek in de geschiedenis aan iemand te danken heeft, dan is het wel aan de 26-jarige Indiase immigrante die in het najaar van 1964 van haar beviel in het Kaiser Hospital in Oakland, in de staat Californië. Misschien was het geen toeval dat haar geboorte twee weken voor de dag van de verkiezingen plaatsvond, en dat dit in Californië gebeurde. Het waren een jaar en een staat die de perfecte voedingsbodem bleken voor een meisje dat later bewees dat sociale vooruitgang en politiek bedrijven met de blote vuisten prima met elkaar konden samengaan.

Dat kleine meisje groeide op tot een stoere, gevatte, veeleisende, hardwerkende, slimme, gecompliceerde en multiculturele vrouw. Aan Kamala Harris gaat weinig voorbij en ze vergeet nog minder. Ze heeft trouwe medestanders, die al vanaf het begin deel uitmaken van haar politieke organisatie, en ze heeft mensen van zich vervreemd die voorheen als familie voor haar waren. Als de camera's niet draaien, heeft ze empathie getoond en is ze aardig geweest voor mensen die haar niet konden helpen, maar er zijn ook mensen geweest die haar goed kenden en vonden dat ze kil en berekenend was. Hoewel ze op het nationale podium acteert, deelt Harris maar weinig details over haar persoonlijke leven. Ze houdt van eten: ze vindt het leuk om te koken en om uit eten te gaan, in chique restaurants of buitenissige eethuisjes. De enige keer dat we samen hebben geluncht, koos ze een klein Caribisch familierestaurant tegenover het parlementsgebouw in Sacramento. Ze praatte over de gevarieerde kruiden en at langzaam, in tegenstelling tot mij, zoals ze opmerkte. Ze is vooral een moedersdochter. Mensen die nauw met haar samenwerken, vertellen dat er nauwelijks een week voorbijgaat of ze komt weer met een diepe wijsheid die afkomstig is van Shyamala Harris, die in 2009 overleed. De uitspraak die ze het vaakst herhaalt luidt: 'Je bent misschien de eerste die veel dingen aanpakt, maar zorg ervoor dat je niet de laatste bent.' Soms, tijdens belangrijke momenten in haar leven, pinkt ze een traantje weg als ze aan haar moeder denkt, en dan verlangt ze duidelijk naar de tijd dat ze nog aan haar zijde stond.

'Mijn moeder, Shyamala Gopalan Harris,[1] was een natuurkracht en de belangrijkste inspiratiebron in mijn leven,' schreef Harris in een bericht op Instagram waarin ze haar moeder herdacht ter ere van de Women's History Month in 2020. 'Ze leerde mijn zus Maya en mij hoe belangrijk het is om hard te werken en om te geloven in onze kracht om recht te zetten wat niet goed is.'

Shyamala Gopalan was 1 meter 54 lang. Ze was de oudste van vier kinderen van een hoge ambtenaar uit een gezin van ambitieuze mensen, in een land dat in 1947 onafhankelijk was geworden van Groot-Brittannië, negen jaar nadat ze was geboren. In 1958, toen ze negentien was, studeerde ze af in de huishoudkunde aan het Lady Irwin College in New Delhi. Met instemming van haar vader vertrok ze naar Berkeley, waar ze op zoek ging naar een betere en betekenisvollere opleiding. Ze ging voedingsleer en endocrinologie studeren, waarna ze promoveerde en in de decennia daarna veel erkenning kreeg voor haar onderzoek naar borstkanker. Haar werk werd meer dan honderdmaal geciteerd in andere wetenschappelijke artikelen en ze verdiende maar liefst 4,76 miljoen dollar aan subsidie voor haar werk.

'Mijn moeder is opgegroeid in een gezin waar politiek activisme en maatschappelijke betrokkenheid vanzelfsprekend waren,'[2] schreef Kamala Harris in haar autobiografie *The Truths We Hold* (2019). Dat licht ze nader toe: 'Van mijn beide grootouders erfde mijn moeder een krachtig ontwikkeld politiek bewustzijn. Ze was zich bewust van de geschiedenis, ze was zich bewust van de strijd, ze was zich bewust van de ongelijkheid. Ze werd geboren met een gevoel voor rechtvaardigheid dat was ingeprent in haar ziel.'

In het najaar van 1962 bezocht Shyamala Gopalan een bijeenkomst van zwarte studenten. Een van de sprekers was een jonge student uit Jamaica, Donald Jasper Harris, die econoom wilde worden. In 1961 was hij vanuit Jamaica naar de Verenigde Staten geëmigreerd, ook voor een goede opleiding. Hij was nogal radicaal, of, zoals economen zouden zeggen, 'heterodox'. Hij was geen aanhanger van een van de gangbare economische theorieën die toen populair waren op de Amerikaanse universiteiten. Donald Harris zei tegen *The New York Times* dat Gopalan, die een traditionele sari droeg, na zijn toespraak naar hem toe kwam en er 'in de groep mannen en vrouwen qua verschijning ver bovenuit stak'.[3] Ze maakte indruk op hem. Daarna spraken ze nog een paar keer met elkaar af en, zoals hij zei, 'de rest van het verhaal is bekend'.

Gopalan en Harris trouwden in 1963, het jaar nadat Jamaica onafhankelijk was geworden van het Verenigd Koninkrijk. In hun huwelijksaankondiging in de *Kingston Gleaner* van 1 november 1963 staat vermeld dat ze beiden aan het promoveren waren. Kamala Devi werd geboren in 1964, haar zus Maya Lakshmi twee jaar daarna. Devi is in het hindoeïsme de moedergodin, Lakshmi is de lotusgodin van rijkdom, schoonheid en voorspoed. Shyamala zei in 2004 tegen een verslaggever van de *Los Angeles Times* dat ze haar dochters namen had gegeven die waren afgeleid van de Indiase mythologie, om zo hun culturele identiteit in stand te houden. Daarover zei ze: 'Een cultuur die godinnen vereert, zal krachtige vrouwen voortbrengen.'[4]

Halverwege en eind jaren zestig waren beide ouders actief in de burgerrechtenbeweging. Harris vertelt dat ze door haar ouders in een wandelwagen werd meegenomen naar demonstraties, en volgens de familieverhalen was ze dan onrustig in haar wagen, waarop haar moeder vroeg wat ze wilde.

'*Fee-dom!*' zou ze daarop hebben geantwoord.

Net als veel andere academici doceerde Donald Harris in zijn beginjaren aan veel verschillende universiteiten: van Berkeley ging hij naar de University of Illinois in Urbana-Champaign, Northwestern University, de University of Wisconsin en daarna, in 1972, weer terug naar de Bay Area en Stanford. *The Stanford Daily*, een studentenkrant, karakteriseerde zijn economisch-filosofische opvattingen als marxistisch. Of dat nu klopte of niet: zijn ideeën waren in elk geval niet klassiek. Daardoor kwam zijn vaste aanstelling in gevaar. In 1974, toen zijn gasthoogleraarschap ten einde liep, was een deel van de hoogleraren economie op Stanford niet bereid hem aan te bevelen voor een voltijdse functie. De Union for Radical Political Economics bemoeide zich namens Harris met de kwestie, die ook werd opgepikt door *The Stanford Daily*. Studenten begonnen een petitie die werd ondertekend door meer dan 250 mensen, waarin werd geëist dat de faculteit economie de marxistische economie 'formeel zou erkennen', drie faculteitsleden zou benoemen die zich zouden bezighouden met het onderwerp en Harris zouden aanbevelen voor een loopbaantraject dat zou uitmonden in een voltijdse functie. Donald Harris schreef dat hij 'niet met alle geweld' op Stanford wilde blijven.[5] Toch werd hij uiteindelijk aangenomen, en zo werd hij de eerste zwarte econoom die op de economiefaculteit van Stanford een aanstelling kreeg. Hij bleef tot 1998 aan de universiteit verbonden, waarna hij stopte met doceren. Harris is nog steeds emeritus-hoogleraar.

Shyamala en Donald gingen in 1969 uit elkaar, toen Donald doceerde aan de University of Wisconsin. Kamala was toen vijf jaar oud, en Maya was drie. In januari 1972 werd de echtscheiding aangevraagd. Harris schreef in haar autobiografie dat 'het huwelijk misschien had kunnen worden gered als ze iets ouder en emotioneel iets volwassener waren geweest.[6] Maar ze waren nog zo jong. Mijn vader was mijn moeders eerste vriendje.'

In een artikel uit 2018 klaagde Donald Harris dat er aan het nauwe contact met Kamala en Maya 'een abrupt einde' kwam na een controversieel voogdijconflict.[7] Hij veroordeelde de voogdijregeling vanwege de 'onjuiste veronderstelling van de staat Californië dat vaders niet in staat zijn kinderen op te voeden (en zeker in het geval van deze vader, "*a neegroe from da eyelans*"'; een 'typische Yank' veronderstelde dat het zomaar kon gebeuren dat zo'n vader 'zijn kinderen als ontbijt zou oppeuzelen!') Hij schreef: 'Maar ik heb doorgezet en ben altijd van mijn kinderen blijven houden.'

In de uiteindelijke echtscheidingsbeschikking, daterend van 23 juli 1973, staat vermeld dat Shyamala de feitelijke voogdij over de kinderen kreeg, maar dat Donald het recht kreeg de kinderen om de week in het weekend te zien, en daarnaast twee maanden in de zomer. Hij schrijft dat hij zijn dochters meenam naar Jamaica om familieleden te ontmoeten en hun de wereld te laten zien die hij als kind had gekend: 'Ik probeerde die boodschap op een zeer concrete manier door te geven, door hen geregeld mee te nemen naar Jamaica en hen het leven daar in al zijn rijkdom en met al zijn moeilijkheden te laten ervaren.'

'Later,' schreef Donald Harris, 'toen ze volwassen genoeg waren, probeerde ik hun ook de tegenstrijdigheden in het economische en sociale leven in een "arm" land uit te leggen, zoals de schrijnende omstandigheid dat extreme armoede en uitzonderlijke rijkdom naast elkaar konden bestaan, terwijl ikzelf intensief samenwerkte met de regering van Jamaica om plannen en passende beleidsmaatregelen te ontwikkelen waarmee iets aan die omstandigheden kon worden veranderd.'

Hoezeer hij ook zijn best deed, de lessen die Harris' moeder haar kinderen leerde leken meer indruk te maken. Overal in haar autobiografie komen verwijzingen naar haar moeder voor. Haar vader noemt ze op misschien tien pagina's. 'Mijn vader is een goeie vent, maar we zijn niet heel close,' zei ze in 2003 tegen een interviewer.[8]

In haar officiële biografie op de website van de procureur-generaal van Californië noemt Harris zichzelf 'de dochter van dr. Shyamala Gopalan, een Tamil-vrouw die borstkankerspecialist werd en vanuit

Chennai in India naar de Verenigde Staten emigreerde om te gaan studeren aan de UC Berkeley.'[9] In die biografie wordt haar vader niet genoemd.

In een artikel over zijn Jamaicaanse voorouders schrijft Donald Harris over een Hamilton in zijn familieverleden, hoewel de Hamilton in de familie Harris – Hamilton Brown – weinig overeenkomsten vertoonde met Alexander Hamilton, een van de Founding Fathers van Amerika, die voor afschaffing van de slavernij was. 'Tijdens mijn leven gaan mijn wortels terug tot de grootmoeder van vaderskant, Miss Chrishy (geboren Christiana Brown, die afstamt van Hamilton Brown, die in de archieven is terug te vinden als plantage-eigenaar en slavenhouder, en als de stichter van Brown's Town).'[10] Hamilton Brown werd ongeveer in 1775 geboren in het graafschap Antrim, in Ierland. In zijn jonge jaren voer hij naar het Caribische eiland Jamaica. De eerste daad van hem die in de archieven is terug te vinden, vond plaats in 1803, toen hij zwarte mensen aan iemand verkocht. In de dertig jaar die volgden, gaf Hamilton Brown zich vol overgave over aan het brute systeem van de Jamaicaanse slavernij. Hij was een van de meest uitgesproken verdedigers van dat systeem en nam het op tegen de groeiende, door baptisten en methodisten geleide beweging tegen slavernij.

Voor witte mensen in zijn tijd en met zijn achtergrond was dit werk een gebruikelijke manier om fortuin te verwerven. 'Het handelen in slaven was een beroep: voor witte mannen leidde het bezit van slaven tot materiële vooruitgang, onafhankelijkheid en meer vrijheid,' schrijft Christer Petley, hoogleraar geschiedenis aan de University of Southampton, in zijn boek *Slaveholders in Jamaica*.[11]

Hamilton Brown klom op in de Jamaicaanse maatschappij en veroverde een zetel in het House of Assembly, het wetgevende lichaam van het eiland. Hij was advocaat en stond te boek als tussenpersoon, gevolmachtigde, uitvoerder, bewaker, bedrijfsleider, ontvanger of bewindvoerder op meer dan vijftig plantages. Petley schrijft dat er op plantages in Jamaica vaak wel tweehonderd slaven werkten.

Witten bezaten uitgestrekte suiker-, piment- en koffieplantages, waar zwarten slavenarbeid verrichtten. De Jamaicaanse, door slaven geproduceerde suiker speelde een cruciale rol in de handel met Europa: 'Meer dan een derde deel van alle slavenschepen die handeldreven met Groot-Brittannië gingen hier voor anker,' schrijft Petley.[12] Op het hoogtepunt van de Jamaicaanse slaveneconomie werden er 354.000 zwarten als slaaf ingezet door acht- tot tienduizend witten.

'In Jamaica waren seksuele betrekkingen tussen witte mannen en tot slaaf gemaakte vrouwen gebruikelijk, en aangezien de juridische status van de ene op de volgende generatie via de vrouwelijke lijn verliep, werden de kinderen van tot slaaf gemaakte moeders in slavernij geboren, ongeacht de juridische status van hun vader,' schrijft Petley.[13]

Welke misdaden Hamilton Brown precies heeft gepleegd tegen de mensen die hij bijna 220 jaar geleden tot slaaf maakte, is niet meer te achterhalen. Of zijn DNA nog voortleeft, kan zonder genetische tests niet worden bepaald. Maar Petley schrijft dat het 'seksuele opportunisme van witte mannen een belangrijke aanwijzing was voor hun dwingende macht en hoge sociale status'.[14]

Naast al zijn andere bezigheden werd Hamilton Brown ook een van de toonaangevende leden van de militie. Begin jaren dertig van de negentiende eeuw, toen de slaven in opstand kwamen, werden hij en zijn militie ingezet om de opstand te onderdrukken. Toen hij en zijn soldaten op onderzoek uit gingen, ontdekten ze een aantal van de opstandelingen. Tien van hen werden opgehangen, dertien anderen kregen driehonderd zweepslagen.

'Brown deed zijn uiterste best de opstand te onderdrukken en was trots op zijn daden,' schrijft Petley.[15]

In 1833, na de slavenopstand, boog de Britse regering voor de abolitionisten en nam een wet aan waardoor de Jamaicaanse slaven in vrijheid werden gesteld. In de daaropvolgende jaren probeerde Hamilton Brown het tekort aan werkkrachten op de plantage op te vangen door arbeiders uit Ierland te importeren. In 1842 bood hij zijn verontschuldigingen aan dat hij niet meer rijkdom had verworven die hij kon nalaten aan de volgende generatie, en beklaagde hij zich over de financiële klap die hij had moeten incasseren 'vanwege de aanzienlijke achteruitgang van de Jamaicaanse bezittingen'.[16] Hij stierf in 1843.

Shyamala en Donald Harris woonden in Berkeley en Oakland toen de steden aan de East Bay het centrum vormden van de Free Speech Movement en van een groot aantal andere organisaties die zich inzetten voor politieke verandering. De beweging die een einde aan de oorlog in Vietnam eiste, de opkomst van de milieubeweging, groeperingen die rechtvaardigheid op rassengebied eisten, de beweging die opkwam voor de rechten van gevangenen en vele andere ontwikkelingen bepaalden de kolkende sfeer van verandering die zo kenmerkend was voor die tijd.

'Ze werden verliefd op die typisch Amerikaanse manier: terwijl ze deelnamen aan een mars voor rechtvaardigheid in de burgerrechtenbeweging van de jaren zestig.[17] In de straten van Oakland en Berkeley zag ik vanuit mijn positie in de kinderwagen hoe mensen betrokken raakten bij wat John Lewis de "gepaste onlusten" noemde,' zei Harris op de Democratische Nationale Conventie, toen ze de nominatie van haar partij aanvaardde om de running mate van Joe Biden te worden.

Het waren heftige tijden en er stond heel wat op het spel. Geregeld werd de National Guard naar de campus van de UC Berkeley geroepen. Vanaf de grond en vanuit helikopters werden traangasgranaten afgeschoten. Tijdens een demonstratie in 1969, die ging over een stuk braakliggend terrein dat later het People's Park werd genoemd, schoot de politie een ongewapende demonstrant dood.[18] De Black Panther Party for Self-Defense ontstond in 1966 en werd opgericht door Huey Newton en Bobby Seale. De Panthers droegen openlijk wapens als ze toekeken terwijl de politie in Oakland mensen van kleur staande hield. Het baarde de autoriteiten zorgen dat jonge zwarte mannen legaal wapens konden dragen. In mei

1967, kort nadat Ronald Reagan gouverneur was geworden, gingen zo'n vijfentwintig Panthers met baretten, donkere brillen en leren jasjes, én met ongeladen pistolen, onder leiding van Newton en Seale het parlementsgebouw in Sacramento binnen. De kop van *The Sacramento Bee* luidde: GEWAPENDE BLACK PANTHERS BESTORMEN PARLEMENTSGEBOUW. De Panthers ondernamen hun actie om protest aan te tekenen tegen een wetsvoorstel dat het openlijk dragen van vuurwapens verbood. In het voorstel, dat was opgesteld door een Republikeins parlementslid uit het welgestelde Oakland Hills, was onder meer een bepaling opgenomen waarin het dragen van vuurwapens in het parlementsgebouw verboden werd. Het werd met een overweldigende meerderheid van zowel Republikeinen als Democraten aangenomen.

Met steun van de National Rifle Association werd de wet een dag nadat die was aangenomen door het parlement ondertekend door gouverneur Reagan. 'Er is geen reden waarom burgers vandaag de dag op straat zouden moeten rondlopen met geladen wapens,' zei hij.[19] Het was een van de eerste vuurwapen beperkende maatregelen die in Californië getroffen werden. Er zouden er nog vele volgen, hoewel de NRA later probeerde die maatregelen tegen te houden – met weinig succes.

Ondanks de nieuwe wet was het in de straten van Oakland onrustig en gevaarlijk. In oktober 1967 werd Newton in de stad aangehouden. Er brak een vuurgevecht uit en agent John Frey werd doodgeschoten. Newton, die in zijn buik werd getroffen, werd aangeklaagd wegens moord. '*Free Huey*' werd een belangrijke strijdkreet in die tijd. Newton werd veroordeeld wegens doodslag en kreeg een gevangenisstraf, maar de veroordeling werd nietig verklaard door een hof van beroep. Nadat de zaak driemaal geseponeerd was, besloot de openbaar aanklager van Alameda County de zaak niet meer in behandeling te nemen en toen mocht hij de straat weer op, al duurde dat niet lang. Hij werd aangeklaagd omdat hij een prostituee zou hebben vermoord en omdat hij een man, zijn vroegere kleermaker, met de kolf van een pistool had neergeslagen.

In de jaren zestig was Newton een charismatische figuur geweest, en toen hij in de gevangenis zat groeide hij uit tot een soort cultheld.[20] Maar Thomas Orloff, de plaatsvervangend openbaar aanklager van Alameda County, dacht daar anders over. Hij vervolgde Newton vanwege de moord op de prostituee en het neerslaan met een pistool van de kleermaker – 'met beperkt succes'. Orloff, die later de openbaar aanklager van Alameda County werd, zei: 'De Huey Newton zoals ik hem kende, was feitelijk een gangster.'[21]

Newton promoveerde aan de University of California in Santa Cruz, maar kwam voortijdig aan zijn einde toen hij in 1989 in West Oakland op straat werd doodgeschoten toen hij drugs kocht.[22]

Shyamala Gopalan was getuige van de geboorte van een nieuwe cultuur in Amerika, maar ze zorgde er wel voor dat haar dochters meer te weten kwamen over hun Indiase achtergrond en reisde met hen de halve wereld over om hen te laten kennismaken met hun grootouders. Maar de Amerikaanse opvattingen over ras en genderongelijkheid begonnen langzaam maar zeker door te dringen. Ook begreep ze dat 'ze twee zwarte dochters opvoedde' en dat ze in Amerika als zwarten zouden worden beschouwd, schreef Harris in haar autobiografie.[23]

Sommige van de lessen die Shyamala haar dochters leerde vonden plaats tijdens bijeenkomsten in Rainbow Sign, een zwart cultureel centrum in Berkeley. Tot de gasten die het centrum bezochten behoorden Shirley Chisholm, parlementslid voor New York en de eerste zwarte presidentskandidate, Nina Simone, jazz-zangeres, muzikant en toonaangevende figuur in de burgerrechtenbeweging, en de dichteres Maya Angelou.

'In deze #BlackHistoryMonth wil ik aandacht vragen voor mijn moeder en de mensen van Rainbow Sign, die ons leerden dat alles mogelijk was, bevrijd van wat eerder gebeurd was,' luidde in 2020 de boodschap van Harris op de social media.[24]

Maar voor Shyamala ging die les niet altijd op. Op de UC Berkeley had ze samengewerkt met een vriendin, dr. Mina Bissell, die zich herinnerde dat Shyamala een promotie was beloofd die uiteindelijk naar een man was gegaan. De alleenstaande moeder van Kamala, die toen twaalf was, en Maya van tien, besloot daarop in 1976 te gaan doceren aan de McGill University in Montreal en onderzoek te gaan doen naar borstkanker in het Jewish General Hospital in die stad.

Shyamala had als kind al veel gereisd. Haar vader was een hooggeplaatste ambtenaar in India, die in Shyamala's jonge jaren posities bekleedde in Chennai, New Delhi, Mumbai en Kolkata. Voor haar was het vermoedelijk de gewoonste zaak van de wereld om, op zoek naar nieuwe kansen, van Californië naar Quebec te verhuizen. Maar voor haar oudste dochter was het een zorgwekkende stap. Kamala herinnert zich in haar autobiografie dat 'de gedachte om in februari, midden in het schooljaar, te vertrekken uit het zonnige Californië en in een buitenlandse stad te gaan wonen waar Frans werd gesproken en waar een pak sneeuw van 3,5 meter dik lag, beangstigend was'.[25] Shyamala schreef haar in op Notre-Dame-des-Neige, een lagere school waar Frans werd gesproken, en later op Westmount High School, een van de oudste Engelstalige scholen in Quebec.

Op Westmount nam Kamala deel aan peptalkbijeenkomsten en richtte ze de dansgroep 'Midnight Magic' op en samen met vijf vriendinnen danste ze in zelfgemaakte glitterkostuums op popmuziek uit het begin van de jaren tachtig.[26] Daarnaast maakte ze kennis met de harde werkelijkheid.

Wanda Kagan en Kamala Harris waren op de middelbare school in Montreal hartsvriendinnen, maar zoals dat gaat met tienervriendschappen verloren ze elkaar na het eindexamen uit het oog. In 2005 kregen ze weer contact met elkaar. Kagan had gezien dat haar vriendin in The Oprah Winfrey Show had gesproken over haar ervaringen als de eerste zwarte vrouw van Californië die het ambt van procureur-generaal bekleedde.

Kagan belde Harris op en de twee voerden een lang gesprek. Ze haalden herinneringen op aan hun gezamenlijke verleden, waaronder de periode waarin Kagan bij Kamala, Maya en Shyamala Harris inwoonde. Ze ontvluchtte het misbruik dat bij haar thuis plaatsvond.

Tijdens dat gesprek, zei Kagan, vertelde Harris haar dat ze vooral openbaar aanklager was geworden 'vanwege de dingen die ze met mij had meegemaakt'.[27] Ze zei tegen Harris dat het inwonen bij de familie Harris een van de weinige gebeurtenissen in die jaren was waaraan ze goede herinneringen bewaarde. Kagan, die haar verhaal voor het eerst vertelde aan *The New York Times*, herinnerde zich dat de familie Harris gezamenlijk kookte en at. Vaak waren dat Indiase gerechten. Nog nooit had ze zo lekker gegeten. Voor haar was het een bijzondere tijd. Thuis bij de familie Harris was ze niet 'gewoon iemand die nu even bij ons woonde'. Ze werd beschouwd als een volwaardig lid van het gezin. Shyamala stond erop dat ze psychologische hulp zou zoeken. Dit alles maakte zoveel indruk op Kagan dat ze haar dochter Maya noemde. Het verhaal over die band tussen twee tienermeisjes, dat zich tientallen jaren daarvoor had afgespeeld in Montreal, zou deel uitmaken van de presidentscampagne in 2020.

Uit Harris' bijdrage aan het schooljaarboek blijkt dat ze hevig verlangde naar een terugkeer naar de Verenigde Staten. Geluk omschrijft ze als 'internationale telefoongesprekken voeren', en over haar dierbaarste herinneringen schrijft ze: 'Californië, Angelo; zomer 1980'. Op de foto in het jaarboek heeft ze een glimlach rond haar mond, en al snel daarna zou ze als eerstejaarsstudente toetreden tot Howard University, een van oorsprong zwarte universiteit in Washington DC. In die jaarboekbijdrage spreekt Harris haar zus bemoedigend toe: 'Kop op MA YA!' Maya zou uitgroeien tot de belangrijkste vertrouwenspersoon van Kamala Harris toen ze carrière begon te maken in de politiek. Shyamala's dochter besluit haar bijdrage met een eerbetoon aan de natuurkracht die de belangrijkste inspiratiebron van haar leven was: 'Spec. dank aan: mijn moeder.'

Hoofdstuk 2

Dat kleine meisje

Het is onmogelijk Harris te begrijpen zonder iets te weten over de unieke tegenstrijdigheden in de Californische politiek. Californië kent vele smaken. Sommige delen van de staat zijn zo conservatief als de roodste delen van het land. Andere behoren juist tot de meest progressieve delen van Amerika. Om een stempel te drukken op de geschiedenis van de staat, zoals Harris heeft gedaan, moet een politicus weten hoe je tussen al die uitersten moet manoeuvreren. We zullen zien dat ze haar succes grotendeels heeft te danken aan precies dat talent.

Maar vooral is het van belang iets meer te weten over de tegenstrijdige reputatie van Californië als het gaat om rassenkwesties; een reputatie waar Harris mee te maken zou krijgen vanaf de dag waarop ze werd geboren.

De verkiezingen in 1964 vielen op 3 november, twee weken na 20 oktober, de dag waarop Shyamala Gopalan Harris beviel van haar eerste dochter. Als de nieuwe ouders al aandacht hadden voor de verkiezingsuitslagen – ze hadden het veel te druk met hun pasgeboren baby – hadden Shyamala en Donald Harris kunnen zien dat er zich die avond een gedenkwaardige aardverschuiving voltrok. President Lyndon Johnson won met overmacht van senator Barry Goldwater, de Republikeinse kandidaat uit Arizona, wat hem een mandaat verschafte waarmee hij zijn binnenlandse beleid, dat zich concentreerde op zijn Great Society en de burgerrechten, in elk geval een poosje verder kon uitwerken. Hij kreeg in Californië bijna 60 procent van de stemmen: het was de eerste keer in zestien jaar dat een Democraat Californië had weten te winnen.

Aan de overkant van San Francisco Bay won de dertigjarige zwarte Willie Lewis Brown jr., die campagne voerde als een 'verantwoord progressief politicus', de strijd om een zetel in het Californische parlement van een Iers-Amerikaanse die de parlementszetel al sinds 1940 bezet hield. Eerder dat jaar had Phillip Burton bij een speciale verkiezing al een Congreszetel in de wacht gesleept. Samen met Burtons jongere broer, John Burton, die ook een zetel in het parlement veroverde, werd Brown een van de kernleden van het politieke apparaat van Burton, dat later bekendstond als de *Burton-Brown machine*, en ten slotte simpelweg *Willie Brown's machine* werd genoemd. Hoe dan ook: die organisatie domineerde de politiek in San Francisco in de decennia die zouden volgen.

Brown, zoon van een huishoudster en een ober, groeide op in Mineola, in de staat Texas, een stadje op zo'n 135 kilometer ten oosten van Dallas met 3600 inwoners waar rassenscheiding en ongelijkheid aan de orde van de dag waren. In 1951, toen hij zeventien was, ontvluchtte hij het door de Jim Crow-wetten beheerste Zuiden en vertrok op zijn versleten schoenen naar San Francisco, met zijn bezittingen in een kartonnen koffer. De enige die hij kende in San Francisco was zijn oom, Rembert ('Itsie') Collins, een gokker die zich met luxe omringde – hij droeg zijden pakken en diamantringen – en die Brown wegwijs maakte in de stad waar hij zelf later de scepter zou zwaaien.

Net als Shyamala Gopalan, Donald Harris en zovele anderen was Brown westwaarts getrokken op zoek naar betere kansen. Dat betekende dat hij een opleiding moest volgen. Brown doorliep het San Francisco State College, had een bijbaantje als conciërge en werd meester in de rechten aan het Hastings College of Law van de University of California, dat midden in het Tenderloin District van San Francisco ligt. Zowel toen als nu wonen er in Tenderloin nieuwe Amerikanen en het ongelukkige, mislukte en verslaafde deel van de bevolking. Brown, die er niet in slaagde een baan te krijgen bij een van de advocatenkantoren in het centrum, vertegenwoordigde cliënten die werden beschuldigd van misdaden die verband hielden met prostitutie en drugs. Dat zou later veranderen, toen hij in de laatste decennia van de twintigste eeuw een van de machtigste politici van Californië werd.[1] Kamala Harris zou dat in de daaropvolgende jaren van dichtbij meemaken. En zijzelf zou leren hoe ze moest omgaan met de verraderlijke politieke tegenstrijdigheden in de staat die haar ouders tot de hunne hadden gekozen.

Op die verkiezingsdag beslisten de kiezers in Californië over de uitkomst van een stemming, Proposition 14, waarin huiseigenaren de 'volledige beslissingsbevoegdheid' kregen om hun eigendom wel of niet te verkopen aan wie ze maar wilden, en waarin het de staatsautoriteiten werd verboden aan huiseigenaren op te leggen aan wie ze hun panden wilden verkopen. Het voorstel, gefinancierd door belangenverenigingen van makelaars en flateigenaren, telde niet meer dan 270 woorden. Het doel was simpel, hoewel het niet expliciet werd vermeld: witte huiseigenaren moesten het recht hebben zwarten uit de betere buurten in de voorsteden te weren; een oproep die tientallen jaren later tijdens de presidentscampagne in 2020 weerklonk uit de mond van president Trump.

In de officiële stemfolder die alle geregistreerde stemgerechtigden in Californië ontvingen, legden de voorstanders van Proposition 14 uit wat de bedoeling was: als de overheid huiseigenaren kon opleggen hun eigendom te verhuren of te verkopen aan iedereen die in staat was te betalen, 'hoe kunnen we het parlement er dan van weerhouden dat het wetten aanneemt waarin het huiseigenaren wordt verboden om af te zien van het sluiten van huur- en koopovereenkomsten op grond van sekse, leeftijd, huwelijkse staat of gebrek aan financiële verantwoordelijkheid?'[2]

Stanley Mosk, de progressieve procureur-generaal van Californië, vond precies het tegenovergestelde: 'Het zou racisme legitimeren en uitlokken.[3] In een tijd waarin ons land vorderingen maakt op het terrein van burgerrechten, wordt voorgesteld om Californië te transformeren tot een tweede Mississippi of Alabama, en een sfeer te creëren waarin geweld en haat gedijen.'

Net als veel andere steden viel Berkeley in twee delen uiteen, als gevolg van *redlining*.* Mensen van kleur konden over het algemeen ten oosten van Grove Street – nu de Martin Luther King Jr. Way – geen huizen huren of kopen. Witte mensen woonden in de met eucalyptussen en eiken begroeide heuvels in het oosten. Het gezin Harris huurde een huis in de Berkeley Flats, het vlakke gebied.

Proposition 14 was een reactie op de Fair Housing Act van Rumford. In die wet, in 1963 getekend door gouverneur Edmund G. 'Pat' Brown, werd gegarandeerd dat mensen het recht hadden een huis te huren waar ze dat wilden en de wet verbood discriminatie op de socialewoningmarkt. De wet werd op de laatste avond van de parlementaire zitting aangenomen, nadat conservatieve senatoren de wet hadden afgezwakt door een uitzondering te maken voor eengezinswoningen.

De opsteller van de wet, parlementslid William Byron Rumford, vertegenwoordigde het district dat de Berkeley Flats en West Oakland omvatte, waar de familie Harris woonde. Rumford, een farmaceut die was opgeleid aan de University of California in San Francisco – ook een openbare universiteit – won zijn zetel in 1948 en was de eerste zwarte uit de Bay Area die in het parlement werd gekozen.[4]

Makelaars in onroerend goed beschouwden Californië als het strijdperk voor een landelijke krachtmeting over het open huisvestingsbeleid en 'hadden het idee dat ze, als ze erin slaagden deze wetgeving in het zogenaamd "progressieve" Californië tegen te houden, een flinke kans hadden dat zoiets in andere delen van het land ook zou lukken', zei Rumford in een interview.[5]

* Noot van de vertalers: *redlining* is de praktijk waarbij in bepaalde gebieden op grond van racistische overwegingen geen woningen worden verhuurd of verkocht of geen dan wel beperkte diensten worden aangeboden aan bepaalde groepen.

Een spannende strijd werd het niet.

Op de dag dat de inwoners van Californië met een overweldigende meerderheid kozen voor Lyndon Johnson en Willie Brown naar het parlement in Sacramento stuurden, stemden ze in met Proposition 14: 65 tegen 35 procent. Stemgerechtigden in 57 van de 58 county's van de staat, waaronder het progressieve San Francisco, stemden voor het voorstel. In Alameda County, waar de familie Harris woonde, stemde 60 procent van de kiesgerechtigden ermee in.

Proposition 14 zou niet lang standhouden. Het Hooggerechtshof van Californië vernietigde de wet in 1966 en oordeelde dat het een schending vormde van de grondwettelijke eis dat alle burgers gelijke bescherming genieten. Op 29 mei 1967 stemde het Amerikaanse Hooggerechtshof in met het oordeel dat de maatregel het veertiende amendement schond, met de kleinst mogelijke meerderheid: vijf tegen vier.[6]

Rechter van het Hooggerechtshof William O. Douglas schreef op eigen gezag: 'Dit ligt niet zo eenvoudig als bij iemand met een fiets, een auto, een aandeel of zelfs een blokhut die opkomt voor zijn recht die zaken te verkopen aan wie hij wil en alle anderen uitsluit, of dat nu zwarten, Chinezen, Japanners, Russen, katholieken, doopsgezinden of mensen met blauwe ogen zijn.' In plaats daarvan ging het hier om 'een vorm van geraffineerde discriminatie', bedoeld om bepaalde buurten wit te houden.

Douglas citeerde James Madison en schreef: 'En tegen die mensen die beweren dat Proposition 14 de wil van het volk van Californië vertegenwoordigt, kun je eigenlijk alleen maar zeggen: "Daar waar de werkelijke macht van een regering ligt, daar doemt het gevaar van onderdrukking op."'

Met andere woorden: er zijn gegronde redenen waarom de grondwet minderheden beschermt tegen de ongebreidelde macht van de meerderheid.

Tegenstanders van die opvatting deden een beroep op de wil van het volk en hielden vol dat rechtbanken bij zulke zaken achteraf geen kritiek zouden moeten leveren op de wetgevende macht, of – in het verlengde daarvan – op mensen die hebben deelgenomen aan een verkiezing.

Tientallen jaren later zou de procureur-generaal van Californië, Kamala Harris, een soortgelijk argument gebruiken toen zij pleitte voor het homohuwelijk. Maar lang daarvoor nog zou ze op een veel directere manier aan den lijve ondervinden welke gevolgen een stevige confrontatie over rassenkwesties voor haar had.

Neil V. Sullivan, schoolinspecteur van Berkeley, was de op Harvard opgeleide zoon van een moeder die wist dat een goede opleiding de manier was om weg te komen uit hun Ierse getto in Manchester, in New Hampshire. Daarnaast was hij een prominente voorvechter van gemengd onderwijs.

Namens de regering-Kennedy werkte Sullivan in 1963 aan de heropening van scholen in Prince Edward County in Virginia, nadat voorstanders van rassenscheiding probeerden de wetgeving op gemengde scholen te ontwijken door alle openbare scholen te sluiten. De ouders van witte kinderen stuurden hun kinderen naar speciale privéscholen. Zwarte kinderen hadden geen school. Sullivan had een lastige taak. Dorpsbewoners stortten geregeld afval op de trappen en de veranda van Sullivans huurhuis. Er volgden bommeldingen. Iemand vuurde een kogel af door een van de ramen van zijn huis. Maar hij slaagde erin de scholen weer open te krijgen, en in 1964 bracht de Amerikaanse minister van Justitie Robert F. Kennedy een bezoek aan Sullivan in Prince Edward County, nadat diens broer, president John F. Kennedy, was vermoord.

'De kinderen waren meteen dol op hem. Het was duidelijk dat zij hem het psychologische duwtje gaven waaraan hij zo'n behoefte had,' schreef Sullivan later.[7]

In september 1964 kwam Sullivan naar Berkeley, op instigatie van het schoolbestuur. Aanvankelijk leek het een ingewikkelde klus te worden. Leden van het schoolbestuur werden tegengewerkt als ze probeerden gemengde scholen op te zetten, maar ze hielden stand.

Daarmee was Sullivan ervan verzekerd dat hij zijn opdracht kon uitvoeren. In mei 1967 zei Sullivan tegen het schoolbestuur van Berkeley: 'In september is het zover dat deze scholen volledig gemengd zijn. Op die dag kunnen we geschiedenis schrijven.'

Sullivan schreef de herinneringen aan zijn ervaringen in Berkeley op in een boek, *Now Is the Time*, een verwijzing naar de aansporing van Martin Luther King tijdens de Mars op Washington in 1963: 'Dit is het moment om de democratische belofte te verwezenlijken.'

Dr. King, die een vriend van Sullivan was geworden, schreef in het voorwoord van diens boek, dat op 1 september 1967 verscheen: 'Ik ben ervan overtuigd dat onze scholen het voortouw moeten nemen in deze krachtsinspanning, en dat ze daartoe in staat zijn.'[8] Maar dr. King zou het resultaat van Sullivans inspanningen niet meer meemaken.

In 1968, het jaar van de moorden en de burgeropstand, loste Sullivan zijn belofte in. Met bussen werden zwarte kinderen uit de Berkeley Flats naar de scholen in de heuvels vervoerd, en witte kinderen gingen met bussen naar de Berkeley Flats. Berkeley werd de grootste stad in Amerika waar gemengde scholen bestonden.

'Is het mogelijk dat een middelgrote stad, met het gebruikelijke legertje witte fanatiekelingen dat de brievenbussen overspoelt met de ene na de andere hatelijke oproep, een stad die is omringd door steden waar het witte én zwarte racisme de boventoon voert, dat zo'n stad in zijn opzet slaagt? In Berkeley luidt het antwoord onomwonden: JA,' schreef Sullivan.[9]

Kamala Harris zat in 1968 niet in een van die bussen. Daar was ze nog te jong voor. Ook in 1969, het jaar waarin ze naar de kleuterschool ging, zat ze nog niet in de schoolbus. In dat jaar stuurden haar ouders haar naar een Montessorischool in Berkeley.

Maar in het najaar van 1970 stapte dat kleine meisje wel degelijk in de bus, op weg naar de eerste klas van basisschool Thousand Oaks, vanaf haar huis een rit van bijna 4 kilometer.[10] Voordat er gemengde scholen bestonden, was 11 procent van de leerlingen van

Thousand Oaks zwart. In 1970 was dat opgelopen tot meer dan 40 procent.

'Of we volwassenen kunnen veranderen, is de vraag. Maar kinderen kunnen we wel degelijk veranderen. Onze kinderen zullen opgroeien in een omgeving waar rechtvaardigheid deel uitmaakt van hun levenspatroon en we hopen dat ze rechtvaardigheid zullen uitdragen,' schreef Sullivan.[11] Sullivans opvattingen waren bewonderenswaardig en ambitieus, maar zeker niet eenvoudig te verwezenlijken.

Een halve eeuw later, toen de strijd om het presidentschap op zijn hoogtepunt was, was Harris vastbesloten de Amerikanen mee te nemen naar dat moment in de geschiedenis. Op het grote podium van het Adrienne Arsht Center for the Performing Arts in Miami, in Florida, was de Amerikaanse senator Kamala Harris, de openbaar aanklager die politicus was geworden en die de dochter was van een moeder uit India en een vader uit Jamaica, niet van plan zich de mond te laten snoeren.

'Ik wil het graag hebben over het onderwerp ras,' zei Harris, toen in haar eerste termijn als senator van Californië, en met die opmerking maakte ze een einde aan een discussie in het eerste Democratische voorverkiezingsdebat dat inmiddels een uur aan de gang was in de strijd die zou bepalen wie de kans zou krijgen president Donald J. Trump uit het zadel te lichten.[12]

Een van de gespreksleiders, Rachel Maddow van de Amerikaanse nieuwszender MSNBC, zei dat ze niet langer dan 30 seconden de tijd kreeg. Harris glimlachte en zette zich schrap. Wat zij die 27ste juni 2019 van plan was, zou iets langer gaan duren dan dertig seconden.

Ze wendde zich tot Joe Biden, de voormalige vicepresident en favoriete kandidaat. Hij was tweeëntwintig jaar ouder dan zij, iemand van een andere generatie. Harris begon rustig. Ze geloofde niet dat hij een racist was, zei ze, waarmee ze min of meer suggereerde dat hij dat wel zou kunnen zijn. Daarna ging ze recht op haar doel af. In het verleden had Biden bijna romantisch geklonken over zijn dagen in de Senaat, toen de politiek nog beschaafd was en hij, een progressieve politicus uit Delaware, samenwerkte met senator James O. Eastland uit Mississippi en Herman E. Talmadge uit Georgia, oudgediende Democraten die beiden voorstanders van het segregatiebeleid waren. Met de wetgeving waaraan zij werkten, wilden ze het busvervoer verhinderen dat zou leiden tot gemengde scholen. Harris noemde dat 'pijnlijk'.

'En weet u, er was een klein meisje in Californië dat in de tweede schoolklas zat die ervoor moest zorgen dat haar openbare scholen gemengde scholen werden, en ze werd elke dag met de bus naar school gebracht. En dat kleine meisje, dat was ik,' zei Harris in wat zou uitgroeien tot het centrale thema van het debat.

In de daaropvolgende dagen werd er tussen Harris' aanhangers en critici verhit gedebatteerd over de kwestie of de georkestreerde aanval in politieke zin slim was of juist onder de gordel, of het een botte uithaal was of een noodzakelijke doorbraak voor een kandidaat die aansluiting zocht bij de Democratische topkandidaten die wilden meedoen aan de strijd om het Amerikaanse presidentschap. Het minste dat je kon zeggen was dat Kamala Harris haar bewering dat zij de belichaming was van het multiculturele Amerika had waargemaakt, en dat ze direct had geprofiteerd van een zwaarbevochten beleid dat door de voorstanders van segregatie met alle macht was bestreden. Terwijl ze vergenoegd aan de zijlijn stond toe te kijken, verhulde dit politieke incident de context van het tijdperk waarin ze was geboren.

Dat moment was bedoeld om Harris in één klap tot een van de favorieten te bombarderen, haar een stevige positie in de achterban van de Democratische partij te verlenen – vooral onder de zwarte kiezers – en om Biden, de grote favoriet, pootje te lichten. En het had eventjes effect. Harris' campagneteam greep het moment aan en plaatste op Twitter een foto van Harris als klein meisje, met strikken in haar vlechten en een ernstige, vastbesloten blik op haar gezicht. Het team van Biden werd in de verdediging gedwongen. Harris' campagneteam pakte door en verkocht T-shirts met de foto van het meisje met de vlechten en de tekst: DAT KLEINE MEISJE, DAT WAS IK.[13] Verkoopprijs: 29,99 tot 32,99 dollar.

Harris begon aan de strijd om het presidentschap in de volle overtuiging om die te winnen. Om dat voor elkaar te krijgen, moest ze de favoriet verslaan. Dat dit niet is gelukt, is te wijten aan de fouten die ze zelf maakte, en aan factoren die buiten haar macht lagen. Maar hoewel haar campagne haperde en volledig tot stilstand kwam nog voordat de eerste stemmen waren uitgebracht, maakte Harris veel indruk. Ze heeft iets waardoor ze je eigenlijk altijd wel weet te raken.

Zo zit Kamala Harris in elkaar.

Hoofdstuk 3

Opleiding, apartheid en een slachtpartij

Op 13 mei 2017, 150 jaar nadat Howard University was gesticht en 31 jaar nadat ze er was afgestudeerd, keerde senator Kamala Harris terug naar haar alma mater om daar de toespraak voor de afgestudeerde studenten te houden. Net als veel andere oud-studenten van Howard is Harris trouw aan haar universiteit en spreekt ze er met veel warmte over. Ze heeft het over de vele geweldige Howard-studenten die haar voorgingen, onder wie schrijver Toni Morrison en rechter van het Hooggerechtshof Thurgood Marshall, en vele anderen. In haar toespraak ging ze nader in op het motto van Howard University, '*Veritas et utilitas*', waarheid en dienstbaarheid. Zonder Donald Trump met name te noemen liet ze er geen twijfel over bestaan naar wie ze verwees.

'In een tijd waarin er Amerikanen zijn, van wie onevenredig veel zwarte en bruine mannen, die gevangenzitten in een gebrekkig systeem van massale opsluiting: spreek de waarheid en toon je dienstbaar. In een tijd waarin mannen, vrouwen en kinderen op de vliegvelden in ons land worden vastgehouden vanwege de god die ze vereren: spreek de waarheid en wees dienstbaar. In een tijd waarin immigranten voor schoolgebouwen en rechtbanken van hun familie worden gescheiden: spreek de waarheid en wees dienstbaar.'

Howard University neemt een unieke plaats in de Amerikaanse geschiedenis in, zeker met de opkomst van Harris. De universiteit is vernoemd naar Oliver O. Howard, de majoor-generaal uit de Amerikaanse Burgeroorlog die leidinggaf aan het Bureau of Refugees, Freedmen, and Abandoned Lands (Bureau voor Vluchtelingen, Vrijgelatenen en Verlaten Landerijen) en die zich inzette om ervoor te zorgen dat de 4 miljoen mensen die bevrijd werden door de Emancipation Proclamation en de Burgeroorlog het recht zouden krijgen om te trouwen, land te bezitten, de kost te verdienen, te stemmen en naar school te gaan. Howard zou later een belangrijke rol spelen bij het opleiden van onderwijzers en anderen die voormalige slaven hielpen om een positie in de maatschappij te verwerven.

President Andrew Johnson – die tegen zwarten was, veel dronk en hechtte aan samenzweringstheorieën – tekende op 2 maart 1867 de wet waarmee Howard University in het leven werd geroepen. Dat was op dezelfde dag als waarop het Congres Johnsons veto tegen de eerste Reconstruction Act terzijde schoof, en een jaar voordat het Huis van Afgevaardigden een *impeachment*-procedure tegen hem begon. In een boek over de geschiedenis van Howard University schrijft Rayford W. Logan, die bijna dertig jaar lang hoogleraar geschiedenis was aan Howard, dat Johnsons beslissing om de wet te tekenen gezien diens racistische denkbeelden 'waarschijnlijk niet onzelfzuchtig' was. Misschien, schreef hij, besefte Johnson niet hoe belangrijk de wet was die hij tekende.

Op 7 november 2020, de dag waarop Joe Biden de overwinning opeiste in zijn lange weg naar het presidentschap, stapte de pas gekozen vicepresident Kamala Harris geheel in het wit gekleed het podium op ter ere van het honderdjarig bestaan van het vrouwenkiesrecht, en met paarlen oorbellen in ter ere van Alpha Kappa Alpha, de eerste vrouwelijke studentenvereniging van het land die door en voor zwarte vrouwen werd opgericht. Harris sprak haar waardering uit voor de vrouwen die haar voorgingen – Shirley Chisholm, Hillary Clinton en vele anderen – en werd het levende bewijs dat elk meisje kan bereiken wat ze wil als ze talent en doorzettingsvermogen heeft... en een dosis geluk. Haar doorbraak is met name van groot belang voor haar studentenvereniging, Alpha Kappa Alpha, die in 1908 werd opgericht: de leden van die vereniging en andere die de 'Divine Nine'-studentenverenigingen vormen, en die zijn gesticht door zwarte vrouwen, hebben de kandidatuur van Biden en Harris zonder twijfels vleugels gegeven.

'Vanavond sta ik stil bij hun strijd, bij hun vastbeslotenheid, en bij hun krachtige visie om te bepalen wat ontlast kan worden van dat wat is geweest,' zei Harris tegen de menigte die zich had verzameld in Wilmington in de staat Delaware, en tegen al die mensen in Amerika en de rest van de wereld die tv zaten te kijken. Veel van die mensen maken deel uit van de Howard-familie.

Karen Gibbs zat te kijken in haar huis in een buitenwijk van Washington DC. Zij en Harris woonden op Howard naast elkaar en werden hartsvriendinnen.

'Pure opwinding, een en al trots en dankbaarheid,' zei Gibbs, die vertelde wat er door haar heen ging toen ze naar de peetmoeder van haar kinderen zat te kijken. 'Ik stroomde over van emotie.'

De universiteit ligt op iets minder dan 4 kilometer lopen van het Witte Huis. Howard heeft burgemeesters en senatoren voortgebracht, een rechter van het Hooggerechtshof en Nobelprijswinnaars, en nu iemand die haar plaats zal innemen in het Witte Huis. Harris had, net als anderen die ervoor kozen op Howard te gaan studeren, naar een andere topuniversiteit kunnen gaan. Maar ze wilde naar een oorspronkelijk zwarte universiteit omdat ze gerespecteerd wilde worden om wie ze was en wat ze was, omdat ze zich wilde omringen met mensen die eruitzagen zoals zij, en omdat ze, als iemand die niet van huis uit tot de bevoorrechten behoorde, niet hoefde te vechten om erbij te horen.

'Het is uiteindelijk Kamala die het voor elkaar heeft gekregen. Je kunt er alleen maar heel erg blij en optimistisch van worden,' zei Ron Wood, advocaat en prominent afgestudeerde van Howard, die haar toespraak vanuit zijn huis in Los Angeles had bekeken.

Halverwege de jaren tachtig was Kamala Harris, die was opgegroeid in Berkeley en Oakland en als kleuter al had deelgenomen aan demonstraties, op Howard University op de juiste plaats.

'We dansten op vrijdagavond, en we protesteerden op zaterdagochtend,' zei Harris over de tijd dat ze op Howard studeerde, een uitspraak die ze deed in een video ten behoeve van de presidentscampagne en die was bedoeld voor de oud-studenten van de HBCU's (Historically Black Colleges and Universities, oorspronkelijk zwarte universiteiten), en met name voor haar zusters van de studentenvereniging Alpha Kappa Alpha, een netwerk van geslaagde, universitair opgeleide vrouwen.[1] In *The Truths We Hold* schrijft Harris:

> Elke dag kon je midden in de Yard gaan staan en dan zag je aan je rechterhand jonge dansers die hun passen oefenden of muzikanten die hun instrument bespeelden. Keek je naar links, dan zag je studenten met aktetassen zeulen die net uit de economiefaculteit kwamen en studenten geneeskunde in hun witte jassen die op weg waren naar het lab. Groepen studenten stonden in een kring te lachen of ze waren verwikkeld in een moeilijke discussie. [...] Dat was het mooie van Howard. Alles wees erop dat we alles konden worden wat we wilden, dat we jong, getalenteerd en zwart waren, en dat we ons door niets of niemand moesten laten dwarsbomen.[2]

Harris studeerde in 1986 af in de politicologie en economie. In het jaarboek van Howard University van dat jaar kunnen we zien dat Shirley Chisholm in het zonnetje werd gezet vanwege haar glansrijke carrière. Wynton Marsalis en Run-DMC traden op. Jongere studenten waren er boos over dat de minimumleeftijd om alcohol te drinken in 1984 landelijk was verhoogd van achttien naar eenentwintig; studenten van Howard begonnen pc's te gebruiken, die toen 3000 dollar of meer kostten. Studenten organiseerden een boycot van Coca-Cola, omdat dat bedrijf zakendeed in het door witten geregeerde Zuid-Afrika. Op 20 januari 1986 werd er in Amerika voor het eerst Martin Luther King Day gevierd. Dominee Jesse Jackson hield die dag op Howard University een toespraak over King.

Harris en Karen Gibbs gingen samen winkelen, deelden de extraatjes die ze in hun postpakketjes van huis aantroffen, gingen op zondag geregeld met elkaar naar verschillende kerken in Washington en kookten samen.

'Ze moest altijd lachen om mijn kookkunsten. Ik at zonder kruiden,' zei Gibbs.[3]

Harris ging thuis op bezoek bij Gibbs in Delaware en Gibbs bij Harris in Oakland. Gibbs toonde Harris hoeveel ze voor haar betekende door haar te vragen de peetmoeder van haar kinderen te worden. Harris vond dat een grote eer. Tot op de dag van vandaag denkt Gibbs aan Shyamala Harris als ze een recept bereidt dat Shyamala haar heeft geleerd: in boter gebakken groene appels met kaneel. Op Howard waren Harris en Gibbs er zeer op gebrand hun doel te bereiken, namelijk om advocaat of procureur te worden. Beiden slaagden daarin. 'Dat is de periode waarin we volwassen werden, waarin we ontdekten wie we waren. Het was een enerverende tijd. Er waren zoveel jonge, getalenteerde en zwarte mensen,' zegt Gibbs. Senator Harris nodigde Gibbs uit om aanwezig te zijn bij de Senaatshoorzitting van Brett Kavanaugh, beoogd rechter van het Hooggerechtshof. Harris vond het belangrijk om te weten wat haar vriendin, die zelf veel onwillige getuigen had verhoord, van haar optreden vond. Gibbs vond dat Harris zich meesterlijk van haar ondervragingstaak had gekweten.

Toen Harris op Howard studeerde, liep ze stage bij de Californische senator Alan Cranston. Later zou ze zelf op de stoel van Cranston zitten. Ook liep ze mee in een protestmars tegen apartheid. In een toespraak die ze kort na de herverkiezing in 1984 van president Ronald Reagan hield op Howard, beschuldigde de Zuid-Afrikaanse leider bisschop Desmond M. Tutu de regering-Reagan ervan samen te werken met Zuid-Afrika om het racisme in zijn eigen land te bestendigen, meldde persbureau Associated Press op 7 november 1984.[4] Tutu zei dat het Amerikaanse beleid onder Reagan 'een regelrechte ramp voor de zwarten' in zijn eigen land was en dat Reagans beleid het regime ertoe aanzette 'zijn onderdrukkende maatregelen op te voeren' en 'een onverzoenlijker houding aan te nemen'.

In Harris' eigen staat Californië namen mensen in machtsposities maatregelen die erop waren gericht het Zuid-Afrikaanse regime ten val te brengen. Bij die poging speelde een invloedrijke Republikein een opvallend grote rol.

Jarenlang had Maxine Waters, toen nog staatsparlementslid uit Los Angeles, zonder succes geprobeerd wetgeving te stimuleren om de managers van het gigantische ambtenarenpensioenfonds van Californië te dwingen het aandelenbezit van bedrijven die zakendeden in Zuid-Afrika van de hand te doen. Voorzitter van het Californische parlement Willie Brown steunde die pogingen zo goed hij kon. In juni 1985 deed Brown een beroep op de bestuursraad van de University of California om afstand te doen van de universitaire pensioenfondsaandelen in Zuid-Afrika. Hoewel Brown op het hoogtepunt van zijn macht was en controle kon uitoefenen op de financiering van de universiteit, verwierp het bestuur zijn verzoek. Gouverneur George Deukmejian, een Republikein, stemde aanvankelijk in met dat besluit.

Terwijl studenten hun protesten tegen de apartheid voortzetten, probeerde Brown invloed uit te oefenen op de gouverneur. Hij zorgde ervoor dat hij Deukmejian tegenkwam als die ging lunchen, in de cafetaria die zich in de kelder van het parlementsgebouw bevond. Brown zou zelf nooit in die kelder zijn gaan eten. Hij hield van echt lekker eten. Deukmejian was al blij met een wit broodje tonijn. Als er iets was waar Brown niet van hield, dan was het van tonijn. De parlementsvoorzitter offerde zijn goede smaak op voor een belangrijke zaak en schreef in zijn autobiografie *Basic Brown*: 'We bespraken allerlei kwesties tijdens die lunches, waaronder de genocide op het Armeense volk door de Turken in 1915', een gruwelijke gebeurtenis die ook in het leven van Deukmejian een rol speelde, aangezien zijn eigen familieleden er destijds vreselijk onder hadden geleden.[5] 'Ik legde hem uit dat er parallellen waren tussen de omstandigheden van het Armeense volk dat toen zo leed en de zwarte burgers in Zuid-Afrika van dat moment.'

Deukmejian veranderde langzaam van gedachten. Medio 1986 belde Deukmejians stafchef, Steven Merksamer, de directeur van de University of California om te zeggen dat de gouverneur zijn bezwaren tegen het van de hand doen van de aandelen heroverwoog.

Vervolgens deed Deukmejian een beroep op president Reagan, met wie hij bevriend was. Geen enkel parlementslid had dichter bij Reagan gestaan in diens periode als gouverneur dan Deukmejian. In een brief drong hij er bij Reagan op aan 'de druk op te voeren tegen het apartheidsregime in Zuid-Afrika'.[6] Hij ondertekende de brief met 'Duke'.

Op 16 juli 1986 schreef Deukmejian aan de bestuursleden: 'In deze crisisperiode moeten we de zwarte Zuid-Afrikanen niet de rug toekeren.[7] Californië kan als de op zes na grootste economie ter wereld een verschil maken. We moeten ons sterk maken voor vrijheid en opstaan tegen schendingen van mensenrechten, waar die ook plaatsvinden.'

Twee dagen later besloten de bestuursleden, in aanwezigheid van Deukmejian, hun positie te wijzigen en stemden ze voor het terugtrekken van miljarden dollars uit pensioenfondsen die aandelen hadden in bedrijven die zakendeden met Zuid-Afrika.

In Sacramento herintroduceerde het vrouwelijke parlementslid Waters in 1986 een wet waarin staatspensioenfondsen werden gedwongen hun aandelen in bedrijven die in Zuid-Afrika opereerden te verkopen. Grote bedrijven – de belangrijkste politieke steunpilaren van Deukmejian – deden hun uiterste best de wet tegen te houden. Maar de wet werd aangenomen, met steun van de Republikeinen. Op de dag dat Deukmejian de wet van Waters ondertekende, wierp hij de vraag op die hem al die tijd had beziggehouden: 'Hoe zouden wij ons voelen als ónze rechten en ónze individuele vrijheid met voeten werden getreden en de rest van de wereld zou ons de rug toekeren?'[8]

Mocht Harris de ontwikkelingen in die tijd in de gaten hebben gehouden, dan had ze gezien dat de maatregelen die in Sacramento werden genomen invloed hadden. Californië bewees eens te meer dat het voorop kon lopen in een beweging, misschien zelfs in een heel land. Ook Nelson Mandela viel dit op – om maar eens iemand te noemen.

In 1990, het jaar waarin Harris aan het werk ging als openbaar aanklager van Alameda County, werd Mandela door de Zuid-Afrikaanse autoriteiten in vrijheid gesteld nadat hij 27 jaar gevangen had gezeten. In juni verscheen een triomfantelijke Mandela in het Oakland Coliseum voor een publiek van 60.000 mensen die 'Vrijheid! Vrijheid!' scandeerden. Tijdens dat bezoek aan Oakland prees Mandela de politieke leiders in Californië, die druk hadden uitgeoefend op Zuid-Afrika door zich in te zetten voor het terugtrekken van aandelen in Zuid-Afrikaanse bedrijven.[9]

'Ik geloof niet dat er een beslissing van ons is geweest die wereldwijd zoveel invloed heeft gehad,' zei Brown jaren later.[10] 'We hebben Nelson Mandela de sleutel van zijn cel gebracht.'

Shyamala was met Maya teruggekeerd naar Oakland en had een baan als onderzoeker gevonden op Berkeley, vanuit Oakland aan de andere kant van de baai. Ook Kamala besloot terug te keren naar huis. Zij schreef zich in op het UC Hastings College of the Law in het centrum van San Francisco.

Ze begon aan haar rechtenstudie in 1987. Dat was het jaar nadat de kiesgerechtigden in Californië drie progressieve rechters van het Californische Hooggerechtshof naar huis hadden gestemd, in een door Deukmejian geleide campagne. Deukmejian verving de drie Democratische rechters door conservatieve, waarna de Republikeinse rechters een meerderheid hadden die ze de daaropvolgende dertig jaar zouden behouden.

Harris' jaar op de rechtenfaculteit leverde talloze juristen met succesvolle carrières op. Een van hen, McGregor Scott, werd procureur-generaal in Sacramento onder de presidenten George W. Bush en Donald Trump. Een ander, J. Christopher Stevens, werd lid van de Amerikaanse diplomatieke dienst en werd in 2012 door president Obama benoemd tot Amerikaans ambassadeur in Libië. Stevens kwam om het leven toen terroristen op 11 september 2012 het consulaat in Benghazi aanvielen. Harris werd voorzitter van de Black Law Students Association van Hastings. Maar mensen die haar daarvan kenden, zeggen nu dat ze er niet boven uitstak. Ze slaagde niet summa cum laude, magna cum laude of cum laude.

'Er was destijds niets wat erop wees dat ze later openbaar aanklager, procureur-generaal, senator of vicepresident zou worden,' zei de uit San Francisco afkomstige advocaat Matthew D. Davis, een jaargenoot en vriend die haar steunde tijdens de campagne.[11]

Kamala Harris was bezig met de afronding van haar studie aan Hastings toen Californië en het land op 17 januari 1989 werden opgeschrikt door een nieuw soort rampspoed.

Patrick Purdy, een van haat vervulde jongeman die gekleed was in gevechtstenue en met een AK-47-machinegeweer zwaaide, richtte zijn wapen op kinderen op de speelplaats van de Cleveland-kleuterschool in Stockton. Nadat hij 106 kogels had afgevuurd, bleken er 5 kinderen dood te zijn en 29 anderen gewond, net als de onderwijzer. De ouders van vrijwel alle slachtoffers hadden de onrust in Zuidoost-Azië ingeruild tegen de vrijheid die hun beloofd was in Amerika. Purdy, die zichzelf door het hoofd schoot, was niet de eerste schutter die een massaslachting aanrichtte in de Verenigde Staten. Maar de misdadige beslissing om kinderen als slachtoffer te kiezen, zou in de decennia daarna op talloze scholen worden herhaald.

In Sacramento, zo'n 80 kilometer noordelijker, reageerden Democratische parlementsleden door opnieuw aandacht te vragen voor wetgeving die gericht was op een al zo lang op de plank liggend verbod op (semi)automatische vuurwapens. De toenmalige procureur-generaal John Van de Kamp, een voorstander van wapenbeperkingswetten, had al een commissie in het leven geroepen om zo'n wet van de grond te krijgen. Een van de pleitbezorgers daarvan was Richard Iglehart, plaatsvervangend openbaar aanklager in Alameda County. Iglehart bood de kennis die nodig was voor het vormgeven van de wet en samen met andere justitiële autoriteiten probeerde hij steun te verwerven van politici die bang waren voor een terugval als zij de wet zouden ondersteunen. 'Wij waren in staat die zaak snel voor elkaar te krijgen,' zei Iglehart destijds.[12]

Gouverneur Deukmejian werd in 1982 vooral gekozen omdat zijn Democratische tegenstander, de voormalige burgemeester van Los Angeles Tom Bradley, dat jaar een initiatief steunde waarover gestemd kon worden en waarmee strenge wapenbeperkingswetten zouden zijn ingevoerd.[13] Daarom was Deukmejian niet meteen iemand die wapenbeperkingswetten zou gaan ondertekenen. Maar nu, tegen het einde van de periode waarin hij zich beschikbaar stelde voor gekozen functies, werd hij diep getroffen door de slachtpartij in Stockton.

'U bent niet alleen in uw verdriet,' zei Deukmejian tijdens een toespraak voor tweeduizend mensen bij de begrafenis van de kinderen, die in vier talen plaatsvond.[14] Willie Brown was een van de aanwezigen en zag dat de gouverneur tranen in zijn ogen kreeg. 'Uw verdriet is ons verdriet. Uw pijn is onze pijn. Deze vreselijke tragedie heeft de mensen in onze staat geschokt en ons intens verdrietig gemaakt.'

Deukmejian besloot dat de verkoop van (semi)automatische wapens aan banden moest worden gelegd. Ondanks intensief lobbyen van de NRA en Gun Owners of California omvatte deze wet de eerste landelijke maatregel ten behoeve van een verbod op (semi)automatische wapens. Vier maanden na de moordpartij op de Cleveland-kleuterschool ondertekende Deukmejian de wet: 'Met deze wetgeving komen die vijf prachtige jonge kinderen niet terug, die zo tragisch om het leven kwamen op het schoolplein in Stockton, maar we hopen en bidden dat deze maatregelen, in combinatie met andere maatregelen die we zullen treffen, ons onverschrokken en moedige politiekorps tot steun zullen zijn.'[15]

De nieuwe wet was verre van volmaakt. Omdat specifieke modellen werden verboden, deden de wapenfabrikanten kleine aanpassingen en gingen gewoon door met het verkopen van hun dodelijke waar. Maar in Californië markeerde het in 1989 afgekondigde verbod op (semi)automatische wapens het begin van de teloorgang van de voorstanders van wapenbezit. In 2000 besteedde de afdeling politieke campagnes van de NRA 373.000 dollar aan campagnes in Californië. In 2010, het jaar waarin Harris werd verkozen tot procureur-generaal van Californië, maakte de NRA bekend dat er geen cent aan campagnes in Californië zou worden besteed. Het zou zonde zijn van het geld. De grote meerderheid van de kiesgerechtigden in Californië stond inmiddels achter de strenge wapenbeperkingswetten.

In de daaropvolgende jaren werd de wet door het parlement zodanig aangescherpt dat automatische snelvuurwapens die beschikken over magazijnen met meer dan tien kogels verboden zijn in Californië. In andere wetten is bepaald dat er bij de aankoop van een wapen een achtergrondonderzoek plaatsvindt, dat de verkoop van goedkope handwapens aan banden is gelegd, dat er geen wapens worden verkocht aan mensen die zich schuldig hebben gemaakt aan alcoholmisbruik of aan huiselijk geweld, dat wapens op universiteitscampussen verboden zijn, dat er beperkingen zijn opgelegd aan het aantal wapens dat men per maand mag aanschaffen en dat er alleen munitie kan worden verkocht aan mensen die wettelijk gerechtigd zijn wapens te bezitten. En er zijn nog veel meer beperkende maatregelen.

Al vroeg in haar carrière zou Kamala Harris kennismaken met de schrijnende werkelijkheid waarin wapens in de verkeerde handen terechtkomen. In haar functie als openbaar aanklager trad ze zeer doortastend op in het handhaven van de Californische wetten die erop gericht zijn wapens uit handen te houden van mensen die ze niet zouden moeten bezitten.

Hoofdstuk 4

Proeven aan de politiek

Openbaar aanklagers weten dat ze vaak te maken krijgen met de duistere kanten van het leven. En dan was Alameda County zelfs het criminele neusje van de zalm. In 1990, toen Kamala Harris als openbaar aanklager in de dop het openbaar ministerie van Alameda County binnenstapte, had het aantal moorden in de provinciehoofdstad van Oakland een record bereikt van 146, waarmee het record van het jaar daarvoor gebroken werd.[1] En in 1992 werd een nieuw dieptepunt bereikt, toen het er 165 waren. Een paar jaar daarvoor trok er een begrafenisstoet voor een drugsbaron die in de gevangenis was vermoord, met een door paarden getrokken koets voorop, door de straten van Oakland, wat duizend rouwenden op de been bracht.[2]

Op sommige ochtenden stonden de mensen die voor de behandeling van hun verkeersovertreding kwamen in lange rijen te wachten voor de deuren van de Wiley W. Manuel-rechtbank, een gerechtsgebouw dat is genoemd naar de uit Oakland afkomstige man die de eerste zwarte rechter in het Hooggerechtshof van Californië was. Een brug verbindt het gerechtsgebouw met het hoofdbureau van politie van Oakland en de gevangenis van Alameda County. Het strafrechtelijk complex ligt vlak bij de snelweg die langs de oostelijke oever van de San Francisco Bay loopt, niet ver van de plek waar de twee verdiepingen van de dubbeldeks Cypress Structure-snelweg ineenstortten tijdens de aardbeving Loma Prieta op 17 oktober 1989, waarbij 42 mensen om het leven kwamen van de in totaal 63 slachtoffers die deze beving eiste.

Daar begon plaatsvervangend openbaar aanklager Kamala Harris, de vijfentwintigjarige dochter van hoogstaande intellectuelen uit Berkeley, aan haar carrière, nadat ze het geduchte gerechtelijke toelatingsexamen van de staat Californië bij haar tweede poging had gehaald.

In haar eerste toespraak voor de presidentscampagne, dertig jaar later, legde Harris uit waarom ze openbaar aanklager wilde worden: 'Ik wist dat de mensen in onze samenleving die het vaakst worden belaagd door schurken ook vaak de mensen zijn die geen stem hebben en kwetsbaar zijn.'[3]

Harris betrad dan het gerechtsgebouw en beklom de trap naar de eerste verdieping, waar zich de doolhof van kantoren van het openbaar ministerie bevonden, of als ze daar zin in had nam ze de lift, die vol stond met juryleden, gedagvaarden, getuigen en advocaten. Agenten deden een hazenslaapje voordat ze moesten getuigen. Er waren misschien wel vijf processen tegelijk aan de gang. De wereld van Alpha Kappa Alpha was heel ver weg.

In 1988 was Harris, toen nog rechtenstudent, griffier van de openbaar aanklager in Alameda County; een gewild baantje, omdat griffiers ervaring in de rechtszaal opdeden en bovendien betaald kregen. Door zijn legendarische geschiedenis is het openbaar ministerie zeer aantrekkelijk voor ambitieuze jonge juristen. Earl Warren, die gouverneur van Californië was en opperrechter van het Amerikaanse Hooggerechtshof, was ooit openbaar aanklager in Alameda County. Ook Edwin Meese III, minister van Justitie onder president Reagan, werkte op het openbaar ministerie van Alameda County. Dat gold tevens voor Ming Chin en Carol A. Corrigan, rechters van het Hooggerechtshof van Californië. Tussen de middag gingen Harris en andere jonge juristen met hun lunchpakketje naar de bibliotheek, waar ervaren openbaar aanklagers rechtszaken onder de loep namen en adviezen gaven over processtrategieën.

'Ze onderscheidde zich enigszins van de rest.[4] Ze had een opvallend soort zelfvertrouwen,' zei Nancy O'Malley, openbaar aanklager van Alameda County, die destijds een van Harris' begeleiders was. Harris was energiek, bereid om lastige zaken op zich te nemen, uiterst oplettend en zeer ambitieus. Ze wist al snel waar ze de kennis moest halen die ze nodig had. 'Ze lette heel goed op als er oudgedienden aan het woord waren.'

Net als de andere nieuwkomers behandelde Harris ernstige overtredingen, waaronder vaak zaken die verband hielden met rijden onder invloed, en ze hield zich bezig met de beginfasen van processen rond zware misdaadzaken. Daarna werkte ze telkens een halfjaar voor rechtbanken in Fremont en Hayward, waarna ze in december 1991 terugkeerde naar de Wiley Manuel-rechtbank – en op al die rechtbanken maakte ze zich de ondervragingstechnieken eigen die haar van pas kwamen toen ze senator in Washington werd.

Er was geen jonge jurist die het kon zijn ontgaan wat er in oktober 1991 in Washington gebeurde. Senator Joe Biden was voorzitter van de Judiciary Committee (de commissie Juridische Zaken) tijdens de hoorzitting van Clarence Thomas, beoogd rechter van het Hooggerechtshof. Hoogleraar rechtsgeleerdheid Anita Hill verscheen voor de geheel uit witte mannen bestaande commissie en getuigde dat Thomas haar onder druk had gezet om afspraakjes te maken en met haar over pornofilms had gesproken toen ze voor hem werkte op het ministerie van Onderwijs en in de Equal Employment Opportunity Commission (commissie gelijke behandeling op het werk).[5] Hill werd door de heren in de commissie beledigd en gekleineerd. Thomas deed de hoorzittingen af als een 'lynchpartij op niveau'.

De commissie Juridische Zaken stuurde de nominatie van Thomas zonder aanbeveling naar de Senaat, waar de senatoren zijn benoeming bekrachtigden met 52 tegen 48 stemmen. Biden stemde tegen, maar met zijn stemgedrag joeg hij de vele vrouwen die geloofden in Anita Hill tegen zich in het harnas.

Een jaar later, in oktober 1992, ging Harris in op een aanbod om voor de jeugdrechtbank te gaan werken. Het was een zware baan.

Er bestonden zoveel problemen op de scholen in Oakland dat de helft de 53.000 leerlingen in het district bij standaardtesten onder de 50 procent scoorde.[6] Spijbelen was aan de orde van de dag. Het parlement van Californië had in 1990 een commissie ingesteld die toezicht moest houden op de financiële handel en wandel van de scholen in Oakland, in een periode waarin het district op de rand van een faillissement stond.[7] Alles wat er bij de jeugdrechtbank wordt behandeld, is vertrouwelijk. De zaken die ze heeft behandeld, liggen in de kluis. Maar Harris zegt vaak dat ze verhalen hoorde van kinderen die seksueel zijn misbruikt en uitgebuit. Die ervaringen kwamen haar in het vervolg van haar carrière van pas, toen ze posities bekleedde waarin ze invloed had op het beleid en wetten kon vormgeven – en toen ze nadacht over functies waarvoor ze gekozen moest worden.

Op de verkiezingsavond van 7 november 1992 reed Harris in haar Toyota Corolla via de San Francisco Bay Bridge naar het Fairmont Hotel in Nob Hill, waar de Democraten een feestje vierden. Het was een prima avond om Democraat te zijn. Bill Clinton was tot president gekozen en Barbara Boxer en Dianne Feinstein genoten van de overwinning die ze ieder hadden behaald in de strijd om een zetel in de Amerikaanse Senaat.[8] Boxer, de progressiefste van de twee senatoren, was een van de zeven Democratische Congresleden geweest die in 1991 naar de Senaat waren gestapt met de eis dat ze de voordracht van Thomas wilden bespreken met de Democraten in de Senaat, waarna hun de toegang werd ontzegd tot de bijeenkomst van de Democratische senatoren, een besloten vergadering die altijd op dinsdag plaatsvond.[9] Boxer gebruikte de mishandeling van Anita Hill en de aanstelling van Thomas om kiezers aan haar kant te krijgen en de verkiezingen te winnen in 1992, het 'jaar van de vrouw'.

Niemand had kunnen voorspellen dat Kamala Harris, toen een onopvallende, 27-jarige verschijning in de feestzaal in Fairmont, in 2016 de plaats van Boxer zou innemen in de Amerikaanse Senaat en vervolgens zitting zou nemen in de commissie Juridische Zaken.

Maar daar was ze, 27 jaar later, toen Christine Blasey Ford, een psycholoog uit Menlo Park – een voorstad van San Francisco – zo moedig was om op te staan en te getuigen dat Trumps tweede kandidaat-rechter voor het Hooggerechtshof, Brett Kavanaugh, haar had aangerand toen ze tieners waren. De overeenkomsten met de kandidatuur van Thomas waren onmiskenbaar, en het resultaat was hetzelfde.

Democraten hadden zonder succes geprobeerd de opvattingen van Kavanaugh over de zaak Roe versus Wade – de baanbrekende zaak over abortusrechten uit 1973 – voor het voetlicht te brengen. Harris gebruikte de haar toebedeelde tijd en de ervaring die ze had opgedaan als openbaar aanklager in Alameda County om de zaak op scherp te zetten: 'Kunt u ook maar enige wet bedenken die de overheid het gezag geeft om besluiten te nemen over het lichaam van de man?'[10]

Kavanaugh struikelde over zijn woorden: 'Ik eh, ik eh... Op dit moment kan ik me die niet voor de geest halen, senator.'

Harris' route naar die hoorzitting verliep via Sacramento.

Het leven van Harris nam een wending in 1994. Ze had een relatie gekregen met een van de meest getalenteerde politici van het land, Willie Brown, de voorzitter van het parlement van de staat Californië. Die verhouding was onevenwichtig: hij was dertig jaar ouder dan zij. Maar ze deelden een aantal belangrijke eigenschappen: beiden waren ambitieus en intelligent, en beiden hadden vanuit een bescheiden positie flink wat bereikt, hoewel vooral Browns levenswandel niet gemakkelijk was geweest: hij kwam immers uit het Texas uit de tijd van de Jim Crow-wetten.

Om een dominante positie te verwerven, moest Brown ervoor zorgen dat hij bekend werd, en daarom knoopte hij een cruciale vriendschap aan met columnist Herb Caen van de *San Francisco Chronicle*. Caen vertelde me een van de geheimen van zijn succes: San Francisco was niet een stad waar het wemelde van de beroemdheden, dus moest hij beroemdheden creëren. Dat is een van de methoden waarmee hij het voor elkaar kreeg dat zijn zogenoemde 'driepuntscolumns' vijftig jaar lang door zo'n beetje heel San Francisco werden gelezen. Hij schreef over de stad, verdedigde de stad, vervloekte de stad, was de trendsetter als het op smaakvolle zaken aankwam, maar ook op minder smaakvolle. En er was niemand die een grotere rol speelde in de wereld die hij beschreef dan zijn goede vriend Willie Brown. Op vrijdag lunchten ze samen in bistro Le Central en ze reisden samen naar Parijs.[11] Brown – altijd gewiekst, altijd in voor een kwinkslag, stijlvol gekleed in een pak van Wilkes Bashford en een gleufhoed op, of rondrijdend in zijn nieuwe Ferrari – was regelmatig het onderwerp van de pittige, impertinente, melancholieke, grappige en altijd vermakelijke columns, die in de krant verschenen naast de advertenties voor het warenhuis Macy's.[12]

Op 22 maart 1994 bezorgde Brown Caen buitengewoon interessant materiaal voor een column. Brown vierde zijn zestigste verjaardag op het landgoed van miljardair Ron Burkle, Greenacres, een villa van ruim 3300 vierkante meter die oorspronkelijk in opdracht van stommefilmacteur Harold Lloyd was gebouwd op een weelderig groen terrein van zes hectare in Benedict Canyon. Burkle en Brown waren vrienden: Burkle had Brown ooit ook ingehuurd als advocaat. In de jaren negentig organiseerde Burke op Greenacres politieke fondsenwervingsbijeenkomsten voor president Clinton en andere prominente Democraten. De *Los Angeles Times* noemde het landgoed 'het Versailles van de fondsenwerving'. Caen schreef dat Barbra Streisand aanwezig was op Browns zestigste verjaardag en dat Clint Eastwood 'champagne morste op Kamala Harris, de nieuwe vaste vriendin van de parlementsvoorzitter'. Dat was een publieke aankondiging van Browns en Harris' relatie die er wezen mocht.

In de loop van die relatie gaf Brown Harris een BMW, en zij reisde met hem naar Parijs, bezocht de Oscar-uitreikingen met hem en maakte deel uit van het gezelschap dat in 1994 met hem naar Boston vloog. Toen Brown in Boston was, kreeg hij een telefoontje van de New Yorkse miljardair Donald Trump. Trump wilde met hem praten over een hotelproject dat hij in Los Angeles wilde realiseren en stuurde zijn vliegtuig naar Boston, zodat Brown en diens gevolg – onder wie Harris – naar New York City konden vliegen. Het vliegtuig was vanbinnen verguld, er hingen waardevolle schilderijen aan de cabinewanden en er lagen briefjes voor Trump van diens toenmalige echtgenote, Marla Maples. Brown en Trump lunchten samen in het Plaza Hotel. Het project in Los Angeles zou nooit worden uitgevoerd. Trump en Harris hebben elkaar toen waarschijnlijk niet ontmoet, maar de Wiley Manuel-rechtbank was toen al lang en breed uit het zicht.

In 1994 kwam het einde van de aan termijnen gebonden carrière van Willie Brown in het parlement in zicht. Het begin van dat einde voltrok zich in 1986, toen zakenlieden uit Georgia een parlementslid ertoe wisten over te halen een wetsvoorstel in te dienen waarin werd toegestemd in de bouw van een garnalenverwerkingsfabriek, en ze de goedkeuring van dat voorstel stimuleerden door hier en daar geld uit te delen. Het wetsvoorstel werd door beide kamers van het Californische Congres aangenomen. Maar er was helemaal geen garnalenverwerkingsfabriek, en er waren ook geen zakenlieden uit Georgia. Het was allemaal een luchtspiegeling, deel van een undercoveroperatie van de FBI. Het schandaal kwam in 1988 aan het licht, toen FBI-agenten de kantoren van een aantal parlementsleden in het parlementsgebouw doorzochten.[13] Net als andere journalisten die verslag deden van het schandaal ging ik ervan uit dat men het op Brown had gemunt, en dat dacht hijzelf ook. Meer dan tien parlementsleden, lobbyisten en anderen werden veroordeeld of bekenden schuld. Maar Brown kende de regels en de wet, en hij was niet één keer buiten zijn boekje gegaan. Wel moest er een andere, permanente prijs worden betaald. De conservatieven sloegen munt uit het schandaal en steunden in 1990 een initiatief om de zittingstermijn van parlementsleden aan banden te leggen. Het primaire doel was om af te komen van Brown, die ooit de beroemde uitspraak deed dat hij 'de ayatollah van het parlement' was. In de meer conservatieve delen van de staat werden campagnemails verstuurd met weinig vleiende afbeeldingen van Brown. De kiezers in San Francisco stemden in overgrote meerderheid tegen de termijn beperkende maatregelen, maar in heel Californië werd het voorstel wel aangenomen: 52 tegen 48 procent. De verkiezingen in 1994 zouden Browns laatste parlementsverkiezing worden. Zijn einde was sneller gekomen dan hij had gehoopt.

In 1994 werd gouverneur Pete Wilson herkozen ten koste van de Californische bewindvoerder van Financiën Kathleen Brown – de dochter van Pat Brown en de zus van Jerry Brown – met een verkiezingsprogramma waarin steun werd uitgesproken voor de doodstraf, een wet tegen illegale immigratie (Proposition 187) en een uitzonderlijk strenge versie van de *three strikes*-wetgeving* (Proposition 184). Die Californische three strikes-wet, die werd gefinancierd door de California Correctional Peace Officers Association (de Californische vakbond voor gevangenbewaarders) en de NRA, leidde tot levenslange gevangenisstraffen voor veel mensen die waren veroordeeld wegens winkeldiefstal.[14] Ingewijden voorspelden dat Californië vijfentwintig nieuwe gevangenissen nodig zou hebben om de aanstaande toestroom van maar liefst 100.000 gevangenen te kunnen onderbrengen.

Landelijk kregen de Republikeinen onder leiding van Newt Gingrich een meerderheid in het Huis van Afgevaardigden. In Californië namen de Republikeinen het parlement voor het eerst in vijfentwintig jaar over en kregen een meerderheid van 41 tegen 39. Dat betekende dat Willie Brown zijn voorzitterschap zou kwijtraken zodra het parlement in december bijeen zou komen, tenminste, dat was de verwachting. Maar eerst moest Brown nog wat snoepjes uitdelen.

In 1994 nam Harris ontslag als plaatsvervangend openbaar aan-

* Noot van de vertalers: *Three strikes*-wetgeving maakt het mogelijk veroordeelden bij een derde misdrijf extra zware straffen op te leggen. De term is afkomstig uit het honkbal (drie slag uit).

klager van Alameda County nadat Brown haar een baan had bezorgd bij het Californische beroepscollege dat verantwoordelijk was voor het behandelen van beroepszaken van mensen die geen werkloosheidsuitkering kregen. De ambtstermijn van die baan zou eindigen op 1 januari 1995, en op dat moment zou hijzelf zijn machtspositie zijn kwijtgeraakt. Daarom plaatste hij haar eind november in een aparte deeltijdfunctie in het college dat toezicht hield op Medi-Cal-verzekeringen, destijds een baan van 72.000 dollar per jaar, het salaris dat ook parlementsleden ontvingen.[15] Ze behield die functie tot in 1998, drie jaar nadat hun relatie beëindigd was. De eerste keer dat ik over Harris schreef, was op het moment dat ze in die functie werd benoemd. Een interview wees ze destijds af, en het kantoor van Brown ontweek mijn telefoontjes. De Republikeinen tekenden bezwaar aan, maar waren machteloos.

'Je kunt gerust zeggen dat dit niet de benoemingen zijn die wij noodzakelijkerwijs zouden doorvoeren,' verklaarde Phil Perry destijds, de woordvoerder van de Republikeinse parlementsleider Jim Brulte, beoogd opvolger van Brown als parlementsvoorzitter.[16]

Brown nam niet geruisloos afscheid van het voorzitterschap. Ik zat op 5 december 1994 in de vergaderzaal van het parlement, de dag waarop de hoofdelijke stemming over de voorzitter zou plaatsvinden. Toen de griffier was aangeland bij Paul Horcher, een Republikeins parlementslid uit een stadje ten oosten van Los Angeles, sloeg deze met zijn vuist op tafel en brulde: 'Brown!'[17] Daarmee staakten de stemmen – het was 40 tegen 40 – en het parlement veranderde in een chaos. Een jaar lang slaagde Brown erin de controle in handen te houden door Republikeinse bondgenoten als voorzitter te installeren. Maar in 1996 gebeurde het onvermijdelijke, toen de Republikeinen erin slaagden hun eigen voorzitter benoemd te krijgen. Daarna verloor de GOP in 1996 de meerderheid in het parlement en sindsdien zijn de Republikeinen er in de verste verte niet meer in geslaagd die te herwinnen.

Toen was Brown al van het toneel verdwenen.

In 1995 besloot Brown, nadat hij San Francisco maar liefst 31 jaar had vertegenwoordigd in het parlement, de zittende burgemeester van die stad uit te dagen. Dat was Frank Jordan, een vriendelijke voormalige hoofdcommissaris van politie die een tweede termijn ambieerde. Harris ging vaak met Brown mee als hij campagne voerde voor de burgemeestersfunctie, naar fondsenwervingsbijeenkomsten ging en strategievergaderingen bezocht, waarbij ze leerde hoe een campagne gevoerd moest worden. Jordan had de overwinning kunnen binnenslepen, ware het niet dat hij er om onverklaarbare redenen mee had ingestemd om mee te doen met een stunt die werd uitgehaald door twee dj's uit Los Angeles: samen met hen kleedde hij zich uit en ging naakt onder een douche staan. De gênante foto van de burgemeester met de dj's, allemaal naakt, was in de week voorafgaand aan de verkiezing maar liefst vijf dagen lang voorpaginanieuws in *The San Francisco Examiner*. Jordan probeerde de zaak nog te redden door te verklaren dat hij brandschoon was en door Brown op te roepen om te bewijzen dat hij niets te verbergen had. Het mocht niet meer baten.

Brown vierde zijn overwinningsfeestje op de avond van de verkiezingen in een vakbondshal bij Fisherman's Wharf. Toen de gunstige resultaten binnendruppelden, liep Harris op Brown af en gaf hem een honkbalpetje dat fraai was versierd met in goudkleurige letters het opschrift DA MAYOR – de burgemeester. Hij straalde, net als zij. Dat was op 12 december 1995. Op 14 december publiceerde Caen een column waarin hij Harris de 'nieuwe first lady' noemde.[18] Het mocht niet zo zijn.

Jaren daarvoor had Brown besloten gescheiden te gaan leven van zijn vrouw Blanche, de moeder van zijn kinderen. Hij maakte er geen geheim van dat hij nu en dan een vriendin had. Maar Brown en Blanche zijn nooit officieel gescheiden, en dat zal ook nooit gebeuren. Toen dat duidelijk werd, gingen Harris en Brown uit elkaar.

Net als het begin werd ook het einde breed uitgemeten in de column van Herb Caen: op de dag na kerst 1995, met een laatste driepuntscolumn.

'Het is voorbij,' schreef Caen in de *San Francisco Chronicle*.[19] 'Met die woorden maakte de nieuwgekozen burgemeester Brown in het weekend bekend dat zijn langdurige verhouding met Kamala Harris, een plaatsvervangend openbaar aanklager van Alameda County, was beëindigd.'

Harris, die buitengewoon op haar privacy is gesteld, zal het pijnlijk hebben gevonden dat haar privéleven breed werd uitgemeten in Caens column. Maar de verhouding was vanaf het begin niet in evenwicht geweest. Brown had de macht. Hij gebruikte zijn politieke invloed om voor Harris vroeg in haar carrière deuren te openen, wat deel uitmaakte van een in de politiek al lang bestaande begeleidings- en beschermingstraditie. Niemand maakt carrière zonder kruiwagens: zo had Phil Burton de jonge Willie Brown op weg geholpen. Maar nadat die deuren aan het begin van Harris' carrière geopend waren, moest ze in het vervolg haar eigen pad bewandelen. Ze ging verder met haar leven en in 2014 trouwde ze en lang daarvoor al praatte ze in het openbaar niet meer over Brown. In haar autobiografie komt hij niet voor. In 2019 sprak Brown, inmiddels een tachtiger, nog steeds over haar.[20] In een radio-interview zei hij dat hij minder enthousiast was over de verhouding dan zij. Daarnaast maakte hij duidelijk dat het allemaal om hem draaide: 'Het was een echte liefdesaffaire. Ik hield van mij en zij hield van mij.'

Op 8 januari 1996 kwamen 7500 mensen op een plein in het centrum van San Francisco bijeen, vlak bij het belangrijkste gedenkteken voor Martin Luther King jr., voor de officiële installatie van Brown als burgemeester.[21] Een telefoon die speciaal voor deze gelegenheid op het podium was geïnstalleerd begon te rinkelen. Een telefonist zette de aanstaande burgemeester in de wacht. Brown deed alsof hij beledigd was en liep terug naar zijn stoel. Predikant Cecil Williams, de legendarische dominee en burgerrechtenleider, nam de leiding van de plechtigheid eventjes over.

Toen kwam degene die had gebeld aan de lijn.

'Willie?'

'Nee, u spreekt met Cecil Williams, meneer de president.'

Brown schoot omhoog vanuit zijn stoel, haastte zich naar het podium en pakte de telefoon.

'Je zou erbij moeten zijn, hier. Het is ongelooflijk. Er ligt geen sneeuw en er zijn geen Republikeinen,' zei Brown tegen zijn oude vriend president Clinton, die toen in een verhitte strijd was gewikkeld met Huis van Afgevaardigden-voorzitter Gingrich over een door de Republikeinen geïnstigeerde sluiting van de overheidsdiensten.

'Kunnen de mensen me daar horen?' vroeg Clinton.

Luid en duidelijk.

Clinton kwam ter zake en prees Brown om zijn 'vasthoudendheid, zijn vastbeslotenheid, de nooit-opgeven-mentaliteit en het wereldbeeld dat jij aanhangt, waarvan ik denk dat het de belangrijkste kwestie van onze tijd is: dat in onze toekomstige samenleving iedereen een kans moet krijgen. Je weet dat de stad San Francisco zich verbonden voelt met de samenleving en ervan overtuigd is dat diversiteit onze kracht is, en ik zou graag willen dat Amerika dat idee omarmt. [...] Dat zware gevecht dat we hier in Washington op dit moment aan het leveren zijn, gaat niet over een evenwichtige begroting. Het gaat over de kwestie of we een land willen zijn waar de winnaar alles pakt, of een land waar iedereen een kans krijgt om te winnen.'

Het telefoontje van de president weerspiegelde de positie die Brown op dat moment innam in de Amerikaanse politiek. Clinton sprak warme en vriendelijke woorden. Die beantwoordden aan het beeld dat veel inwoners van San Francisco van zichzelf hadden. Dit was jaren voordat Twitter, Google, Uber, Facebook, Juul en zo'n honderd andere *new economy*-bedrijven de rijkdom van San Francisco in hoge mate zouden vergroten en de kloof tussen arm en rijk zou verbreden. De huizenprijzen, die in San Francisco al tientallen jaren lang hoog waren, bereikten na 2000 astronomische hoogten. De stad zoals Herb Caen die had gekend, werd onbetaalbaar voor politieagenten, onderwijzers, obers die heerlijke gerechten in chique restaurants serveerden en de Uber- en Lyft-chauffeurs die de directeuren van de tech-reuzen naar hun bestemming brachten. Burgemeester Brown en diens opvolgers zouden leidinggeven aan een explosieve groei in de bouw van flats in een periode waarin het aantal daklozen in de stad recordhoogten bereikte.

Maar dat moest allemaal nog komen. Op die dag verzamelde Brown een select groepje mensen op het podium: zijn drie volwassen kinderen en een kleinkind. Hij stak een hand in de lucht waarmee hij de ambtseed aflegde en legde zijn andere hand op een bijbel die vele jaren daarvoor van zijn moeder was geweest, in Mineola, in de staat Texas. De bijbel werd vastgehouden door zijn vrouw Blanche.

In 1995 besloot Harris terug te keren naar het openbaar ministerie van Alameda County. Tom Orloff, die twintig jaar daarvoor Huey Newton had vervolgd, was openbaar aanklager van Alameda County geworden en verwelkomde haar terug op het openbaar ministerie.

'Ze was buitengewoon slim en knap.[22] Jury's waren op haar gesteld,' zei Orloff. 'We hadden toen honderdvijftig openbaar aanklagers. Ze behoorde tot de besten.'

Harris hield zich vooral bezig met het vervolgen van mensen die beschuldigd waren van ernstige misdrijven. In een van haar processen was ze verantwoordelijk voor de veroordeling van een man die een jachtgeweer had gebruikt om een andere man dood te schieten. Hij zit de rest van zijn leven achter de tralies. In een andere zaak vervolgde ze drie mensen die twaalf gewapende overvallen hadden gepleegd. Soms gebruikte ze de nieuwe Californische three strikes-wetgeving om lange gevangenisstraffen te eisen voor recidivisten. Haar zaken trokken zelden de aandacht van de pers, op één geval na. Een man die speed had gebruikt en rum had gedronken, bediende zich van een Ginsu-mes om een vierkant gat van 10 centimeter uit de hoofdhuid van zijn vriendin te snijden. Hij had dit al eens eerder geprobeerd, maar toen was het mislukt omdat het mes bot was geweest. Ze wist te overleven. Hij zit de rest van zijn leven in de gevangenis.

'Het is een passende straf, gezien zijn daad,' zei Harris in 1996 in de *San Francisco Chronicle* na de veroordeling.[23] 'De manier waarop deze misdaad is gepleegd, was uitzonderlijk sadistisch.'

Nancy O'Malley, de huidige openbaar aanklager, zag dat Harris vooral goed was in het omgaan met jonge slachtoffers van aanrandingen. Ze wist hen te kalmeren en gerust te stellen. Sommigen namen lang nadat hun zaken behandeld waren nog contact met haar op, overtuigd als ze waren dat Harris begreep wat ze doormaakten.

Harris en O'Malley spraken geregeld over de carrièremogelijkheden van de jonge openbaar aanklager. Ze was ambitieus. Richard Iglehart, een vroegere baas van haar in Alameda County en de man die zich sterk had gemaakt voor een verbod op (semi)automatische wapens in Californië, werkte voor de openbaar aanklager van San Francisco, Terence Hallinan, en hij had een baan voor Harris. Dat was in 1998. Die stap leek logisch.

Ze had geroken aan de politiek, en nu wilde ze meer.

Hoofdstuk 5

Koers bepalen

Kamala Harris nam begin 1998 afscheid van het roemruchte openbaar ministerie van Alameda County en reed ruim 20 kilometer in westelijke richting via de Bay Bridge naar haar werk in het zenuwcentrum van het strafrechtbeleid in San Francisco. De kantoren van de openbaar aanklager, het politiebureau, de rechtbanken, de lijkschouwer, de sheriff en andere instellingen deelden een en hetzelfde gebouw met elkaar, dat de 'Hall' werd genoemd. Aan de achterkant, tegenover het parkeerterrein, bevond zich de gevangenis.

De politie-inspecteurs, openbaar aanklagers en advocaten broedden hier allemaal hun plannetjes uit die ze voor en tegen elkaar gebruikten, maar ze deelden met elkaar ook de ellende die erin bestond dat ze moesten werken in een gebouw dat langzaam uit elkaar viel. De Hall of Justice, bekend als decor uit de Dirty Harry-films en uit andere geslaagde en minder geslaagde filmprojecten, was berucht vanwege de verstopte toiletten en de stroom die uitviel. Lampen flikkerden, liften bleven steken – en zowel misdadigers als agenten vreesden de volgende grote aardbeving.

Van het centrum tot aan South Beach hadden enorme woontorens, nieuwe koopflats, wolkenkrabbers met kantoren van advocaten en financiers en misschien wel het meest schilderachtige honkbalstadion de plaats ingenomen van moedig standhoudende huizenblokken. Maar dat gold niet voor Bryant Street en de straten rond de Hall. Tot op de dag van vandaag vind je in deze buurt garages, kantoortjes van borgtochtgeldschieters en met graffiti bekladde muren, hoewel er ook een pand met gedeelde werkplekken en een strategisch gelokaliseerde cannabisapotheek zijn gevestigd.

Richard Iglehart trok Harris aan als coördinator en voor de verbetering van het totale justitiële apparaat. Dat was een hele opgave. De man die de leiding had, openbaar aanklager Terence Hallinan, maakte zware tijden door, al had hij zijn hele leven bewezen dat hij in staat was een gevecht te winnen.

In 1995, het jaar waarin Willie Brown werd gekozen tot burgemeester van San Francisco, verving Hallinan – toen gemeentesecretaris van San Francisco wiens termijn erop zat – de al drie termijnen dienende openbaar aanklager Arlo Smith door de strijd te winnen van voormalig openbaar aanklager Bill Fazio, die twintig jaar bij het openbaar ministerie had gewerkt. Voor die overwinning moest Hallinan zich wapenen tegen de tegenwerking van de redactie van de *San Francisco Chronicle*, die hem een 'partijhandlanger' noemde,[1] en tegen een verlate onthulling dat er tien jaar daarvoor een vaderschapsactie tegen hem was gestart door een stewardess die een cliënt van hem was geweest.[2] Toen eenmaal was bewezen dat het kind van hem was, nam hij de verantwoordelijkheid.

Hallinan was de radicale zoon van Vincent Halliman, een legendarische linkse figuur in de Bay Area die in 1952 namens de Progressive Party een gooi deed naar het Amerikaanse presidentschap. Zijn running mate was Charlotta Bass, een zwarte vrouw die krantenuitgever was. Deze oude baas was ervan overtuigd dat zijn kinderen in staat moesten zijn om te vechten als ze er radicale ideeën op nahielden. Terence Hallinan leerde zijn lesjes over de knie van zijn vader, of misschien wel door diens gebalde vuisten. Hij kreeg de bijnaam 'Kayo' vanwege zijn talent en bereidheid om te vechten. Hallinan erfde ook het gevoel voor rechtvaardigheid van zijn vader. In 1963, een jaar voordat Harris werd geboren, werd Hallinan gearresteerd omdat hij zou hebben gefraudeerd met het registreren van zwarte stemgerechtigden in Mississippi. Maar de aanklachten werden ingetrokken. Hij werd daarna nog veel vaker gearresteerd wegens protesteren tegen raciaal onrecht.

Hallinan studeerde af aan de UC Hastings College of the Law en slaagde voor het gerechtelijk toelatingsexamen. Maar de Californische orde van juristen haalde zijn strafblad en zijn vechtersbaasmentaliteit aan en in 1966 weigerde men hem toestemming te verlenen als advocaat op te treden, hoewel twee jonge parlementsleden – Willie Brown en John Burton – getuigenis aflegden van zijn goede bedoelingen. Het Hooggerechtshof van Californië verwierp de bezwaren van de orde en Hallinan bouwde een praktijk op waarin hij als advocaat optrad van mensen die waren gepakt wegens drugs (eind jaren zestig en in de jaren zeventig werd er flink gehandeld in San Francisco), van links denkenden en van Juan Corona, een seriemoordenaar.[3]

The Washington Post publiceerde een stuk over Hallinans spectaculaire overgang van de functie van advocaat naar die van openbaar aanklager en schreef dat Hallinan 'met kracht ontkent dat hij bijna was doodgegaan aan een overdosis heroïne die hem was bezorgd door rockzangeres Janis Joplin, zoals beschreven staat in haar biografie *Pearl*'.[4] Een gewiekste ontkenning waarbij niets ontkend wordt.

Hoewel Hallinan de belangrijkste openbaar aanklager van de stad was, bleef hij trouw aan zijn verleden. Hij weigerde de doodstraf te eisen in moordzaken, probeerde de executie te voorkomen van een man die was vervolgd door zijn voorganger, steunde het gebruik van medicinale marihuana voordat dit legaal werd en weigerde levenslange gevangenisstraffen te eisen op grond van de three strikeswetgeving die in Californië gold. Dat was allemaal geen probleem in San Francisco. De kiezers wisten wat ze kregen toen ze hem kozen. Maar het tumult dat hij in zijn eigen openbaar ministerie veroorzaakte, werd wel problematisch.[5]

Ten eerste was er het verhaal over twee openbaar aanklagers die op kantoor op heterdaad betrapt werden. Hij ontsloeg de man, niet de vrouw, en werd later aangeklaagd wegens onrechtmatig ontslag.

Kort nadat Hallinan in functie was getreden, overhandigde hij aan veertien openbaar aanklagers een kort briefje waarin hij hen bedankte voor bewezen diensten en hen ontsloeg. Een van hen was een 26-jarige beginnende jurist, Kimberley Guilfoyle. Verschillende anderen die de wacht werd aangezegd hadden gedoneerd aan Fazio, zijn tegenstander, hoewel Hallinan beweerde dat dit niets te maken had met zijn beslissing. Hij wilde gewoon zijn eigen team samenstellen.

Tijdens een verjaardagsfeestje van Jack Davis, de politiek adviseur van Willie Brown, brak er een gevecht uit tussen Hallinan en een vriend van een van de ontslagen juristen. Phil Matier en Andy Ross, twee columnisten van de *San Francisco Chronicle* die over politiek schreven, citeerden Hallinans commentaar over de reden waarom hij niet anders kon dan op de vuist te gaan: 'Het was geen keuze. Ik kon dit niet over mijn kant laten gaan. Ik ben de openbaar aanklager.'[6] Matier en Ross voegden voor de grap de 'karakteristieken van de kemphanen' aan hun verslag toe, waarin ze de leeftijd, het gewicht, de lengte en het bereik van de twee mannen opsomden. Over Hallinan schreven ze: 'Stoot voornamelijk met links, maar kan ook met een rechtse voor de dag komen als dat extra stemmen oplevert.'

Hallinan besefte dat hij wel wat hulp kon gebruiken, wendde zich tot het openbaar ministerie van Alameda County en liet zijn blik vallen op Richard Iglehart, die zijn derde stafchef werd. Iglehart was een uitstekende openbaar aanklager die met het mede door hem tot stand gekomen verbod op (semi)automatische wapens had bewezen een specialist te zijn, en daarnaast was hij een algemeen gerespecteerd expert op het terrein van de three strikes-wetgeving. Iglehart trok op zijn beurt Harris aan.

'Ze is een fantastische openbaar aanklager en heeft een geweldige reputatie,' zei Hallinan tegen de *Chronicle*.[7]

Vanaf haar eerste werkdag in San Francisco liet Harris er geen twijfel over bestaan dat er niemand was die harder werkte dan zij. Fazio, die in 1995 was vertrokken bij het openbaar ministerie nadat hij van Hallinan had verloren en daarna als advocaat aan de slag was gegaan, kende Harris uit haar tijd in Oakland en had af en toe met haar en andere vrienden uit het justitiële apparaat gedineerd. Een vriend die voor het moordzakenteam in San Francisco werkte, vertelde hem in de begindagen van de nieuwe assistent, afkomstig van de andere kant van de baai, die net aan het werk was gegaan: 'Die vriend van me was bezig met een grote moordzaak. In het weekend ging hij naar kantoor om eraan te werken, nog voordat het voor de rechter zou komen,' zei Fazio.[8] 'Hij ging het kantoor binnen en zag dat zij er ook was, om aan een zaak rond een ernstig misdrijf te werken. Hij had haar nooit eerder gezien en stelde zich aan haar voor. Ze vertelde hem dat ze net was aangenomen en dat ze naar kantoor was gekomen om aan een aantal pre-procesverzoeken te werken.'

Kort nadat ze in San Francisco aan de slag was gegaan, bevorderde Hallinan Harris tot hoofdassistent, verantwoordelijk voor de afdeling beroepscriminaliteit. Fazio stond iemand bij die een lange gevangenisstraf stond te wachten wegens beroving en dacht dat zijn cliënt, een drugsgebruiker, in aanmerking kwam om in Delancey Street geplaatst te worden: de hoog aangeschreven kliniek in San Francisco voor voormalige delinquenten.

'Ik organiseerde een bijeenkomst met die twee, Kamala en Hallinan. Kamala was een openbaar aanklager. Ze was geen reclasseringsambtenaar. Ze was geen sociaal werker. Ze was een openbaar aanklager die mensen vervolgde en hen naar de gevangenis stuurde.'

Hallinan wendde zich tot Harris en vroeg wat ze ervan vond. 'En ze zei: "Ik geloof niet dat deze man naar Delancey Street moet. Hij heeft een gewelddadige overval gepleegd en hij hoort thuis in de gevangenis."' Fazio's cliënt accepteerde het aanbod van zes jaar detentie.

Harris steunde Hallinans herverkiezing in 1999. Maar in januari 2000 benoemde gouverneur Gray Davis Harris' baas, Iglehart, tot rechter van een hogere rechtbank. In plaats van Harris te benoemen tot diens plaatsvervanger koos Hallinan voor een jurist die geen ervaring had als openbaar aanklager, Darrell Salomon. Harris tekende protest aan tegen de gang van zaken, maar zonder succes.

Een van de eerste dingen die Salomon deed, was Kimberley Guilfoyle opnieuw in dienst nemen. Guilfoyle, geboren in San Francisco en de dochter van een invloedrijke figuur in de Democratische politiek van de stad, was de vriendin van de gemeentesecretaris van San Francisco, Gavin Newsom. Later werd ze de vrouw van burgemeester Newsom, vervolgens commentator voor Fox News, en daarna de ex-vrouw van Newsom. In een merkwaardige wending van het politieke lot werd Guilfoyle later de vriendin van Donald Trump jr. en een van de belangrijkste woordvoerders en fondsenwervers van president Trump. Nu Salomon stevig in het zadel zat, besloot Harris dat het tijd werd om de volgende stap te maken.

In San Francisco houdt het kantoor van de stadsadvocaat zich bezig met gezinszaken, waaronder kindermisbruik en pleegzorg. Sommige medewerkers noemden het wel spottend de 'afdeling peutertjesrecht'. Stadsadvocaat Louise Renne wilde de afdeling Family and Children's Services (gezins- en kinderbijstand) versterken en nam Harris aan om daar leiding aan te geven.

Er is geen onderdeel binnen het rechtssysteem dat zo persoonlijk en emotioneel is. De behandeling van gezinszaken vereist bijzondere kwaliteiten van een jurist: die is deels therapeut, deels sociaal werker – en het is iemand die de wet goed kent. Renne zei dat ze in Harris 'een intelligente jurist zag die het hart op de goede plaats had en die betrokken was'.[9] Op een dag kwam Harris het kantoor van Renne binnengestormd met teddyberen in haar armen en vroeg Renne om samen met haar naar de rechtszaal te gaan, waar een aantal kinderen op het punt stond geadopteerd te worden. Daar deelden de twee vrouwen teddyberen uit als herinnering voor de kinderen aan een gedenkwaardige dag.

Met Matthew D. Davis, een vriend die ze kende van Hastings, had ze nu en dan contact onderhouden. Dat gebeurde opnieuw toen Harris in 2000 voor het kantoor van de stadsadvocaat van

San Francisco ging werken. Davis was verbaasd over Harris' gedrag.

'Ineens was ze een charmante vrouw geworden,' zei Davis, die haar politiek steunt.[10] 'Na de rechtenstudie heeft ze zich in een opmerkelijk tempo ontwikkeld. Ze was meer een vrouw van de wereld geworden, en buitengewoon doelgericht.'

Harris werkte niet lang voor het kantoor van de stadsadvocaat. Ze had haar zinnen op een gekozen functie gezet.

Hoofdstuk 6

Met vetgedrukte letters in de bladen

Aan het eind van de jaren negentig en in het eerste decennium van de eenentwintigste eeuw kwam je de naam Kamala Harris veel vaker tegen in de roddelbladen dan in verhalen over haar functie als openbaar aanklager die misdadigers vervolgde.

Plaatsvervangend openbaar aanklager van Alameda County Harris was in 1996 bestuurslid geworden van het prestigieuze San Francisco Museum of Modern Art – wat onderdeel was van een groter plan. In zijn autobiografie *Basic Brown* geeft Willie Brown raad aan politici met aspiraties: 'Voor elke zwarte – vrouw en man – die wil slagen als politicus, is het van groot belang zich te mengen in de witte gemeenschap.'[1] In het bijzonder voor zwarte vrouwen had hij nog een advies: zij zouden 'de basis moeten leggen door actief te worden in het bestuur van sociale, culturele en liefdadigheidsinstellingen, zoals symfonieorkesten, musea en ziekenhuizen'.

Het lijdt geen twijfel dat Harris haar positie als bestuurslid gebruikte om contact te leggen met invloedrijke personen. Maar ze greep de gelegenheid ook aan om iets goeds te doen. Ze bracht een bezoek aan Libby Schaaf, nu burgemeester van Oakland, die destijds vanuit een klein kantoortje in een victoriaans pand in West Oakland leidinggaf aan het Marcus Foster Education Institute. Dat instituut is genoemd naar de schoolinspecteur van Oakland, die op 6 november 1973 achteloos werd doodgeschoten door leden van de radicale Symbionese Liberation Army. Het instituut zet zich in voor de verbetering van het onderwijs op openbare scholen in Oakland. Harris vroeg Schaaf te helpen bij het samenstellen van een voor middelbare scholieren bedoeld begeleidingsprogramma in het Museum of Modern Art.

'Ze was er vast van overtuigd dat dit elitaire instituut niet alleen geschikt was voor een dagexcursie, maar dat het een wezenlijk onderdeel van Oakland was,' zei Schaaf.[2]

Met datzelfde doel bezocht Harris Jackie Phillips, die directeur was van de Cole School, een populair instituut voor drama en beeldende kunst in Oakland. Phillips kende Harris uit de tijd dat ze een pientere middelbare scholier was die heen en weer reisde tussen Montreal en Oakland, en voor kwam rijden bij Phillips' huis in een witte Chrysler met open dak om Phillips' dochter Terry op te halen. Die twee waren er altijd voor in om samen lol te maken. Maar Phillips zag ook dat Harris graag wilde uitblinken. Als bestuurslid van het museum vroeg Harris aan Phillips of hij wilde helpen met kinderen werven. Dat deed Phillips. Bij een van die gelegenheden ontmoetten ze acteur Danny Glover. Bij een andere maakten ze kennis met regisseur en acteur Robert Redford.

'En ze werden behandeld als koninkjes en koninginnetjes,' zei Phillips.[3] Diverse leerlingen van Cole School besloten een vervolg te geven aan hun bestudering van de kunsten op de universiteit. Het begeleidingsprogramma bestaat nog steeds en zorgt ervoor dat kinderen voor wie dat anders wellicht niet was weggelegd nu in aanraking komen met kunst.

Harris kwam in 1998 naar San Francisco zonder geld of familieleden op wie ze een beroep kon doen, maar al snel stond haar naam met vetgedrukte letters in de bladen. In 1999 werd ze, gehuld in een fraaie japon en met een drankje in de hand, gefotografeerd op de bruiloft van Vanessa Jarman en oliebaron Billy Getty in Napa Valley.[4] De bruid reed op een paard, gezeten op een dameszadel, en William Newsom, de gepensioneerde rechter van het hof van beroep en vader van de huidige gouverneur van Californië, Gavin Newsom, droeg de huwelijksmis op.

In een artikel uit 2001 in *Harper's Bazaar* over de stijl van San Francisco verscheen ook Harris, samen met andere vrouwen, onder wie Kimberley Guilfoyle.[5] Een roddeljournalist merkte haar op tijdens een voorstelling in februari 2002 van *The Vagina Monologues*, met Rita Moreno in de hoofdrol.[6] Dat was ter gelegenheid van V-Day, en er werd geld ingezameld voor programma's om een eind te maken aan geweld tegen vrouwen. Daarnaast verscheen ze in september bij een diner van het American Jewish Committee ter ere van Walter en Douglas Shorenstein, die veel panden in het centrum van San Francisco bezaten en daarnaast geldschieters waren van politieke partijen. Ze bezocht in oktober 2002 een gala waarbij Elton John geld inzamelde ter bestrijding van aids.[7] Tot de gasten behoorden filmproducent George Lucas, actrice Sharon Stone en andere sterren uit de Bay Area. Ook was ze bij het afscheidsfeestje van een inspecteur van politie in een Italiaans restaurant in North Beach, dat werd bezocht door agenten en een flink deel van de politieke en sociale elite van de stad. Haar aandacht voor het politieapparaat kwam op een cruciaal moment en ze gaf daarmee een belangrijke boodschap af.

Het afscheidsfeestje in North Beach vond plaats op een moment dat Hallinans verhoudingen met de politie van San Francisco, die nooit goed waren geweest, verder verslechterden door een affaire die door de pers in San Francisco 'Fajitagate' werd genoemd. Agenten die geen dienst hadden, eisten van een man dat hij hun zijn fajita [gerecht uit de Tex-Mex-keuken, vert.] zou geven. Hij weigerde, en er volgde een gevecht. Hallinan vervolgde de agenten en de top van de politie, van wie hij beweerde dat ze de zaak in de doofpot wilden stoppen. De zaak liep op niets uit, en de politieke steun voor Hallinan brokkelde verder af.

In geen van de roddelrubrieken werd Harris opgevoerd in het gezelschap was van een partner. Ze was terughoudend over haar privéleven, hoewel het tijdschrift *Jet* een foto van haar afdrukte bij een Hollywood-feestje met talkshowpresentator Montel Williams.[8] Harris, die elke speculatie over haar privéleven de kop wilde indrukken, zei tegen de *Chronicle*: 'Ik was op dat feestje. En hij had zijn arm om mijn middel geslagen.'[9] Meer werd er niet geschreven of in het openbaar gezegd over een eventuele relatie, hoewel Williams af en toe bijdragen leverde aan Harris' campagnes.

Rond 2000 werd er publiekelijk gespeculeerd dat Harris zich verkiesbaar zou stellen; misschien voor de functie van stadsadvocaat, mocht de zittende advocaat – Louise Renne – haar functie neerleggen, of, en dat was waarschijnlijker, als openbaar aanklager. Hallinan werd steeds kwetsbaarder. Om te beginnen maakte burgemeester Brown publiekelijk ruzie met hem: hij beschuldigde hem ervan dat hij er niet in slaagde straatdealers aan te pakken. Op de redactiepagina van de *Chronicle* werd Hallinan in augustus 2000 afgeschilderd als 'iemand die nauwelijks respect verdient' en wiens 'verzameling verbijsterende en belachelijke inschattingen steeds groter wordt'.[10] In datzelfde redactionele commentaar beschreven de auteurs de opschudding die ontstond toen Hallinan Darrell Salomon koos als plaatsvervanger en stelden ze vast dat dit leidde tot het vertrek van 'respectabele oudgedienden' en van 'buitengewoon goede en slimme juristen', onder wie Kamala Harris. Daarom was het niet verbazend dat Harris een opening zag om zich verkiesbaar te stellen.

De hogere kringen en Democratische politiek vormen in San Francisco een harmonieus geheel, en Harris verkeerde steeds dichter in de buurt van de mensen die de Bay Area de terechte reputatie bezorgden van geldautomaat voor Democratische kandidaten. Harris was in 2000 bestuurslid geworden van WomenCount. Toen was dat nog een jonge, in San Francisco gevestigde organisatie die zich inzette voor een toename van het aantal vrouwen dat ging stemmen, maar WomenCount is uitgegroeid tot een grote, landelijke fondsenwervingsinstelling voor vrouwen die zich verkiesbaar stellen voor welke functie dan ook: van functies in school- en stadsbesturen tot gouverneur en vicepresident van de Verenigde Staten. In 2002 raakte Harris betrokken bij een andere organisatie, Emerge California, een soort intensief trainingsprogramma voor vrouwen die zich verkiesbaar willen stellen. Andrea Dew Steele, een politiek coördinator die aan de basis stond van zowel WomenCount als Emerge California, werd in het najaar van 2002 gebeld door Harris.

'Ik ben klaar om me verkiesbaar te stellen. Wat moet ik nu doen?'

Steele nodigde haar uit in haar appartement op Ashbury Street, vlak bij de kruising met Haight Street, op vierhoog. Bij een glaasje wijn en een stukje kaas stelden ze Harris' biografie samen en Steele vroeg Harris naar haar contacten: de mensen die de basis zouden vormen van haar groep vrijwilligers en donoren. Die gegevens werden opgeslagen in een Filofax-planner, in 2002 feitelijk een soort notitieblok. In de loop van de jaren werd dat notitieblok vervangen door een PalmPilot.

Om te laten zien dat ze een serieuze kandidaat was, moest Harris geld inzamelen. Steele kende mensen die haar daarbij konden helpen. Ze werkte als politiek adviseur voor Susie Tompkins Buell, een vrouw met een spectaculair en typisch Californisch levensverhaal. Ze was eenentwintig en werkte in een casino in Lake Tahoe toen ze een lifter meenam, Doug Tompkins. In 1964 trouwden ze, zetten de legendarische kledinglijnen North Face en Esprit op en scheidden in 1989. Susie was niet echt geïnteresseerd in politiek, maar ze had het een en ander gehoord over Bill Clinton, een jonge presidentskandidaat. Tijdens een rit van Lake Tahoe naar San Francisco besloot ze halverwege, in Sacramento, te stoppen om een geldinzamelingsbijeenkomst voor de gouverneur van Arkansas bij te wonen die werd georganiseerd door vastgoedontwikkelaar Angelo Tsakopoulos. De *Los Angeles Times* wist te melden dat ze dermate onder de indruk was van de manier waarop Clinton de schrijnende armoede beschreef die hij tijdens zijn campagne was tegengekomen, en van zijn opvatting dat een verlichte Democratische regering daar – na twaalf jaar Ronald Reagan en George H.W. Bush in het Witte Huis – misschien iets aan kon doen, dat ze de volgende dag een cheque van 100.000 dollar uitschreef.[11] Via Bill Clinton kwam Susie Tompkins in contact met Hillary Clinton en de twee raakten bevriend. Susie Tompkins en Mark Buell, die elkaar kenden van de middelbare school, namen weer contact met elkaar op en trouwden in 1996. Susie Tompkins Buell zette WomenCount op en gaf de eerste 10.000 dollar aan Emerge California.

Het eerste agendapunt van Steele als geldinzamelaar was een afspraak regelen tussen Harris en Mark Buell, een makelaar die in San Francisco al lange tijd betrokken was bij de politiek en die geen fan was van Hallinan. Daarvoor beschouwde Buell Harris als een 'societydame die haar rechtenstudie had afgemaakt', zoals hij ooit tegen een verslaggever had gezegd.[12] Maar onder het genot van een hamburger in het Balboa Cafe, een van de restaurants waarvan Gavin Newsom de eigenaar was, wist Harris hem ervan te overtuigen dat ze een serieuze openbaar aanklager was, en dat ze visie had.

'Toen ik er eenmaal van overtuigd was dat Kamala echt iets voorstelde, zei ik tegen haar: "Ik ga niet alleen plaatsnemen in jouw financiële commissie, ik word er zelfs voorzitter van,"' zei hij.[13]

Mark Buell riep in februari 2003 een vergadering bijeen in het huis in Pacific Heights dat hij en zijn vrouw bezaten. Harris, Steele en een aantal anderen waren aanwezig, onder wie haar zus Maya Harris, en Maya's echtgenoot Tony West. Zelfs volgens de maatstaven van San Francisco was het uitzicht spectaculair. Vanuit het erkerraam zagen de gasten de Golden Gate Bridge, de Marin Headlands en de Grote Oceaan. En vanuit andere ramen zagen ze de skyline van San Francisco, de Bay Bridge, Sather Tower op UC Berkeley en in zuidelijke richting konden ze tot voorbij San Francisco Airport kijken. De Buells en hun appartement nemen een bijzonder plaats in de Democratische politiek in. Senatoren, gouverneurs en anderen – onder wie voorzitter van het Huis Nancy Pelosi, de Clintons en Barack Obama voordat hij werd gekozen in de Amerikaanse Senaat – hebben allemaal de pelgrimstocht naar het penthouse van de Buells op de elfde verdieping gemaakt.

Net als die stoet van politici kon ook Harris het uitzicht zeer waarderen. Maar ze was daar niet om naar de lichtjes van de stad te kijken, of naar de zeilboten die in de baai dobberden.

Hoofdstuk 7

Koppensnellen – figuurlijk

De inwoners van Californië hadden in het najaar van 2003 weinig aandacht voor de strijd om de functie van openbaar aanklager van San Francisco. De meeste kiesgerechtigden in de staat waren veel meer geïnteresseerd in zo'n voor Californië typerend verhaal: de campagne om de Democratische gouverneur van Californië, Gray Davis, af te zetten. Niet dat Davis al die aandacht naar zich toe trok. Wie dat wel deed, was zijn belangrijkste tegenspeler voor de functie, Arnold Schwarzenegger, de voormalige Mr Universe en internationale filmster, die zijn kandidatuur aankondigde in *The Tonight Show with Jay Leno*.

Afzettingspetities worden meestal ingediend tegen gouverneurs. Dat recht heeft de bevolking volgens een staatsgrondwettelijk amendement uit 1911 dat afzettingen en wetsinitiatieven toestond; een idee dat stamt uit de Progressive Era en dat is bedoeld om mensen het laatste woord te geven over hun bestuur en dient als controle op mensen met veel geld. Gray Davis had geen ambtsmisdrijven gepleegd. Maar de staat verkeerde in een financiële crisis en had in 2000 en 2001 geleden onder gekmakende stroomonderbrekingen. Terecht of – waarschijnlijker – onterecht kreeg Davis daarvan de schuld in de schoenen geschoven.

De kosten voor maatregelen die ervoor in aanmerking komen om in een staat ter stemming te worden gebracht, belopen vaak bedragen van zeven cijfers. Darrell Issa, een Republikeins Congreslid uit San Diego County die een fortuin verdiende met de verkoop van autoalarmsystemen, wilde dolgraag gouverneur worden. Maar nadat hij 1,87 miljoen dollar had neergeteld om de honderdduizenden handtekeningen van kiezers bij elkaar te krijgen waarmee een afzetting tot stand kon worden gebracht, besefte Issa ten slotte dat hij tegen Schwarzenegger geen enkele kans zou hebben. Vechtend tegen zijn tranen maakte Issa bekend dat hij zich niet verkiesbaar zou stellen.

Maar 135 anderen deden dat wel, onder wie mensen die altijd kandidaat waren: een pornoster, de nauwelijks bekende Democratische luitenant-gouverneur van Californië, de opportunistische Republikeinse politicus Tom McClintock, het nietige kindsterretje Gary Coleman (die zijn beste tijd gehad had) en Arianna Huffington, die later *The Huffington Post* oprichtte.

Schwarzenegger, de te kloppen man, kwam de gevolgen van een publicatie op de voorpagina van de *Los Angeles Times* te boven waarin vrouwen zeiden dat hij hen had betast, en op 7 oktober 2003 stond hij in het middelpunt van de politieke belangstelling toen hij de plaats innam van Davis.[1]

Kamala Harris had haar baas, stadsadvocaat Louise Renne, in 2002 uitgenodigd om te gaan lunchen. Renne herinnert zich dat Harris bij die gelegenheid zei: 'Ik zit erover te denken om me verkiesbaar te stellen als openbaar aanklager.'[2]

'Ga ervoor,' antwoordde Renne.

Renne beloofde haar op alle mogelijke manieren te zullen helpen. Daarnaast waarschuwde ze dat het lastig was om zittende openbaar aanklagers uit het zadel te wippen, zeker als dat de man betrof die zij van plan was te verdringen: haar voormalige baas Terence Hallinan, met zijn legendarische achternaam. Harris was aan het eind van 2002, toen ze zich voor de eerste keer verkiesbaar stelde voor een openbare functie, 38 jaar oud.

'EEN NIEUW GELUID VOOR RECHTVAARDIGHEID', luidde de boodschap op haar website.

Ze somde de redenen op waarom zij de ideale kandidaat zou zijn om Hallinan te vervangen. Ze was een competente bestuurder. Ze zou het aantal veroordelingen opschroeven, dat ver beneden het gemiddelde in Californië lag. En waar Hallinan 'weigerde de zware drugshandel aan te pakken, waarbij het gaat om crack en heroïne', wilde zij de handel in drugs onderdeel maken van een inspanning om de straten en buurten te saneren.

'Het meest verontrustend op dit moment is misschien wel dat er een onherstelbare vijandigheid bestond tussen de politie en het openbaar ministerie; instanties die feitelijk zouden moeten samenwerken om de misdaad te bestrijden in plaats van elkaar te bestrijden.'

Harris zou er al snel achter komen dat het lastig was om zich aan al die beloften te houden, vooral de toezegging dat ze een einde zou maken aan de animositeit tussen het openbaar ministerie en de politie.

Maar eerst moest ze winnen.

Mark Buell, haar voorzitter fondsenwerving, ging haar daarbij helpen en stelde haar gerust dat het niet een heel ingewikkelde klus zou worden. Harris was een aantrekkelijke, energieke kandidaat die daarnaast ook slim was en duidelijk deel uitmaakte van een nieuwe generatie leiders in een stad die toe was aan een politieke opknapbeurt. Als ze met iemand aan het praten was, keek ze haar gesprekspartner recht in de ogen en spiedde ze niet de zaal af om te zien of er misschien een belangrijker persoon was met wie ze kon gaan praten. Iedereen die met haar sprak, kreeg het gevoel dat hij of zij de belangrijkste persoon in de ruimte was.

'Ze is een goede politicus. In de meeste situaties weet ze precies hoe ze zich moet aanpassen,' zei Buell.[3]

Tijdens een intensieve campagne van bijeenkomsten, geldinzamelingsacties en telefoontjes in de laatste zes weken van 2002 wist Harris 100.560 dollar bij elkaar te krijgen. In overeenstemming met de in San Francisco geldende regels voor het financieren van campagnes bedroeg de maximale bijdrage per individu 500 dollar. De opbrengst was indrukwekkend voor een kandidaat die voor het eerst meedeed en het was meer dan voldoende om te bewijzen dat ze een serieuze kandidaat was. Het was een familieaangelegenheid: zus Maya Harris, zwager Tony West en uiteraard haar moeder Shyamala gaven haar elk 500 dollar. Tot de eerste donoren behoorden veel prominenten die ze waarschijnlijk had ontmoet op societyfeestjes: leden van de familie Pritzker, die rijk waren geworden met de Hyatt-hotelketen, leden van de familie Getty, Charles Schwab van de investeringsmaatschappij die zijn naam draagt, en de familie Fisher van modemerk Gap. Ook advocaten die teleurgesteld waren in Hallinan gaven gul.

'Ik was klaar met de oude kliek die het in San Francisco voor het zeggen had,' zei John Keker, een van de succesvolste strafpleiters in San Francisco.[4] In 1989 gaf Keker, die zelf marinier was geweest, leiding aan de vervolging van marinier Oliver North wegens diens rol in de Iran-Contra-affaire, waarbij de regering-Reagan wapens aan Iran verkocht en met het geld dat dit opleverde rechtse contra's steunde in hun strijd tegen het linkse regime in Nicaragua.[5] 'Kamala straalde fatsoen en compassie uit. Als je haar in een zaal vol mensen haar gang liet gaan, zouden die mensen zich verbonden met haar voelen.'

Beseffend dat ze niet de indruk moest wekken dat ze een product was van Pacific Heights [een dure buurt in San Francisco, vert.] of van vlotte advocaten uit het centrum, wilde Harris laten zien dat ze zich zou inzetten voor die mensen die het meest behoefte hadden aan een betrouwbaar justitieapparaat. Als locatie voor haar campagnehoofdkwartier koos ze voor een plek midden in de door problemen geteisterde wijk Bayview, die in alle opzichten verschilde van de 10 miljoen dollar kostende penthouses met uitzicht en het glansrijke Financial District. Vrijwilligers beschilderden een van de muren van het hoofdkwartier met slagzinnen: EEN NIEUW GELUID VOOR RECHTVAARDIGHEID. ONZE TIJD IS AANGEBROKEN. TIJD VOOR VERANDERING. Harris beloofde de vervolging van huiselijk geweld op te voeren en kinderen die werden verhandeld te beschermen.

'We probeerden het beeld te veranderen van wat het openbaar

ministerie kon betekenen,' zei Debbie Mesloh, die al lange tijd met Harris was bevriend, en die daarnaast een van de eerste campagnemedewerkers en bovendien campagnewoordvoerder was.[6]

Harris zat vaak al voor zonsopkomst op het hoofdkwartier. Shyamala was voortdurend aanwezig en hielp zoveel ze kon. Maya en Tony waren er ook. Aan deze familiaire aangelegenheid werd een vleugje Norman Rockwell-achtige romantiek toegevoegd toen Harris en haar vrijwilligers strijkplanken verzamelden en daarmee naar bushaltes en trottoirs langs supermarkten zeulden, om ze daar uit te klappen en zo over tafels te beschikken waarop ze hun stapels *Harris als openbaar aanklager*-folders konden neerleggen. Harris beschikte over het enthousiasme, de charme en het charisma waarmee ze vrijwilligers kon aantrekken die bereid waren hun uiterste best voor haar te doen.

In haar eerste televisie-interview als kandidaat sprak Harris over haar bewondering voor de hindoegodin Kali, een mythologische strijdster die de onschuldigen beschermt door het kwaad te verslaan. Kali wordt traditioneel afgebeeld met het afgehakte hoofd van een duivel in haar hand, een ketting met afgehakte hoofden om haar nek en een schort om haar middel dat bestaat uit met bloed besmeurde armen. Harris merkte daarnaast op dat Kali een moederfiguur is.

Laura Talmus, een professionele fondsenwerver die voor Harris werkte, was getuige van die moederlijke kant van Harris. Vaak kwam Talmus op zaterdagochtend langs om samen met haar dochter Lili vrijwilligerswerk te doen. Lili was negen jaar oud en was een opvallende verschijning. Ze was slim, opmerkzaam, vroegwijs, verslond boeken en was goedlachs. Daarnaast had ze het syndroom van Apert, een zeldzame genetische afwijking waardoor haar hoofd en haar gezicht misvormd waren. Als ze Lili zag, maakte Harris oogcontact, vroeg of het leuk was geweest op school en bedankte haar voor haar hulp.

Lili en haar moeder trokken er dan op uit met hun strijkplank en folders en zochten een plaatsje bij de supermarkt op Nob Hill, tegenover de kabeltram in Hyde Street. Op dagen waarop Lili geen zin had om folders uit te delen, bleef ze op het hoofdkwartier om onder het toeziend oog van Shyamala enveloppen te vullen of andere werkjes te doen die Shyamala haar opdroeg.

'Ze straalde als Kamala in de buurt was,' herinnerde Talmus zich.[7]

In februari 2003 sprak Harris met de eerste groep vrouwen die zou deelnemen aan de eerste vormingscursus voor kandidaten die mede door haar en Andrea Dew Steele was ontwikkeld en die door Susie Tompkins Buell was gefinancierd, via Emerge. Die cursus was bedoeld voor een keur aan lokale functies, maar, zo schreef de *Chronicle*, 'ook voor diegenen die met het idee spelen ooit presidentskandidaat te worden'.[8] In dat verhaal kwam ook naar voren dat San Francisco nog nooit een vrouw als openbaar aanklager had gekozen.

'Er bestaat absoluut een dubbele standaard, en daar moeten jullie je bewust van zijn,' schijnt Harris volgens een krantencitaat tegen de vrouwen te hebben gezegd. 'Dat je een vrouw bent die door sommigen aantrekkelijk wordt gevonden, heeft zo zijn nadelen. Mensen gaan ervan uit dat je geen inhoud hebt. Daarom is het zo belangrijk dat je met zo veel mogelijk mensen praat, en dat je blijft uitdragen waar je voor staat.'

Een ander citaat: 'Als je een actief sociaal leven leidt, krijg je vijanden. Dat is niet het einde van de wereld; soms is het zelfs gunstig. Vrouwen mogen aanspraak maken op functies in het openbaar bestuur: we verkeren in de positie dat we beleidsbepalers zijn.'

Een groot deel van de verkiezingsstrijd lag Harris achter op de twee mannen: Hallinan, de zittende openbaar aanklager, en Fazio, de meer conservatieve kandidaat. Beiden vestigden de aandacht op Harris' banden met burgemeester Brown.

Harris was zich bewust van haar kwetsbare punt: sommige kiezers waren wel klaar met *Willie Brown's machine*. Iets te vaak had hij baantjes bezorgd aan zijn vriendjes, onder wie Paul Horcher, het Republikeinse parlementslid dat in 1994 inging tegen de partijlijn door bij de voorzittersverkiezing voor Brown te stemmen. Onder zijn leiding kende de stad daarnaast contracten toe aan bedrijven die zijn vrienden inhuurden als lobbyist. De *Chronicle* meldde dat de FBI het stadhuis gedurende een groot deel van zijn ambtstermijn in de gaten hield. Hoewel er uit dat onderzoek weinig concrete beschuldigingen voortvloeiden, was het voor Harris – een kandidaat die hervormingen beloofde en zich expliciet richtte op het bestrijden van overheidscorruptie – van belang zich te distantiëren van Brown: tegen *SF Weekly* zei ze dat haar verhouding met hem, toen acht jaar geleden, 'een blok aan haar been' was.[9]

Mocht er nog enige twijfel bestaan over de kwestie of de verhouding voorbij was, zei ze gedecideerd tegen *SF Weekly*: 'Ik kan u vertellen dat ik weiger om in mijn campagne voortdurend kritiek uit te oefenen op Willie Brown om zo de indruk te wekken dat ik onafhankelijk ben, want ik twijfel er geen moment over dat ik onafhankelijk ben; en het zou zomaar kunnen dat hij op dit moment zelfs een beetje bang is dat hij geen invloed op me heeft. Zijn carrière is voorbij, ik ben de komende veertig jaar nog springlevend en actief. Ik ben hem niets verschuldigd.'

Fazio, die begreep dat Harris steeds dichterbij kwam, bleef de Willie Brown-kaart trekken, ditmaal in een aan vrouwen gerichte nieuwsbrief. Het was het weekend van Halloween, enkele dagen voor de eerste dinsdag na de eerste maandag van november.

'Het kan me niet schelen of Willie Brown de ex-vriend is van Kamala Harris,' luidde een citaat van een vrouw die in de nieuwsbrief was opgenomen. 'Waar ik wel mee in mijn maag zit, is dat Kamala na bemiddeling van Brown tot tweemaal toe een goedbetaalde, parttime overheidsbaan aannam, waaronder een functie waar ze geen enkele ervaring mee had [...].'

Harris reageerde snel door een *robocall* op te nemen waarin ze kiezers waarschuwde tegen een 'grap' die ze met de post hadden ontvangen en waarin ze uitlegde dat ze die bestuursfuncties had aangewend om de positie van homoparen te verbeteren en om de sluiting van een ziekenhuis te voorkomen. Harris liet zien dat ze de kunst van het voeren van politieke oorlogen uitstekend verstond. Ze versloeg Fazio in de strijd om de tweede plek en zou het bij de beslissende ronde in december opnemen tegen Hallinan.

Voor buitenstaanders is San Francisco waarschijnlijk vooral bekend vanwege het bruisende Chinatown, de cafés in North Beach, de Golden Gate Bridge en de kabeltrams, en misschien ook vanwege de dolende zielen die alleen nog een slaapplaats kunnen vinden op de trottoirs, onder snelwegviaducten en op braakliggende terreinen. En inderdaad, dat is allemaal San Francisco. Maar mensen die de stad beter kennen, weten daarnaast dat het er in de politiek in San Francisco vaak keihard aan toegaat. Politici die succes hebben in San Francisco weten wat winnen is. Het is geen toeval dat een aantal van de meest geharde politici van nu én van vroeger – onder wie House-voorzitter Nancy Pelosi, Willie Brown, senator Dianne Feinstein, gouverneur Gavin Newsom, John en Phillip Burton, voormalig senator Barbara Boxer en Kamala Harris – allemaal geworteld zijn in San Francisco.

Een politieke strijd in San Francisco zou niet compleet zijn zonder dat er flink met de ellebogen werd gewerkt. Terwijl Harris en Hallinan campagne voerden, deelde Kimberley Guilfoyle, toen getrouwd met burgemeesterskandidaat Gavin Newsom en op dat moment met verlof als openbaar aanklager, een elleboogstoot uit aan Harris: ze roddelde tegen de *Chronicle* dat Harris in 2000 had geprobeerd haar terugkeer naar het openbaar ministerie tegen te houden.

'Het komt erop neer dat ze me daar niet wilde,' zei Guilfoyle.[10] Daarmee wilde ze op een listige manier suggereren dat Harris had geprobeerd de ontwikkeling van een succesvolle en onbuigzame openbaar aanklager te belemmeren. Nadat Harris het openbaar ministerie in 2001 had verlaten, raakte Guilfoyle in opspraak als een van de twee openbaar aanklagers in een buitengewoon ernstige zaak tegen twee advocaten die twee enorme dogo canario's hielden, genaamd Bane en Hera, terwijl de eigenaar van die honden, een lid van de Aryan Brotherhood met de bijnaam 'Cornfed', die behalve een cliënt van hen ook hun geadopteerde zoon was, in de gevangenis zat.[11] Cornfed had de honden gefokt om crystal meth-laboratoria te bewaken, en ze waren vals. Een van de advocaten was met de aangelijnde honden aan het wandelen toen ze losbraken en een lacrosse-coach van de universiteit doodbeten die in de portiek voor haar flat stond. Guilfoyle en haar collega in deze zaak slaagden erin de verdachten veroordeeld te krijgen en Guilfoyle trok de aandacht van de nieuwsnetwerken. Dat leidde er uiteindelijk toe dat ze bij het conservatieve Fox News terechtkwam, dat ze van Newsom scheidde en dat ze ten slotte een verhouding met Donald Trump jr. kreeg.

Intussen slaagde Harris erin de aantijgingen van Guilfoyle teniet te doen. Ze zei dat ze Guilfoyle alleen maar had willen helpen. Uiteindelijk slaagde Guilfoyle er niet in om Harris te beschadigen, en op een uitgekiende manier wist Harris de eindstreep te bereiken.

In San Francisco hollen kandidaten die willen winnen niet naar rechts. Dat is geen succesvolle strategie. Maar sommigen slagen er op een subtiele manier in iets minder links te lijken dan hun tegenstander. Dat was de strategie die Harris volgde. In de beslissende ronde tegen Hallinan beloofde ze hervormingen, maar ze probeerde daarnaast in de smaak te vallen bij Fazio's kiezers, die dan misschien niet meteen conservatief waren, maar in elk geval wel minder progressief dan de aanhangers van Hallinan. Op 7 december besloot de *Chronicle* Harris te steunen, onder de kop: HARRIS, VOOR EEN STEVIG JURIDISCH BELEID.

In haar campagnemateriaal had Harris niet één keer vermeld dat ze kon rekenen op de steun van Willie Brown. Maar Brown, die trouw was aan oude vrienden en bereid was talentvolle zwarte kandidaten te steunen, hielp haar achter de schermen en gebruikte zijn politieke invloed om deuren te openen voor Harris. Dat betekende ook dat ze toegang kreeg tot zijn donoren. Maar het was aan Harris om de uiteindelijke overeenkomsten te sluiten. Veel van haar donoren hadden voorheen Hallinan gesteund, maar de politieke stemming van het moment was in het voordeel van Harris. Nu Hallinans fondsenwerving haperde door de nieuwkomer moest hij 50.000 dollar van zijn eigen geld gebruiken om zijn campagne draaiende te houden. Op de dag van de verkiezingen had zij bijna driemaal zoveel geld binnengehaald als Hallinan: 1 miljoen dollar voor die eerste verkiezing, vrijwel allemaal in schenkingen van 500 dollar. Veel donoren die geld schonken aan die campagne steunen haar tot op de dag van vandaag.

Op het overwinningsfeestje van Harris liet Brown even zijn gezicht zien: 'Dit is duidelijk een genderoverwinning.[12] En het is een etnische overwinning. Maar het was door haar eigen capaciteiten dat ze van Terence Hallinan heeft gewonnen,' zei hij.

Harris won met 56 tegen 44 procent en kreeg meer stemmen dan alle andere kandidaten die dag in San Francisco, onder wie de nieuwgekozen burgemeester Gavin Newsom.

Begin 2004, toen de stemmen waren geteld en de nieuwe garde was ingezworen, wist de *San Francisco Chronicle* te melden dat een van de beschermelingen van Willie Brown – Mohammed Nuru, een topambtenaar van de afdeling openbare werken – er bij de leden van een door de stad gefinancierde reinigingsploeg, de San Francisco League of Urban Gardeners, op had aangedrongen voor Newsom te stemmen. Nuru zei tegen verslaggevers dat hij voor zowel Newsom als Harris in zijn eigen tijd campagne had gevoerd en ontkende mensen onder druk te hebben gezet. Berichten over dergelijke onregelmatigheden waren niet nieuw in San Francisco. De nieuwe burgemeester en de nieuwe openbaar aanklager beloofden de stad een flinke schoonmaakbeurt. De stadsadvocaat van San Francisco, de staatssecretaris van de staat Californië en de pas gekozen openbaar aanklager zeiden allemaal dat ze zich over de beschuldigingen zouden buigen. Er kwam niets uit voort.

Harris hield een aantal littekens over aan de zompige, verraderlijke politieke strijd in San Francisco. Daarnaast leerde ze net als Kali hoe ze, figuurlijk, een paar koppen moest snellen. Ze blonk uit door haar vakbekwaamheid en haar charisma, haar intelligentie en haar lef, én door haar bereidheid de strijd aan te gaan. In de jaren daarop zou Californië daar nog nader mee kennismaken.

Hoofdstuk 8

Agent neergeschoten

In haar in 2003 gevoerde campagne om openbaar aanklager te worden, beloofde Kamala Harris de kiezers dat ze nooit de doodstraf zou eisen, hoe gruwelijk de misdaad ook was. De eerste toets voor die belofte volgde drie maanden nadat ze de ambtseed had afgelegd. Haar beslissing zou haar carrière nog jaren beïnvloeden.

Op 10 april 2004 rond halftien 's avonds reed agent Barry Parker van de politie van San Francisco in een grijze Crown Victoria zonder merktekens stapvoets langs een drankzaak waar bier en wijn werden verkocht, gelegen op de hoek van Third Street en Newcomb Avenue in Bayview.[1] Isaac Espinoza, zijn collega, zat naast hem.

'Wo! Wo!' schreeuwde iemand die op de uitkijk stond, waarmee hij anderen die bezig waren met louche zaakjes waarschuwde dat de politie er was.

Er reden geen kabeltrams naar Bayview en Hunters Point. Het was een andere stad dan de stad die de toeristen en rijken uit Pacific Heights te zien kregen. In Bayview en Hunters Point regeerden criminele bendes de straten, en wel in die mate dat men delen van die wijk als 'oorlogsgebied' betitelde.

Twee jonge mannen leken te schrikken toen de Crown Victoria vlak langs hen reed. Een van de mannen droeg een jopper, hoewel het die avond warmer was dan normaal in die tijd van het jaar. Espinoza scheen met een zaklamp in het gezicht van de jongeman.

Hij liep gewoon door. De agenten, die in burger gekleed waren, parkeerden de auto en stapten uit.

'Zeg, ik wil even met je praten,' zei Espinoza.

'Stop. Politie,' zei hij tot tweemaal toe, op misschien 2 meter afstand van de man.

De man draaide zich om, haalde een automatisch geweer tevoorschijn dat hij onder zijn jas had verstopt en binnen vijf seconden vuurde hij maar liefst elf keer. Espinoza, die geraakt was in zijn buik en zijn dij, had geen tijd gehad zijn wapen uit de holster te halen.

'Agent neergeschoten,' meldde Parker, die gewond was aan zijn enkel, via de radio.

Espinoza, 29 jaar oud, vader van een dochter van drie, maakte acht jaar deel uit van het politiekorps en was vrijwilliger bij het detachement dat zich bezighield met de bestrijding van bendes. Rond tien uur 's avonds, twee dagen voordat hij zijn zevende trouwdag met Renata Espinoza zou vieren, was agent Isaac Espinoza doodgebloed.

De politie, die de hele nacht in touw was, trof de AK-47 twee blokken verderop aan. Nog een blok verder vonden agenten een afgedankte jopper, in de zakken waarvan ze marihuana vonden en een identiteitskaart op naam van David Lee Hill, eenentwintig jaar oud.

Op de avond van het misdrijf was Hill met een vriend naar Oakland gereden, aan de overkant van de baai, en daarna naar de flat van een man in San Ramon, een voorstad in East Bay, die hem het wapen had geleverd. Die man had Hill op het hart gedrukt naar een eerstehulppost te gaan en had daarna kennelijk de politie op de hoogte gesteld. Hill was lichamelijk ongedeerd, maar hij gedroeg zich vreemd, sloeg verwarde taal uit, bonkte met zijn voorhoofd tegen een deur en plaste in zijn broek. De politie, die getipt was, arriveerde met getrokken pistolen bij het ziekenhuis, sloeg de man in de boeien, bond zijn enkels, controleerde hem op kruitresten en reed met hem naar de gevangenis van San Francisco.[2]

De politie vermoedde dat Hill lid was van de Westmob en waarschijnlijk van plan was geweest een rivaal van de Big Block-bende neer te schieten, misschien als wraak voor een moord die in februari had plaatsgevonden. Hills advocaat, Martín Antonio Sabelli, beweerde later dat hij op straat was om marihuana te kopen, dat hij het geweer ter bescherming bij zich had gehad en dat hij niet wist dat Espinoza en Parker politieagenten waren.

'Aarzelen is sterven. Aarzelen als bendelid is sterven. 's Avonds aarzelen als bendelid op het grondgebied van de tegenstander in Bayview is sterven,' zei Sabelli tijdens het proces in 2007 tegen de juryleden.[3]

Op paaszondag 2004 legden agenten bloemen neer bij de plek waar Espinoza was neergeschoten. Buurtkinderen maakten een tekening van een politieauto op het trottoir, meldde de *San Francisco Chronicle*, met daarbij de tekst: 'Veel geluk voor onze politie in San Francisco / Onze geweldige agenten / Liefs, Victor, Richard, Matthew, Lucy, Sam.'[4] Openbaar aanklager Harris hielp achter de schermen bij de coördinatie van het onderzoek. Burgemeester Newsom, die op dezelfde dag in januari aan de slag was gegaan als Harris, trok vooral de aandacht met het verstrekken van huwelijksakten aan homoparen, maar hij maakte zich ook zorgen om het groeiende aantal geweldsmisdrijven in de stad.

In 2004 vonden er 88 moorden plaats in San Francisco, negentien meer dan in het jaar daarvoor, en San Francisco County had de twijfelachtige eer dat er dat jaar de meeste moorden in Californië werden gepleegd.

'Het is zo volkomen onnodig. Mijn gedachten gaan uit naar de familie,' noteerde de *Chronicle* uit de mond van de nieuwe burgemeester toen hij met Pasen een bezoek bracht aan de plaats waar de moord op 10 april had plaatsgevonden.[5]

Volgens de Californische wet kunnen moordenaars van politieagenten de doodstraf krijgen. Maar drie dagen nadat Espinoza was gestorven, en nog vóór zijn begrafenis, herhaalde de nieuwe openbaar aanklager van San Francisco, die tegen de doodstraf was, het standpunt dat ze in haar campagne had verkondigd en zei dat ze niet de doodstraf zou eisen tegen Hill.[6] Harris deed geen onderzoek naar de vraag of de doodstraf wel opgelegd kon worden. Ook nam ze niet een iets praktischer positie in door te wachten tot na de begrafenis. In plaats daarvan maakte ze vanaf het begin duidelijk dat ze zich aan haar belofte zou houden. Daar zou ze een prijs voor gaan betalen.

Agenten in San Francisco en overal in de Bay Area waren woedend. Politiecommissaris Heather Fong keerde zich tegen Harris' beslissing: 'Wij, de leidinggevenden van het politiekorps, dringen er in de scherpst mogelijke bewoordingen op aan dat deze moord in volle omvang wordt vervolgd en dat, na de veroordeling, de doodstraf zal worden opgelegd, wat de wet toestaat.'[7]

De *San Francisco Chronicle* kon geen ander voorbeeld vinden waarbij het openbaar ministerie niet de doodstraf had geëist tegen iemand die een politieagent had vermoord.[8] In de hoofdstad Sacramento tekenden 43 van de 80 leden van het parlement, onder wie een aantal Democraten, een motie waarin de Californische openbaar aanklager Bill Lockyer en de Amerikaanse minister van Justitie werden opgeroepen de zaak te onderzoeken en zo nodig in te grijpen, hoewel het voorstel nooit ter stemming werd gebracht.[9] De motie, waarover uiteindelijk niet werd gedebatteerd, stierf een voortijdig einde in de parlementaire commissie Openbare Veiligheid, die werd voorgezeten door een vriend van Harris, parlementslid Mark Leno, net als zij een Democraat uit San Francisco. Daarmee bleef Harris in elk geval deels een afgang bespaard. Maar Lockyer, die destijds voorstander was van de doodstraf en zich mogelijk in 2006 wilde kandideren voor het gouverneurschap, liet Harris weten dat hij overwoog zijn autoriteit te doen gelden en de zaak in handen te nemen. Uiteindelijk zag hij daarvan af.

Op de vrijdag na de moord reden politieagenten uit heel Californië op hun motoren naar San Francisco om de begrafenis van agent Espinoza bij te wonen. In St. Mary's Cathedral, in het centrum van de stad, kwamen duizenden mensen samen.

Harris en senator Feinstein, die in de loop van de jaren tijdens haar campagnes altijd was gesteund door de politievakbonden, begroetten elkaar vriendelijk voordat de dienst begon. Harris nam plaats op de voorste rij. Andere hoogwaardigheidsbekleders zaten vlak bij haar, net als de weduwe van agent Espinoza, Renata.

De politievakbond van San Francisco had de kandidatuur van Harris gesteund, wetend dat ze tegen de doodstraf was. Maar Gary Delagnes, de voorzitter van de bond, zei op de begrafenis: 'Isaac heeft de hoogste prijs betaald. [...] En ik spreek namens al mijn collega's als ik eis dat deze moordenaar ook de hoogste prijs gaat betalen.'[10] Dat zal Harris pijn hebben gedaan. Maar het werd nog erger toen Feinstein aan haar toespraak begon.

Als tiener en jonge vrouw had Feinstein overwogen actrice te worden. Hoewel ze het theater liet voor wat het was en voor de politiek koos, had ze nog altijd een zeker gevoel voor drama. In St. Mary's Cathedral week de oudgediende senator van Californië af van de toespraak die ze had voorbereid.

'Dit is een tragedie die zijn weerga niet kent, en het is zo'n speciaal geval dat vraagt om de doodstraf,' zei Feinstein tegen het aanwezige publiek, volgens een citaat in de *Chronicle*.[11] De ene Democraat uit Californië had de andere geïnspireerd op haar meest kwetsbare moment, en in een katholieke kerk. Dat was een buitengewoon genadeloze wending, zelfs volgens de normen die in San Francisco golden.

'Je voelde de schok. Dat is de term die de situatie het best beschrijft,' herinnerde Lockyer zich, die in de kerk aanwezig was geweest.[12]

Een groot deel van aanwezigen, en zeker de agenten, gaven Feinstein een staande ovatie. Harris bleef zitten. Na de dienst zei Feinstein tegen verslaggevers dat ze Harris waarschijnlijk niet had gesteund in haar campagne om openbaar aanklager te worden als ze had geweten dat Harris tegen de doodstraf was, hoewel Harris haar standpunt nooit onder stoelen en banken had gestoken.

Feinstein had zo haar eigen geschiedenis met de doodstraf en zij had de kwestie geheel anders aangepakt.[13] Toen ze in 1990 kandidaat was voor het gouverneurschap, hield ze voor partijgenoten een toespraak voor het Democratische partijcongres in Californië, een onmiskenbaar progressieve groep mensen, en sprak daar haar steun uit voor de doodstraf. Het was, zei ze toen, 'een kwestie waar je niet omheen moet draaien'. Ze werd uitgejouwd door haar partijgenoten. Maar Feinstein wist dat de grote meerderheid van de Californische bevolking destijds achter de doodstraf stond. Bij de verkiezingen in 1990 zetten haar campagnestrategen haar in de campagnespotjes neer als een krachtige, onverzettelijke kandidaat en portretteerden haar Democratische rivaal, procureur-generaal John Van de Kamp, als iemand die tegen de doodstraf was. Die spotjes dienden hun doel, net als het gejouw dat ze met haar uitspraken uitlokte. Ze won de Democratische voorverkiezingen voor het gouverneurschap, maar daarna werd Feinstein in november verslagen door de Republikein Pete Wilson, die voor een strenge rechtsorde pleitte. Feinstein won haar Senaatszetel in 1992 en werd sindsdien vijfmaal gekozen, ook in 2018. Tijdens die campagne in 2018 ondervond ze veel tegenstand van links, in een staat die steeds progressiever was geworden, en toen verklaarde ze dat ze niet langer achter de doodstraf stond.

De aanvallen die Harris die dag en in de daaropvolgende dagen moest verduren, zouden niet de laatste zijn die ze voor haar kiezen kreeg. Maandenlang gingen agenten haar uit de weg en keerden haar de rug toe als ze haar op het hoofdbureau van politie zagen. Harris maakte duidelijk dat ze wat deze kwestie betrof voet bij stuk zou houden en lichtte haar beslissing twee weken na de moord op agent Espinoza toe in een open brief in de *Chronicle*:

> Tegen die mensen die willen dat deze verdachte de doodstraf krijgt, kan ik kortweg zeggen dat er geen uitzondering bestaat voor dit uitgangspunt. Ik heb de mensen in San Francisco beloofd dat ik me zal verzetten tegen de doodstraf en die belofte kom ik na, ondanks de krachtige emoties die deze zaak heeft opgeroepen. Ik heb die pleidooien zorgvuldig aangehoord en overwogen, en ik begrijp en deel de pijn die

daarin tot uiting komen, maar ik heb mijn besluit genomen en daar kom ik niet op terug.[14]

Toen Harris tot openbaar aanklager werd gekozen, polste ze een oude kennis, Harry Dorfman, om een aantal van de meest in het oog lopende moordzaken op zich te nemen. Dorfman, tegenwoordig rechter van het Californische Hooggerechtshof, kreeg het beruchte MS-13-bendelid Edwin Ramos veroordeeld, die driemaal levenslang kreeg vanwege de moord op een 48-jarige man en diens twee zonen in het Excelsior District. Ook in die zaak weigerde Harris de doodstraf te eisen. Dorfman kreeg daarnaast Clifton Terrell jr. veroordeeld wegens de roofmoord op Hunter McPherson, de zoon van de voormalige hoofdredacteur van de *Santa Cruz Sentinel* en lid van de Californische senaat Bruce McPherson, die later tot staatssecretaris werd benoemd door gouverneur Schwarzenegger.

Maar Dorfmans grootste zaak was de vervolging van David Hill. Dorfman weigerde in te gaan op de beslissingen die het openbaar ministerie in de zaak had genomen, en er is niemand die kan weten of de jury in San Francisco de doodstraf zou hebben opgelegd aan Hill als hij was beschuldigd van moord op een manier waardoor hij in aanmerking zou zijn gekomen voor de doodstraf. Maar dat lijkt onwaarschijnlijk. Hill was jong en was nooit eerder veroordeeld wegens een geweldsmisdrijf. De inwoners van San Francisco keren zich al lange tijd tegen de doodstraf, en die afkeer is terug te zien in de jury's.

Hoe dan ook: in 2007 werd Hill door de jury in San Francisco schuldig bevonden aan doodslag, een misdrijf waar de doodstraf niet voor kan worden opgelegd. De juryleden vonden wel dat Hill bewust op een politieagent had geschoten. Daarvoor kreeg hij levenslange gevangenisstraf zonder kans op vervroegde vrijlating. In 2011 bevestigde het hof van beroep van Californië dit vonnis. Hill zit zijn tijd uit in de New Folsom-gevangenis, ten oosten van Sacramento. Hij is 37 jaar oud, acht jaar ouder dan Isaac Espinoza toen die door Hill werd doodgeschoten.

Hoofdstuk 9

Slim optreden tegen misdaad

Leidinggeven aan een grootstedelijk openbaar ministerie is niet gemakkelijk, en zeker in het San Francisco van de jaren negentig was dat geen sinecure. Juryleden werden geselecteerd uit een groep mensen die sceptisch waren over de autoriteiten en het rechtssysteem zelf hield zich niet aan de basisregels. Onder toeziend oog van Harris werden door openbaar aanklagers honderden zaken niet-ontvankelijk verklaard nadat was ontdekt dat een medewerker van het forensisch laboratorium cocaïne gebruikte die in beslag was genomen van verdachten. Advocaten kwamen erachter dat haar afdeling zich niet had gehouden aan de wet die vereiste dat openbaar aanklagers bewijsmateriaal dat verdachten kon vrijpleiten ter beschikking van de verdediging moesten stellen.

Maar hoe gebrekkig het openbaar ministerie ook functioneerde, Harris bleef zich concentreren op de mensen die door justitie doorgaans werden genegeerd, totdat de kogels in het rond vlogen. Om te kunnen begrijpen hoe ze dat deed, is het woningbouwproject Sunnydale, dat ver van de adembenemende uitzichten en aantrekkelijk buurten van San Francisco ligt, een goed voorbeeld. Tientallen jaren werd de buurt waar die projecten werden gerealiseerd tot de gevaarlijkste van de stad gerekend, zeker in de periode waarin Harris openbaar aanklager was.

'Sunnydale, ook wel "The Dale" of "The Swamp" genoemd, wordt ontsierd door lege flessen en afval,' schreef Leslie Fulbright in 2008 in een voor de *Chronicle* geschreven verslag.[1] 'Er zijn geen groenvoorzieningen, overal woekert gras en onkruid. Er hangen vuile luiers in de bomen. In de huizen lopen kakkerlakken en muizen rond. Sommige gootstenen zijn zo smerig dat ze zwart zijn.'

De muren van de 785 wooneenheden waren beklad met graffiti en tientallen huizen waren dichtgetimmerd, hoewel dat krakers er niet van weerhield erin te trekken.

Sunnydale werd geregeerd door straatbendes. Het openbaar ministerie van de stad reageerde met tegen de bendes gerichte beschikkingen en de FBI bestreed de bendeleiders met RICO-maatregelen (Racketeer Influenced and Corrupt Organizations: door bendeleden gechanteerde en corrupte organisaties).

Als openbaar aanklager koos Harris haar eigen benadering. Herhaaldelijk verwierp ze suggesties dat ze te hard of juist te mild zou optreden tegen de misdaad. Ze verklaarde dat ze 'slim optrad' tegen misdaad. Naast het behandelen van zaken die door de politie onder de aandacht van het openbaar ministerie werden gebracht, nam ze initiatieven die op interventie waren gericht: meer dan eens ging ze 's avonds naar Sunnydale, samen met haar belangrijkste groep openbaar aanklagers, artsen van de eerstehulppost van het San Francisco General Hospital en – misschien niet onverstandig – een politie-escorte.

Het was een soort 'recht op het doel af'-benadering.

De bijeenkomsten in het buurthuis van de wijk werden bijgewoond door maar liefst vijftien jonge mannen 'die zich in de gevarenzone bevonden'. Harris gaf dan een korte inleidende toespraak, gevolgd door een presentatie van de artsen, die lieten zien hoe slachtoffers van schietpartijen eruitzagen als ze op de eerstehulppost aankwamen met een buik die openlag door de kogelwonden. Vervolgens vertelden de openbaar aanklagers de aanwezigen wat ze qua gevangenisstraf konden verwachten als ze werden gepakt en veroordeeld wegens het soort bloedbaden zoals die op de foto's van de artsen te zien waren. Het voornaamste was dat je ervoor moest zorgen dat je niet betrokken raakte bij dit soort praktijken, zei Harris.

Daarnaast zette Harris een programma op dat erop was gericht om te voorkomen dat niet eerder veroordeelde misdadigers die zich schuldig hadden gemaakt aan een geweldloos delict een leven in de criminaliteit tegemoet gingen. Dat deed ze door aanklachten in te trekken als ze meededen aan een beroepsopleiding in wat door haar werd aangeduid als een '*back on track*'-programma. Zulke initiatieven waren niet zonder politiek gevaar, wat ze zou merken toen ze zich ging richten op de strijd om procureur-generaal van Californië te worden.

De *Los Angeles Times* schreef over een zaak uit 2008 waarin een deelnemer aan het back on track-programma met een SUV was ingereden op een vrouw van wie hij de handtas had afgepakt.[2] De man was een immigrant zonder papieren. Harris moest een stapje terug doen: ze beloofde dat ze mensen zonder werkvergunning zou uitsluiten van het programma. De vrouw overleefde de aanslag, de man werd uit het programma verwijderd en veroordeeld wegens mishandeling met een dodelijk wapen.

En dan waren er van die puur persoonlijke momenten die het grote publiek nooit te zien kreeg. Matthew D. Davis vertelt het verhaal over zijn buurvrouw Naomi Gray, een oudere zwarte vrouw die lange tijd betrokken was geweest bij de stedelijke politiek en die 'in de wolken' was geweest toen Harris in 2003 tot openbaar aanklager was gekozen. Naomi had een beroerte gehad en was in het stedelijke verpleeghuis Laguna Honda opgenomen. Davis herinnerde zich dat hij op een avond bedacht hoe eenzaam ze zich moest voelen. In een opwelling belde hij Harris op. Ze nam de telefoon op. Hij vroeg of ze Naomi kende.

'Natuurlijk ken ik die,' antwoordde Harris.

Davis zei tegen haar dat Naomi het geweldig zou vinden als ze haar een kaartje zou sturen.

'Wat ben jij op dit moment aan het doen?' vroeg Harris, een vraag waarmee ze Davis overviel.

Ze spraken af dat ze elkaar over een halfuur zouden ontmoeten in

Laguna Honda. Davis liep met Harris naar Naomi's kamer. Harris ging naast haar bed zitten en hield haar hand vast. Davis liep de kamer uit om Harris en de oude vrouw wat privacy te gunnen. Een minuut of twintig later kwam Harris naar buiten.

'Er waren daar geen hordes potentiële kiezers. Alleen ik was er, in een verder lege gang,' zei Davis.[3] 'We namen afscheid en ik zag dat Kamala zich naar een of andere vergadering of bijeenkomst spoedde. Een paar dagen later overleed Naomi.'

Nadat Joe Biden Harris had aangewezen als zijn running mate en Donald Trump haar 'gemeen' en 'vals' had genoemd, voelde David zich gedwongen het verhaal uit de doeken te doen in een stuk op Facebook. Dit was Harris' manier van optreden als er niemand op haar lette.

Harris gebruikte haar positie als openbaar aanklager om het beleid van de staat vorm te geven. In 2004, haar eerste jaar, steunde ze de wetgeving die gericht was op zwaardere straffen voor seksuele uitbuiting van kinderen. In die wet, die was opgesteld door senator Leland Yee, een Democraat uit San Francisco, werd het begrip prostitutie opnieuw gedefinieerd.[4] Kinderen die worden gekocht en verkocht werden niet langer prostitués en prostituees genoemd. Ze werden genoemd wat ze waren: uitgebuite slachtoffers. Hoerenlopers en pooiers konden langere gevangenisstraffen tegemoetzien voor het verhandelen van kinderen. Het voorstel werd zonder tegenstem aangenomen en gouverneur Schwarzenegger ondertekende de wet.

'Eindelijk staat het zwart op wit en is wettelijk geregeld dat volwassenen kinderen niet kunnen kopen voor seks,' zei Harris destijds.[5]

De carrière van Yee kwam in 2015 tot een beschamend einde toen hij schuld bekende aan een federale tenlastelegging wegens corruptie, waaronder handel in wapens en het bieden van wettelijke voordelen in ruil voor campagneschenkingen, in een zaak waarbij Chinatown-gangster Robert 'Shrimp Boy' Chow betrokken was, die de 'drakenkop' was van een internationale triade. Hij zat vijf jaar in de gevangenis. Hoewel er geen aanwijzingen waren dat zijn louche activiteiten van invloed waren op de wet die Harris had geëntameerd, toonden de beschuldigingen tegen Yee dat het beleid dat in de stad werd gevoerd vaak tegen de duisterder kanten van de samenleving aanschurkt. Openbaar aanklager Harris had beloofd dat ze korte metten zou maken met politieke corruptie, maar tijdens haar ambtstermijn werden er geen grote zaken behandeld.

De 'slim tegen misdaad'-benadering van Harris was verrassend genoeg deels gericht op spijbelen op middelbare scholen. Harris wees op statistieken die aantoonden dat een ruime meerderheid van de moordslachtoffers in de leeftijd van vijfentwintig jaar en jonger vroegtijdig de middelbare school had verlaten. Ook de meeste gedetineerden hadden de middelbare school voortijdig verlaten. Dat probleem, luidde haar conclusie, begon al op de basisschool. Sommige kinderen waren zeventig of tachtig schooldagen per jaar afwezig. Om daar iets aan te doen zetten zij en een rechter een spijbelrechtbank op in San Francisco. Harris, die haar rechtbank modelleerde naar het voorbeeld van een soortgelijk project dat was opgezet door de openbaar aanklager van Alameda County, sloeg zelden met haar vuist op tafel. Maar toen er ouders waren die verhaal kwamen halen bij het justitiegebouw, stond er een openbaar aanklager gereed die duidelijk maakte dat de dreiging met straffen reëel was. Tussen 2005 en 2009 nam het spijbelen onder leerlingen van de lagere school af met 50 procent, zeiden zij en vertegenwoordigers van schoolbesturen.

In 2010, toen ze zich verkiesbaar stelde als procureur-generaal van Californië, besloot ze het probleem in de hele staat aan te pakken. Ze wendde zich tot een oude vriend en bondgenoot, senator Mark Leno van San Francisco, om wetgeving te ontwerpen waarin ouders vervolgd konden worden als zij er voortdurend niet in slaagden erop toe te zien dat hun kinderen op de basisschool en in de lagere klassen van de middelbare school in de klas zaten. De straf kon oplopen tot een boete van 2000 dollar en maximaal een jaar gevangenisstraf.

‘Er bestaat een direct verband tussen openbare veiligheid en openbaar onderwijs,’ zei Harris tegen een verslaggever.[6] ‘Het is veel goedkoper je erop te richten dat een leerling van de basisschool in de klas zit dan om iemand wegens moord te vervolgen.’

Het thema werd door links niet goed ontvangen. Zij die streden voor burgerlijke vrijheid en advocaten verzetten zich ertegen. Hun argumenten waren niet gespeend van een zekere logica: voor een ouder die in de gevangenis zat, zou het lastig worden zijn of haar kind ertoe te dwingen naar school te gaan. En werd met deze wet de werkelijke oorzaak van het spijbelen aangepakt? Toch werd het voorstel aangenomen en tot wet verheven. ‘Ik wil gewoon dat die kinderen naar school gaan, en ik ben bereid de boeman te zijn,’ zei Harris destijds.[7]

In haar functie als procureur-generaal presenteerde Harris jaarlijks een rapport waarin het probleem aan de orde kwam. Het eerste rapport vermeldde dat 29 procent van de basisschoolkinderen geregeld spijbelde. Dat was gedaald tot 25 procent toen ze haar laatste rapport publiceerde. In een handjevol county’s werden ouders daadwerkelijk naar de gevangenis gestuurd. Tijdens de presidentscampagne in 2019 kreeg Harris het stevig te verduren van links vanwege de wet die ze had gesteund en zei ze dat het haar speet dat er ouders in de gevangenis terecht waren gekomen. Harris’ opvolger, procureur-generaal Xavier Becerra, staakte met rapporten uitgeven zodra hij zijn ambt had aanvaard, zonder daar ruchtbaarheid aan te geven. Maar volgens de Californische wet kunnen openbaar aanklagers ouders van basisschoolkinderen die geregeld spijbelen nog steeds vervolgen.

Hoofdstuk 10

Harris en Obama

In september 2004, in haar eerste jaar als openbaar aanklager van San Francisco, was Kamala Harris, die altijd bezig was het politieke landschap te verkennen, een van de gastvrouwen van een fondsenwervingsbijeenkomst in het Four Seasons Hotel ten behoeve van een gelijkgestemde: een lid van de senaat van Illinois uit South Side in Chicago die voor een klein advocatenkantoor werkte en staatsrecht onderwees aan de University of Chicago. Zijn naam luidde Barack Obama.

Obama was al eens eerder naar San Francisco gekomen; een belangrijke tussenstop voor Democratische politici die aan de weg timmerden. Het jaar daarvoor hadden Susie en Mark Buell opgetreden als gastvrouw en -heer bij een fondsenwerving voor Obama, en hun assistent had ervoor gezorgd dat Harris en Obama elkaar hadden ontmoet. Obama stond op het punt om in de Amerikaanse Senaat te worden gekozen als vertegenwoordiger van Illinois en had enorm aan populariteit gewonnen nadat hij het land in 2004 bij de Democratische Nationale Conventie in beroering had gebracht met een toespraak waarin hij had gezegd: 'Er is geen progressief Amerika en een conservatief Amerika. Er zijn de Verenigde Staten van Amerika. Er is geen zwart Amerika, en een wit Amerika, en een latino-Amerika, en een Aziatisch Amerika. Er zijn de Verenigde Staten van Amerika.'

In de maand maart die volgde op de fondsenwervingsbijeenkomst van Harris voor Obama deed de pas gekozen senator iets terug: hij kondigde een fondsenwervingsbijeenkomst aan voor Harris in nachtclub Bimbo's 365 in North Beach. De zaal was afgeladen vol.

De overeenkomsten tussen Harris en Obama waren onmiskenbaar, al lagen ze voor de hand: ze zijn beiden van gemengde afkomst, slim en aantrekkelijk, beiden zijn talentvolle juristen en beiden vertegenwoordigen het nieuwe gezicht van de Democratische Partij, om niet te zeggen van het land. In 2006 rekende het tijdschrift *Ebony* hen in de mei-uitgave tot de 'honderd invloedrijkste zwarte Amerikanen'. Zij stond op nummer 5, hij op nummer 67.

In februari 2007 reisde openbaar aanklager Harris, die weleens een kijkje wilde nemen buiten San Francisco, naar het kille Springfield in Illinois om de lancering van Obama's presidentscampagne bij te wonen. In maart was ze de meest prominente gekozen bestuurder geworden die Obama steunde.

'Dat was destijds politiek gezien waarschijnlijk niet de slimste strategie,' zei Buffy Wicks, die in 2007 Obama's belangrijkste coördinator was in Californië en later deel zou uitmaken van diens staf in het Witte Huis.[1] Wicks, nu lid van het parlement van Californië, moest vaststellen dat Californië in 2007 en 2008 van Hillary Clinton was. De voormalige first lady en senator had de belangrijkste steunbetuigingen al in een vroeg stadium binnengehaald, waaronder die van de burgemeester van San Francisco Gavin Newsom, de burgemeester van Los Angeles Antonio Villaraigosa, en die van senator Dianne Feinstein.

Obama organiseerde zijn eerste campagnebijeenkomst in Californië in maart en bracht een menigte van 12.000 mensen op de been voor het stadhuis van Oakland, dezelfde plaats waar Harris in 2019 als lid van de Amerikaanse Senaat het begin van haar presidentskandidatuur aankondigde. 'Ik ben zo opgetogen,' zei openbaar aanklager Harris, die op de eerste rij zat, tegen politiek verslaggever Carla Marinucci, die toen voor de *San Francisco Chronicle* werkte.[2]

'De energie, de diversiteit... De mensen zijn enthousiast, en het draait het niet alleen om Barack. Het draait om henzelf.'

Die avond behoorde Harris tot de organisatoren van een fondsenwervingsbijeenkomst in het Mark Hopkins Hotel in het centrum van San Francisco, waar 1 miljoen dollar opgehaald zou worden. Obama was bezig met een zeer succesvolle fondsenwervingscampagne, waarbij hij in het eerste kwartaal van 2007 maar liefst 25,7 miljoen dollar ophaalde. Daarmee evenaarde hij bijna Clintons succes en maakte hij duidelijk dat hij allesbehalve tegen windmolens aan het vechten was.[3] Het was niet waarschijnlijk dat Obama Clinton zou verslaan in Californië. Maar het was Harris' taak om als Obama's plaatsvervanger te fungeren. En dat deed ze: ze sprak namens hem en voerde campagne in de hele staat. Begin december bracht ze een weekend door in Salinas, waar ze de plaatselijke Democraten, die een tussentijdse peiling hielden, vertelde dat Obama bezig was met 'een van de bijzonderste presidentscampagnes van onze tijd'.[4] Obama eindigde bovenaan in die tussentijdse peiling.

In San Francisco namen de linksgeoriënteerde kiezers Harris niet kwalijk dat er een controverse was ontstaan over agent Isaac Espinoza en over de problemen in het forensisch lab. In november 2007 stelde ze zich beschikbaar voor herverkiezing, zonder tegenkandidaat. Nu die horde genomen was, reisde de nieuwgekozen openbaar aanklager naar Des Moines om in de koude decemberdagen, vlak voor de voorverkiezingen in Iowa, campagne te voeren voor Obama. Daar vierde ze Nieuwjaar. Op 3 januari 2008, op de avond van de voorverkiezingen in Iowa, stond ik niet ver van haar vandaan in de Hy-Vee Hall in Des Moines, terwijl ze naar Obama luisterde die verkondigde 'een land te beloven dat minder verdeeld en meer verenigd is'.

Bij de voorverkiezingen in Californië, die een maand later plaatsvonden, won Obama in San Francisco, maar Clinton won de staat met ruime voorsprong: 51,5 tegen 43,2 procent, waarmee gegarandeerd was dat de strijd nog maanden zou duren. De campagnemanager van Clinton in Californië was Ace Smith, die niet lang daarna Harris' campagnestrateeg zou worden.

Toen Harris deelnam aan de strijd om het presidentschap, vroeg een verslaggever van *Politico* of zij een vervolg gaf aan Obama's erfenis.

'Ik heb mijn eigen erfenis,' zei ze tegen de verslaggever.[5]

Hoofdstuk 11

De stormloop

Op de avond van 4 november 2008 stond Kamala Harris tussen honderdduizenden mensen in het Grant Park in Chicago om te vieren dat haar vriend een historische verkiezingsoverwinning had behaald.

'Amerika gaat veranderen,' zei de aanstaande president Obama tegen de mensenmassa in Chicago en tegen de miljoenen anderen die naar de tv of via internet zaten te kijken.

Er deden geruchten de ronde dat Obama een plekje voor Harris zou vinden in Washington, en ze overwoog of dat haar volgende stap kon worden. Op 12 november 2008, acht dagen nadat Obama tot president was gekozen en terwijl ze pas elf maanden aan haar tweede termijn als openbaar aanklager van San Francisco bezig was, hakte ze de knoop door. Gebruikmakend van de euforie van de Democraten over Obama verklaarde ze dat ze van plan was zich in 2010 verkiesbaar te stellen als procureur-generaal van Californië. Ik schreef die dag dat ze 'zich al lange tijd richtte op de functie van procureur-generaal, de belangrijkste justitieambtenaar van de staat en een positie die als springplank kan dienen voor het gouverneurschap'.[1]

In gezelschap van haar belangrijkste strateeg Ace Smith gaf openbaar aanklager Harris op de dag van haar aankondiging interviews aan tv-verslaggevers in Los Angeles, waarin ze uitlegde waarom ze zich verkiesbaar had gesteld. Aan het eind van de dag gingen ze langs bij burgemeester Antonio Villaraigosa in Getty House, de residentie van de burgemeester in de wijk Hancock Park, niet ver van het centrum van Los Angeles. Dat bezoekje duurde net iets te lang.[2] Smith keek op zijn horloge en besefte dat er nauwelijks voldoende tijd was om nog op tijd op Bob Hope Airport in Burbank te komen. Met hoge snelheid zigzagde de chauffeur door het verkeer. Toen ze op het vliegveld aankwamen, trok Harris haar hoge hakken uit, waarna ze begonnen te rennen, zich langs de beveiliging haastten en naar de gate holden, die op het punt stond gesloten te worden. Toen ze eenmaal in het vliegtuig zaten, keek Smith naar Harris, begon te lachen en zei: 'Zo zal het tijdens de campagne ook gaan.' Ze hadden als gekken gerend, en toen het erop leek dat ze het niet gingen halen, renden ze nog iets harder en wisten ze het op het nippertje te halen. De boodschap was duidelijk. Het zou een turbulente campagne worden.

Ze had het geluk dat Smith goed was ingevoerd in de functie van procureur-generaal: in 2006 was hij adviseur geweest van Jerry Brown toen die zich verkiesbaar had gesteld voor het ambt. Maar het ging nog verder dan dat. Hij was nog een peuter toen zijn vader, plaatsvervangend procureur-generaal Arlo Smith, was aangewezen om te helpen bij de afronding van de kwestie rond de legendarische Caryl Chessmann, de zogenoemde Red Light Bandit, die in 1960 werd geëxecuteerd nadat hij was veroordeeld wegens ontvoering en verkrachting van vrouwen op een afgelegen laantje in Los Angeles. Chessmann had zijn memoires geschreven terwijl hij in zijn dodencel in San Quentin zat en was het middelpunt geworden van de beweging die zich inzette voor afschaffing van de doodstraf. Arlo Smith diende drie termijnen als openbaar aanklager van San Francisco, totdat hij in 1995 werd verslagen door Terence Hallinan. In 1990 hielp de nog jonge Ace zijn vader tijdens diens campagne voor het gouverneurschap van Californië. Arlo verloor van de Republikein Dan Lungren met een verschil van 28.906 stemmen, terwijl er meer dan 7 miljoen waren uitgebracht.

Dat Harris twee jaar voor de verkiezing bekendmaakte dat ze

zich beschikbaar stelde, was onderdeel van haar campagnestrategie geworden: kom zo vroeg mogelijk, met veel kabaal en daadkrachtig voor de dag, met als doel het aantal Democratische tegenstanders dat aan de voorverkiezingen wilde meedoen zo ver mogelijk terug te brengen. Binnen een maand nadat Harris in 2008 haar aankondiging had gedaan, waren de Republikeinse leiders in Californië aan de gang gegaan met het ontwikkelen van een aanvalsplan tegen haar en hadden een zogenoemd 'PG-interventieteam' in het leven geroepen. Uit interne e-mails blijkt dat ze hoopten op de medewerking van misdaadslachtoffers, Republikeinse openbaar aanklagers, een geloofwaardige Democratische tegenkandidaat voor Harris, en de politie. Doorgaans steunden de politievakbonden de Democraten. Maar Harris moest in politieke zin nog steeds boeten voor haar besluit om niet de doodstraf te eisen tegen de moordenaar van agent Isaac Espinoza. Aan het begin van 2009 deelden de leiders van de San Francisco Police Officers Association (de politievakbond van San Francisco) Harris mee dat de bond haar onder geen beding zou steunen. Uit solidariteit met hun collega's in San Francisco en ter nagedachtenis van agent Espinoza sloten andere politiebonden zich daarbij aan.

In de aanloop van de verkiezingen in 2010 waren de Republikeinen ervan overtuigd dat ze het ambt van procureur-generaal voor zich konden opeisen. Tot het team dat werd samengesteld om de strategie uit te stippelen, behoorden twee mannen die actief waren geweest binnen de Republikeinse partij: George 'Duf' Sundheim, voormalig voorzitter van de Republikeinse partij in Californië, en Sean Walsh, die een van de topadviseurs was geweest van gouverneur Pete Wilson en later een zakenpartner van Wilson was.

Wilson begon zijn politieke carrière op 33-jarige leeftijd toen hij in 1966, het jaar waarin Reagan tot gouverneur van Californië werd gekozen, een raadszetel won in San Diego. San Diego, een zee- en marinehaven, beschikte over een uitgebreide wapenindustrie en was toen veilig in handen van de Republikeinen. Wilson, een voormalige marinier en advocaat, werd drie termijnen lang – van 1971 tot

1983 – burgemeester van San Diego, en daarna werd hij in 1983, ten tijde van Reagans presidentschap, lid van de Amerikaanse Senaat. In 1990 wist Wilson de vroegere burgemeester van San Francisco Dianne Feinstein te verslaan en werd gouverneur, waarmee hij een andere Republikein, George Deukmejian, opvolgde. Toen was Californië nog een swingstaat. Dat is nu niet meer het geval, niet in de laatste plaats vanwege het beleid dat door Wilson werd gevoerd.

Gouverneur Schwarzenegger, een Republikein, begon zijn regeerperiode in 2003 met een flinke ruk naar rechts. Maar tijdens de herverkiezingscampagne in 2006 was hij opgeschoven naar het centrum: hij zette zich in voor alternatieve energiebronnen en tegen klimaatverandering. Schwarzenegger lichtte de harde waarheid in 2007 toe tijdens een bijeenkomst van de Republikeinse partij van Californië in het woestijnstadje Indian Wells: 'Om in filmtermen te spreken: we verliezen het bij de kaartverkoop. De zalen zitten niet vol.'[3]

Verslaggevers die aanwezigen waren bij de bijeenkomst, stelden vast dat er een ijzige stilte viel. De partij die mensen als Richard Nixon, Ronald Reagan, George Deukmejian en Pete Wilson had voortgebracht, liep niet meer in de pas bij het Californische electoraat op onderwerpen als wapenbeperkingswetgeving, het milieu, abortus, het homohuwelijk, en vooral immigratie. De latino's, het snelst groeiende segment van de Californische bevolking, keerde zich tegen de GOP nadat Wilson werd herkozen en een voorstander bleek van Proposition 187, een initiatiefwet die beloofde af te rekenen met alle door de overheid gefinancierde diensten ten behoeve van immigranten zonder papieren, waaronder openbaar onderwijs en verpleeghuiszorg. Feitelijk was het een aanval op nieuwe Amerikanen en hun gezinnen. Sindsdien gaat het bergafwaarts met de Republikeinse partij in Californië. In 2010 was de partij verworden tot een roestige hoop schroot: slechts 31 procent van de kiezers had zich laten registreren als Republikein. Nu het de partij is van Donald J. Trump, is de GOP-registratie in Californië tot onder de 25 procent gezakt.

Wilson wilde de partij nieuw leven inblazen en deed bij de verkiezingen van 2010 een beroep op kandidaten uit de hele staat: hij koos voor een jonge zwarte man als staatssecretaris en een latino als luitenant-gouverneur. Silicon Valley-miljardair Meg Whitman voerde de kandidatenlijst aan en was de beoogd opvolger van Schwarzenegger als gouverneur. Ze zou 159 miljoen dollar in de campagne steken, waarvan het grootste deel uit eigen zak. Voor de functie van procureur-generaal koos Wilson voor Steve Cooley, die drie termijnen had gediend als openbaar aanklager in Los Angeles County.

Wat betreft benadering, gedrag en verschijning konden Kamala Harris en Steve Cooley niet méér van elkaar verschillen. Openbaar aanklager van San Francisco Harris beloofde vernieuwing en hervorming van het strafrechtstelsel als zij in 2010 zou worden gekozen als procureur-generaal. Ze zou zich sterk maken voor het milieu, de consument en het homohuwelijk. Harris, nu 46 jaar oud, was duidelijk van plan zo hoog mogelijk op te klimmen. Openbaar aanklager van Los Angeles County Cooley beloofde de doodstraf en het traditionele huwelijk te verdedigen. Het zou lastig worden om hem te verslaan, maar eerst zou hij de voorverkiezingen moeten winnen.

Kamala Harris beleefde een zware tijd toen de strijd begon, hoewel dat destijds niet in de openbaarheid kwam. Zij en Maya hadden ervoor gezorgd dat hun moeder Shyamala haar chemotherapiesessies kon ondergaan. In een ingezonden stuk in 2018 in *The New York Times* schreef Harris over een voorval dat zich voordeed toen haar moeder in het ziekenhuis lag, vlak voordat ze overleed:

> Zolang ik me kon herinneren was mijn moeder er dol op om naar het televisienieuws te kijken en de krant te lezen. Toen Maya en ik nog klein waren, stond ze erop dat we elke avond voor het eten naar Walter Cronkite keken. Maar ineens was die belangstelling verdwenen. Haar geweldige brein had besloten dat het genoeg was.

> Maar voor ons had ze nog wel belangstelling. Ik herinner me dat ik net was begonnen aan de campagne om procureur-generaal van Californië te worden en dat ze vroeg hoe het liep. 'Mama, die kerels roepen dat ze gehakt van me gaan maken,' zei ik tegen haar.
> Ze rolde op haar zij, keek me aan en er verscheen een brede glimlach op haar gezicht. Ze wist wie ze had opgevoed. Ze wist dat haar vechtmentaliteit voortleefde in mij.[4]

Op 11 februari 2009 overleed ze in Oakland aan kanker: de rots in de branding van het gezin, de wetenschapper die kanker had bestudeerd en had gezocht naar genezing van die ziekte, én de vrouw die meer dan wie ook had zorggedragen voor de opvoeding en ontwikkeling van twee krachtige, geslaagde vrouwen. In de maanden en jaren die volgden, zagen vrienden van Harris dat ze tranen in haar ogen kreeg als iemand het tijdens de belangrijke momenten in haar leven over haar moeder had.

Openbaar aanklager Harris had haar ervaringen bij het openbaar ministerie ten gunste van zichzelf opgevoerd. Maar met haar staat van dienst in San Francisco lag het ingewikkeld. Toen burgemeester Villaraigosa in 2010, aan het begin van haar campagne om procureur-generaal te worden, zijn steun voor haar uitsprak, verklaarde hij: 'Kamala heeft haar hele werkzame leven als openbaar aanklager in de rechtszaal met haar poten in de modder gestaan: het aantal veroordelingen in haar district behoren tot de hoogste in vijftien jaar.'[5]

Journalist Peter Jamison, die destijds schreef voor *SF Weekly*, dook in de statistieken van het openbaar ministerie van San Francisco en kwam erachter dat Harris haar verklaring had gebaseerd op schikkingen die ze met verdachten was overeengekomen.[6] Schikkingen zijn uiteraard een belangrijk onderdeel van het strafrecht. Maar als de medewerkers van Harris ernstige vergrijpen voor de rechtbank brachten, lag het aantal veroordelingen ver beneden het gemiddelde in Californië.

Met name 9 februari 2010 was een moeilijke dag voor de openbaar aanklagers in het justitiegebouw in San Francisco. Een jury veroordeelde een man ten onrechte, en een andere jury, die slechts één dag had overlegd, sprak drie bendeleden vrij van de moord op twee rivalen in een proces dat vijf maanden had geduurd. Harris was niet direct betrokken bij die twee zaken, maar beide vonden plaats onder haar verantwoordelijkheid.

In het proces dat tot vrijspraak had geleid, hadden de advocaten van de verdachten ontdekt dat het DNA-bewijs voor een van de moorden op onjuiste wijze was verkregen en dat de getuigenverklaring van de belangrijkste getuige niet consistent was. Een van de verdachten had een gebroken rechterhand die in het gips zat, maar toch werd er beweerd dat hij tijdens een vluchtpoging over een hek was geklommen. Dat de jury zo snel tot het oordeel was gekomen dat de verdachten niet schuldig waren, leidde tot vragen over de beslissing van het openbaar ministerie om de zaken voor de rechter te brengen.

'Ze zouden alleen zaken voor de rechter moeten brengen waarvan ze de morele overtuiging hebben dat ze zonder gerede twijfel kunnen worden bewezen,' zei advocaat Kate Chatfield, die optrad namens een van de drie mannen.[7]

Op diezelfde dag sprak een andere jury Jamal Trulove vrij nadat hij eerder veroordeeld was wegens een dodelijke schietpartij waarbij zijn vriend Seu Kuka om het leven was gekomen, en die in 2007 had plaatsgevonden in een woningbouwproject in Sunnydale, in het zuiden van de stad.[8] Trulove moest huilen toen de uitspraak werd voorgelezen – en daar had hij zijn redenen voor, zoals later zou blijken.

Trulove was een ambitieuze rapper die had meegedaan aan een realityshow op televisie, de VH1-serie *I Love New York 2*.[9] Een ooggetuige beweerde dat ze er 100 procent zeker van was dat Trulove de misdaad had begaan. De hoofdaanklager betoogde dat de getuige een verklaring aflegde ondanks mogelijke wraakacties die ze misschien met de dood zou moeten bekopen; ze was elders ondergebracht en had een onkostenvergoeding gekregen. Openbaar aanklager Harris behandelde de zaak niet zelf, maar in navolging van haar plaatsvervanger prees ze de 'ooggetuige die zo dapper was om op te staan'.[10] Een rechter veroordeelde Trulove tot een gevangenisstraf van vijftig jaar tot levenslang. De veroordeling van Trulove werd gerekend tot de statistische gegevens die kracht bijzetten aan Harris' bewering dat er bij zware misdaadgevallen meer veroordelingen waren gevolgd. Maar jaren later kwam de waarheid naar boven.

De advocaat die Trulove in hoger beroep bijstond, was overtuigd geraakt van zijn onschuld. In januari 2014, toen Harris procureur-generaal was, werd de veroordeling van Trulove door een hof van beroep teruggedraaid: men kwam tot de conclusie dat 'de openbaar aanklager van San Francisco grove juridische fouten' had gemaakt en dat het verhaal over de getuige die een verklaring had afgelegd terwijl ze moest vrezen voor haar leven 'pure onzin' was.[11] In maart 2015, twee maanden nadat procureur-generaal Harris had aangekondigd dat ze kandidaat was voor de Amerikaanse Senaat, sprak een nieuwe jury in San Francisco Trulove vrij van alle aanklachten.[12] Daarmee was de zaak nog niet voorbij. Trulove, die acht jaar achter de tralies had gezeten, klaagde de politie en de stad aan – Harris zelf werd overigens niet aangeklaagd – en verklaarde dat agenten hem in de val hadden gelokt. In 2018 kende een federale jury hem een bedrag toe van 14,5 miljoen dollar.[13] In maart 2019, toen senator Harris zich verkiesbaar had gesteld voor het presidentschap, werd de zaak-Trulove door de Board of Supervisors [een overheidsorgaan met wetgevende en uitvoerende macht, vert.] van San Francisco vereffend door hem 13,1 miljoen dollar uit te keren.[14]

'Kamala Harris deed haar best een vooruitstrevend beleid te voeren. Dat waardeer ik zeer,' zei Marc Zilversmit, die Trulove in hoger beroep had bijgestaan.[15] 'In een tijd waarin vooruitstrevend beleid op het terrein van misdaadbestrijding zeer controversieel was, heeft zij een aantal van die uitstekende ideeën in de praktijk gebracht. Er was nog veel meer wat ze had kunnen doen.'

Toen Harris steeds verder opklom op de maatschappelijke ladder, wees ze vaak op haar ervaring als openbaar aanklager en op haar successen. Het was haar visitekaartje. Maar het had ook een keerzijde: de onterechte veroordeling van Jamal Trulove drukt een stempel op haar ambtstermijn als openbaar aanklager van San Francisco.

Harris zou het tijdens de voorverkiezingen uiteindelijk moeten opnemen tegen vijf Democratische tegenstanders – allemaal mannen. Hoe meer mannen, des te waarschijnlijker het is dat de enige vrouw die aan de strijd deelneemt zal winnen. De vijf mannen zouden dan elkaars aanhang bij elkaar weg plukken, en Harris zou opvallen tussen die vijf mannen. Er was wel een mogelijke vrouwelijke kandidaat, Jackie Speier, een Democratisch Congreslid uit Hillsborough, ten zuiden van San Francisco, die aan het begin van 2010 verklaarde dat ze erover dacht om zich verkiesbaar te stellen. Als jonge assistente van Congreslid Leon Ryan begeleidde Speier haar baas in 1978 naar Guyana, waar hij een onderzoek deed naar Jim Jones en diens Peoples Temple-sekte. Ryan werd vermoord tijdens die reis, en Speier raakte gewond bij een reeks van gruwelijke gebeurtenissen die tot massale zelfmoorden en moorden leidden, en waarbij meer dan negenhonderd mensen om het leven kwamen. Speier heeft door die aanslag nog steeds lood in haar lichaam. In het parlement van Californië en in het Congres bouwde Speier een reputatie op als een buitenbeentje die zich druk maakte om zaken als rentetarieven en privacybescherming. Die standpunten vonden hun weerklank in de nasleep van de beurscrash op Wall Street in 2008, de financiële crisis, en in de crisis op de markt van de risicovolle hypotheken, waardoor met name Californië zwaar werd getroffen. Maar al snel nadat de naam van Speier werd genoemd, onthulde het campagneteam van Harris dat ze 2,2 miljoen dollar had vergaard voor de strijd om het ambt van procureur-generaal, een indrukwekkend bedrag dat lastig bij elkaar te krijgen was voor een kandidaat die net aan de strijd begonnen was. Speier besloot Congreslid te blijven.

Geld speelt in elke campagne een grote rol, en vooral bij regionale verkiezingen, die op veel minder media-aandacht en belangstelling van de kiezers kunnen rekenen dan gouverneurs- of Senaatsverkiezingen. Harris beschikte niet over een onafhankelijke financiële bron en erfde zeker geen fortuin uit de bescheiden nalatenschap van haar moeder. Haar gevaarlijkste tegenstander in de voorverkiezingen was de voormalige Facebook-advocaat Chris Kelly, die over eigen vermogen beschikte. Kelly, die voor het eerst kandidaat was, besteedde uiteindelijk 12 miljoen dollar tijdens de voorverkiezingen in juni, het dubbele van wat Harris in de totale campagne besteedde.

Harris beschikte over een aantal pluspunten: ze had tweemaal meegedaan met verkiezingen in de politieke gehaktmolen van San Francisco, ze had naamsbekendheid in de Bay Area omdat ze geregeld op het avondnieuws en in de *Chronicle* verscheen, en ze was van de zes Democraten die aan de voorverkiezingen deelnam de enige die openbaar aanklager was.

Opmerkelijk genoeg gaven de interne peilingen die Harris liet uitvoeren een verschuiving te zien in de standpunten van de kiezers. Kiezers die zich in 1994 achter de harde three strikes-wetgeving hadden geschaard, keerden zich nu af van de 'sluit ze op'-filosofie van Pete Wilson en stonden open voor een alternatief. Harris, die haar denkbeelden over verandering, onderwijs, drugsbeleid en herintegratie uit de doeken had gedaan in haar boek *Smart on Crime*, presenteerde zichzelf als een openbaar aanklager die hervormingen van het strafrechtstelsel steunde.

'Mensen zagen het gevangenissysteem als draaideurbeleid, en van gedragscorrectie was geen sprake,' zei Ace Smith.[16] 'Dit was misschien wel de eerste grote verkiezing waarbij iemand de hervorming van het strafrechtstelsel tot inzet maakte.'

Harris kreeg een duwtje in de rug in oktober 2009, toen de hervormingsgezinde hoofdcommissaris van politie van Los Angeles, William Bratton, de populairste politieman in de County waar Cooley vandaan kwam, haar zijn steun toezegde. Dat was de opmerkelijkste steun uit politiekringen die ze zou krijgen en die haar geloofwaardigheid als justitieambtenaar kracht bijzette.

Het goede nieuws werd overschaduwd door een tragische gebeurtenis.

Lili Smith, het vroegrijpe meisje dat aan het syndroom van Apert leed en dat bij Harris' eerste verkiezingsstrijd had geholpen door enveloppen te vullen en folders uit te delen, was vijftien geworden, een leeftijd waarop uiterlijk en erbij horen van het grootste belang zijn. Op de scholen in Marin County die ze bezocht, werd ze door de andere kinderen niet getreiterd en gepest. Maar ze negeerden haar wel en ze raakte steeds meer geïsoleerd. Zij en haar ouders, Ace Smith en Laura Talmus, besloten een kostschool te proberen, Scattergood Friends School in het landelijke West Branch, in de staat Iowa. Daar trof ze een gemeenschap waar ze werd geaccepteerd en waar ze kon uitblinken.

Ze had de autobiografie gelezen van Cherie Blair, de vrouw van de voormalige Britse premier Tony Blair, nadat ze de biografie had gelezen van de medeoprichter van United Farm Workers, Dolores Huerta. Op 9 oktober belde ze haar moeder en liet een bericht achter waarin ze zei dat ze elkaar de volgende ochtend zouden spreken.

Die avond kreeg ze een beroerte en stierf.

Harris was niet met de campagne bezig toen ze een telefoontje kreeg van een van de zakenpartner van Smith, Dan Newman, die haar vertelde dat Lili overleden was. Ace Smith en Laura Talmus vormden een belangrijke schakel in de politieke campagne van Harris. Maar ze maakten ook deel uit van de kleine kring goede vrienden die ze had. Harris nam zo snel mogelijk een vliegtuig naar San Francisco om sjivve te zitten bij de ouders van Lili in hun huis in Marin County.

Niets is erger dan het verlies van een kind. Maar Talmus en Smith zetten hun verdriet om in iets positiefs door een liefdadigheidsinstelling op te zetten, Beyond Differences, die lesmateriaal ontwikkelt voor scholen in het hele land om sociaal isolement tegen te gaan. Daarnaast maakten ze kennis met de zorgzame kant van Harris. Elk jaar sinds Lili's dood heeft Harris op verjaardagen en op

Moederdag gebeld, en altijd is ze beschikbaar om geld in te zamelen ten behoeve van Beyond Differences, uit naam van Lili.

Op de avond van 8 juni 2010, de dag van de voorverkiezingen, behaalde Harris een grote voorsprong in San Francisco County en Alameda County, en in Los Angeles County won ze. In de hele staat versloeg ze haar belangrijkste tegenstander met meer dan twee stemmen tegen één; Chris Kelly werd derde.

Steve Cooley leverde in zijn voorverkiezing een veel zwaarder gevecht.

Zijn belangrijkste tegenstander was John C. Eastman, de faculteitsvoorzitter van de Dale E. Fowler School of Law van Chapman University in Orange County en een voormalige griffier van rechter Clarence Thomas. Eastmans belangrijkste campagnestrateeg, Frank Schubert, had in 2008 leidinggegeven aan de 'Yes on Prop 8'-campagne waarin werd gepleit voor een verbod op het homohuwelijk. Eastman steunde die maatregel. Later was hij een van de advocaten die een verklaring overlegde aan het Hooggerechtshof waarin werd opgeroepen het zogenoemde traditionelehuwelijksinitiatief grondwettelijk te verklaren. Daarnaast werd hij voorzitter van de National Organization for Marriage (het Nationale Verbond voor het Huwelijk), de belangrijkste organisatie die zich inzette voor het beëindigen van het homohuwelijk.

Eastman, de favoriete kandidaat van de Tea Party in Californië, pakte Cooley aan op diens overheidspensioen. Hij presenteerde een berekening waarin werd gesteld dat Cooley, die zich 36 dienstjaren voor Los Angeles County had ingezet, een jaarlijks pensioen zou kunnen ontvangen van 292.000 dollar. Gecombineerd met het salaris dat een procureur-generaal verdient zou Cooley 425.000 dollar per jaar kunnen gaan opstrijken. Pensioenen waren destijds een veelbesproken onderwerp, zeker in zuidelijk Californië. De autoriteiten voerden een onderzoek uit in Bell, een arm stadje in Los Angeles County met 37.000 inwoners waar voornamelijk immigranten woonden en waar het stadsbestuur de gemeentekas plunderde.[17]

De gemeentesecretaris ontving een jaarsalaris van 787.637 dollar en zou recht hebben op een royaal pensioen. Het schandaal in Bell was voorpaginanieuws. Cooley deed niets verkeerd. Sterker nog: hij en zijn mensen gaven leiding aan het corruptieonderzoek in Bell. Eastman verloor uiteindelijk ruim van Cooley. Maar de kwestie rond Cooleys pensioen trok veel aandacht.

Hoofdstuk 12

Veranderingen in Californië

Procureurs-generaal (*attorneys general*) worden in de Verenigde Staten doorgaans aangeduid met AG. Wie dat ambt ambieert, weet waar die twee letters voor staan, namelijk voor *aspiring governor* (kandidaat-gouverneur). Openbaar aanklager van San Francisco Kamala Harris had er zonder enige twijfel wel oren naar om zich verkiesbaar te stellen voor nog een ander ambt dan dat van procureur-generaal – gouverneur bijvoorbeeld, of senator in Washington. Openbaar aanklager van Los Angeles County Stephen Cooley leek op zijn beurt geen interesse te hebben voor een ander ambt dan dat van procureur-generaal.

Cooley, zoon van een FBI-agent, was een man met droevige ogen en grijs haar die de indruk wekte dat hij het allemaal al weleens voorbij had zien komen, en dat was ook zo. In elk geval wist hij dat mensen elkaar de vreselijkste dingen konden aandoen; een wrede realiteit die zijn weerslag vond in bepaalde statistieken. Tussen het moment in 2000 waarop hij openbaar aanklager werd in Los Angeles en 2010, toen hij zich verkiesbaar stelde om procureur-generaal te worden, werd dankzij de inspanningen van Cooleys medewerkers de doodstraf opgelegd aan 59 mannen en 3 vrouwen, meer dan de helft van alle moordenaars die in heel Californië in die periode ter dood werden veroordeeld. In San Francisco was het al meer dan twintig jaar geleden dat er iemand ter dood was veroordeeld.

Voor het publiek en voor de journalisten die zich met hem bezighielden kwam Cooley over als een authentieke man, een openbaar aanklager in hart en nieren. Hij toonde zich progressief door aan te dringen op versoepeling van de buitengewoon strenge three strikes-wetgeving in Californië en stond boven de partijen – voor zover dat voor politici mogelijk was. Daarnaast kwam hij in het nieuws omdat hij geregeld corruptiezaken tegen duistere politici uit zuidelijk Californië openbaar maakte, iets wat bij krantenredacties in goede aarde viel. De meeste redacties gaven de voorkeur aan Cooley boven Harris, waaronder die van mij, *The Sacramento Bee*.

'Tegen ongeveer iedere andere tegenstander zou zij zonder twijfel kunnen rekenen op onze steun,' luidde het commentaar van de *Bee* in een opiniestuk dat onder mijn leiding werd geschreven.[1] 'Maar vanwege zijn status binnen het justitieapparaat heeft Cooley ruimere mogelijkheden om een broodnodige herziening van het strafrechtsysteem in Californië door te voeren en om streng op te treden tegen overheidsfunctionarissen die het vertrouwen van het volk beschamen.'

Cooley herinnerde eraan dat Harris had geweigerd de doodstraf te eisen tegen de moordenaar van Isaac Espinoza en benadrukte dat hij achter de doodstraf stond, en Harris niet. De ouders en weduwe van agent Espinoza steunden Cooley, en de politiebonden gaven bij elkaar 1,5 miljoen dollar uit voor de verkiezing van Cooley.

Dat Cooley achter de doodstraf stond en Harris ertegen was vond zeker weerklank in sommige delen van Californië, maar niet in de Bay Area, waar Harris veel aanhang had. Harris verweerde zich tegen de aanval door te stellen dat ze de wet zou uitvoeren, ondanks haar persoonlijke opvattingen. Die stellingname lag in de lijn van een lange traditie van openbaar aanklagers in Californië die persoonlijk tegen de doodstraf waren, maar desondanks de wet uitvoerden. John Van de Kamp bijvoorbeeld, een voormalige pro-Deoadvocaat, was in de jaren tachtig procureur-generaal, en hoewel hij moreel gezien tegen de doodstraf was, verdedigden zijn medewerkers ten overstaan van het Hooggerechtshof van Californië geregeld veroordelingen tot de doodstraf en de doodstraf zelf.

Cooley was de favoriet en de experts voorspelden dat hij zou winnen. Garry South, een van de succesvolste strategen van zijn tijd, voorspelde dat Harris zou verliezen van Cooley en somde tijdens een forum op de University of California, Irvine, de redenen op waarom hij dat dacht: 'Omdat dit een vrouw is die een minderheid vertegenwoordigt, die tegen de doodstraf is, en die openbaar aanklager is van het krankzinnige San Francisco.'[2]

Dat waren vier goede redenen, en de meeste mensen dachten er zo over.

De zaak ontwikkelde zich gunstig voor Cooley. In september arresteerden de hulpsheriffs van Los Angeles County acht overheidsambtenaren in Bell. Cooley was degene die de tenlastelegging bekendmaakte, en hij zei tegen de *Los Angeles Times*: 'Ik hoef nauwelijks te zeggen dat dit corruptie in het kwadraat is.'[3] Zelfs voormalig procureur-generaal Bill Lockyer, een Democraat, voorspelde dat Harris zou verliezen, hoewel hij publiekelijk zijn voorkeur voor haar had uitgesproken en haar campagne financieel had gesteund. Cooley haalde tussen de voorverkiezing in juni en de algemene verkiezing in november meer dan een half miljoen dollar meer op dan Harris en kreeg van donoren van buiten Californië veel meer geld dan Harris. Dat was een teken dat de strijd een bredere betekenis begon te krijgen.

Cooley herinnerde zich dat zijn campagnestrateeg het politieke doel uitlegde dat achter de strijd schuilging: 'Deze campagne gaat niet over Kamala Harris die zich verkiesbaar stelt als procureur-generaal.[4] Het gaat erom dat ze vicepresident wil worden.' Cooley verwierp die gedachte.

Cooley heeft Harris misschien onderschat, maar dat gold zeker niet voor de gewiekste Republikeinse strategen. In oktober begon de in Virginia zetelende Republican State Leadership Committee (de Commissie voor Republikeins staatsleiderschap) zich ermee te bemoeien, en daarmee werd de strijd om de positie van procureur-generaal van Californië ineens een landelijke kwestie. De voorzitter van de commissie, Ed Gillespie, was een van de topstrategen geweest van president George W. Bush en was vroeger voorzitter geweest van de Republican National Committee (de Republikeinse nationale commissie). De commissie besteedde meer dan 1 miljoen dollar aan een venijnig tv-spotje dat in de hele staat werd uitgezonden en waarin Renata Espinoza Harris hekelde omdat ze niet de doodstraf had overwogen tegen de moordenaar van haar echtgenoot.

De inhoud van dat spotje had weinig te maken met de reden waarom het werd uitgezonden. Republikeinse strategen zeiden dat de GOP Harris zag als een mogelijke landelijke kandidaat en een einde wilden maken aan haar carrière voordat ze het landelijke podium zou betreden. Daarnaast waren ze ervan overtuigd dat een Republikeinse procureur-generaal in Californië zou kunnen dienen als tegenwicht tegen de regering-Obama.

De volgende procureur-generaal zou zeker een standpunt moeten gaan innemen over de Affordable Care Act, de meest in het oog lopende beleidsmaatregel van president Obama op het terrein van de binnenlandse politiek – óf door de wet voor de rechter te brengen met als doel die ongedaan te maken, óf door de wet voor de rechtbank te steunen. De Republican State Leadership Committee haalde dat jaar meer dan 30 miljoen dollar op, waarvan een groot deel afkomstig was van de zorgverzekeraars en andere groeperingen die veel kritiek hadden op de zorgwet. Harris beloofde alles in het werk te zullen stellen om de Affordable Care Act – beter bekend onder de naam 'Obamacare' – te verdedigen. Cooley hield een slag om de arm.

In de jaren die volgden zouden op initiatief van procureurs-generaal uit Texas en andere rode staten rechtszaken worden aangespannen om de zorgwet ongeldig te verklaren, die dekking biedt aan bijna 40 miljoen Amerikanen. Onder Harris en haar opvolger, Xavier Becerra, werd de zorgwet onder leiding van Californië verdedigd door de Democratische staten. Als reactie op het optreden van de Republican State Leadership Committee kwam Obama naar Californië om Harris een hart onder de riem te steken, waarmee hij eens te meer aangaf hoe belangrijk de verkiezing was. Obama zei tegen het publiek in Los Angeles dat ze zijn 'lieve, lieve vriendin' was en vormde de hoofdattractie van een fondsenwervingsbijeenkomst voor haar in de rijke enclave Atherton, ten zuiden van San Francisco.[5] Zij was de enige kandidaat op staatsniveau voor wie hij bij de verkiezingen van 2010 geld inzamelde.

Met het naderen van de dag van de verkiezingen bleek dat Meg Whitman en andere Republikeinen steeds minder kans maakten. Daarmee was Cooley de enige Republikein die een goede kans maakte om te winnen. Om die overwinning zeker te stellen deed Kevin Spillane, de campagnemanager van Cooley uit San Diego, een beroep op een van de wijze mannen van de Republikeinse partij, Joe Shumate, een strateeg die Pete Wilson, John McCain en Arnold Schwarzenegger had geadviseerd, maar ook de Russische president Boris Jeltsin, in een campagne die het onderwerp was van de film *Spinning Boris* (de uit de kluiten gewassen acteur Liev Schreiber speelde Shumate, een man die meer dan potig was). Shumate, een pionier op het gebied van computeranalyse waarmee kiezers persoonlijk benaderd werden, was van plan om spotjes die gericht waren op kiezers aan te bieden op specifieke mediakanalen. Op 1 oktober begon de tijd te dringen en Shumate nam zijn telefoon niet op, wat niets voor hem was. Spillane maakte zich ongerust en belde een vriend om te kijken wat er aan de hand was. Hij was in zijn flat in Sacramento, overleden aan een hartaanval. De spotjes die hij voor ogen had, werden nooit uitgezonden.

In de Californische politiek is het zo dat de meeste mensen weliswaar in het zuiden van de staat wonen, maar dat de inwoners in het noorden meer belangstelling hebben voor politiek en dat een hoger percentage van de noorderlingen stemt. Dat was in het voordeel van Harris. Zij en haar campagneteam wisten ook hoe ze een klap moesten uitdelen: dat hadden ze al vele malen laten zien. Onder de kop 'CORRUPTIEBESTRIJDER NEEMT VEEL CADEAUTJES AAN' publiceerde de *Chronicle* een artikel over de geschenken die Cooley had aangenomen: Schotse whisky, wijn, sigaren en kaartjes voor de LA Lakers.[6] Die geschenken waren onderwerp van een spotje waarin Cooley werd aangepakt. Maar de grote aanval moest nog komen.

Cooley ging ermee akkoord dat er één debat zou worden gevoerd, op 5 oktober 2010 op de UC Davis School of Law. De twee kandidaten bleken slim, snel en handig – en ze verschilden als dag en nacht van elkaar.

Harris maakte duidelijk dat ze zou weigeren Proposition 8 te verdedigen, de in november 2008 goedgekeurde initiatiefwet die het homohuwelijk verbood en die tot een proces leidde dat voor het Hooggerechtshof van Californië en dat in Washington werd gevoerd. Jerry Brown, procureur-generaal, weigerde het te verdedigen, en dat gold ook voor gouverneur Schwarzenegger. Daarmee bleef voor de voorstanders van de initiatiefwet maar één mogelijkheid over: ze huurden hun eigen advocaten in om de wet te verdedigen. Op 4 augustus 2010 verwierp Vaughn Walker, rechter van de districtsrechtbank, Proposition 8 en oordeelde dat 'het voorstel de toets met de Equal Protection Clause (de Clausule Gelijke Behandeling) in geen enkel opzicht kan doorstaan'.[7] Als zij gekozen zou worden, zei Harris, zou ook zij weigeren het initiatief te verdedigen.

'Nu Proposition 8 ongrondwettelijk wordt geacht door een rechter van een federale districtsrechtbank, moeten we de kostbare financiële middelen van de staat Californië niet gebruiken om een wet te verdedigen die niet grondwettelijk is.[8] Ik ben het eens met die beslissing en ik sta erachter,' zei Harris tijdens het debat op 5 oktober.

Cooley bracht daartegen in dat de kiezers hadden gesproken en dat hun keuze 'verdedigd zou moeten worden door de procureur-generaal van Californië, of de procureur-generaal er nu in gelooft of niet'. Schwarzenegger en procureur-generaal Jerry Brown 'liepen weg voor hun verantwoordelijkheid' met hun weigering de staat te verdedigen, zei Cooley.

Ook over het milieu botsten de twee. In 2006 tekende Schwarzenegger een historische wet die was bedoeld om klimaatverandering tegen te gaan door de inwoners van Californië te verplichten de uitstoot van broeikasgassen zo veel mogelijk te beperken. Geen enkele andere staat had zulke vergaande stappen genomen. Met deze wet zouden er in de loop van de tijd extra heffingen worden opgelegd aan olieraffinaderijen, voedselproducenten, allerlei soorten fabrieken en benzineverbruikers, met als doel dat mensen ertoe zouden worden overgehaald alternatieven te vinden. In 2010 waren oliebedrijven en kolenproducenten de belangrijkste financiers van een campagne van 10 miljoen dollar ten bate van een initiatief dat werd gesteund door de Republikeinse partij van Californië en dat de maatregel teniet zou doen door de uitvoering ervan te vertragen. Cooley hield zich op de vlakte over het initiatief. Harris was er faliekant tegen. Sterker nog: ze viel Cooley aan op het feit dat hij er geen standpunt over innam.

'Ik geloof niet dat we zelf moeten gaan bepalen over welke zaken we een mening hebben en over welke niet, en dat alleen omdat we overwegen wat het ons in termen van politiek risico zou kunnen kosten,' zei Harris tijdens het debat. Ze wendde zich tot Cooley en ging nog iets verder: 'Neem eens een risico. Je kunt het best.'

Later zou Harris geen gehoor geven aan haar eigen oproep. Toen ze eenmaal in functie was, weigerde ze een standpunt in te nemen over initiatiefwetten. Maar in 2010 koos ze de kant van de kiezer. De door de olie- en kolenindustrie geëntameerde maatregel haalde het niet: men kreeg minder dan 39 procent van de stemmen.

Afgezien van de meningsverschillen over het homohuwelijk, klimaatverandering en de doodstraf vond het opvallendste moment van het debat plaats toen een van de presentatoren, Jack Leonard van de *Los Angeles Times*, aan Cooley vroeg of hij het salaris voor de functie van procureur-generaal zou toucheren en 'een centje bij zou verdienen' door zijn Los Angeles County-pensioen te incasseren als hij op 2 november 2010 zou winnen. De kwestie was in politieke zin buitengewoon precair. Cooley had kunnen weten dat de vraag zou komen, zeker nadat Eastman erover was begonnen tijdens de voorverkiezingen én omdat Cooleys eigen mensen ambtenaren uit het stadje Bell vervolgden. Zijn antwoord was openhartig, al was hij enigszins getergd: 'Ik heb dat geld verdiend, na 38 jaar werken voor de overheid. Ik heb recht op het pensioen dat mij is toegekend en dat zal ik zeker incasseren, als aanvulling op het buitengewoon lage, ongelooflijk lage salaris dat een procureur-generaal verdient.'

Harris, die meteen in de gaten had dat Cooley een blunder maakte, antwoordde: 'Ga ervoor, Steve.' En met een glimlach van 'nou heb ik je' voegde ze daaraan toe: 'Je hebt het verdiend, dat staat vast.'

Harris had een flink deel van haar campagnetijd in Los Angeles doorgebracht, om zo stemmen weg te kapen uit het gebied waar de achterban van haar tegenstander zat. Ze had daar campagne gevoerd met een jonge Afro-Amerikaanse assistent, London Breed, nu de burgemeester van San Francisco. Nu de verkiezingen over minder dan een maand zouden plaatsvinden, stopte ze al haar geld in het aankopen van zendtijd op de televisiemarkt van Los Angeles. Hoofdthema van het spotje: het antwoord van Cooley op de pensioenkwestie. De aanval was vernietigend en had het beoogde effect.

In 2010, het jaar van de Tea Party, spoelde er een rode golf over het land. De Republikeinen boekten historische overwinningen in de staatsparlementen en in het Huis van Afgevaardigden in Washington. Maar die golf kwam tot stilstand op de oostelijke hellingen van de Sierra Nevada. Jerry Brown wist miljardair Meg Whitman met gemak te verslaan. Alleen de strijd tussen Harris en Cooley was onbeslist. Op de avond van de verkiezingen eiste Cooley de overwinning op. De *San Francisco Chronicle* had een 'Dewey verslaat Truman'-momentje door op internet een kop te plaatsen waarin werd gezegd dat Cooley had gewonnen. Cooley deelde zelfs reversspeldjes uit met de tekst PROCUREUR-GENERAAL COOLEY. Maar de staatssecretaris van Californië heeft weken nodig om de per post uitgebrachte stemmen en de voorlopige stemmen te tellen. In de zes dichtstbevolkte county's in de Bay Area behaalde Harris met een verschil van 533.500 bijna tweemaal zoveel stemmen als Cooley.

In Los Angeles County, normaal gesproken een Cooley-bolwerk, verloor hij met 315.000 stemmen verschil.

Toen de stemmen – bij elkaar meer dan 9,6 miljoen – eind november allemaal waren geteld, bleek Harris te hebben gewonnen met een verschil van 74.157 stemmen. Ze werd daarmee de eerste vrouw, de eerste zwarte en de eerste van Indiase afkomst die de '*top cop*' van Californië zou worden. Er was verandering opgetreden in Californië.

Hoofdstuk 13

Procureur-generaal Harris

Op een van de eerste dagen nadat ze in functie was getreden, gaf procureur-generaal Harris een receptie in de hoeksuite op de zestiende verdieping van het hoofdgebouw van het Californische ministerie van Justitie in Sacramento. Geen camera's, geen pers, alleen zij, wat koekjes en bowl, en het personeel. Oudgediende openbaar aanklagers, medewerkers van het ministerie van Justitie, conciërges en cafetariamedewerkers gaven acte de présence. Voor veel stafleden was het de eerste keer dat ze in de hoeksuite waren of de hand schudden van de procureur-generaal. Het was een hoopvolle, vriendelijke en professionele bijeenkomst. Voor het eerst in dertig jaar werd het ministerie geleid door een jurist die flink wat ervaring had in de rechtszaal. Ze vertelde hun hoe ze haar naam moesten uitspreken – Kámmala – en zei hoe eervol ze het vond dat ze een functie bekleedde die ooit was bekleed door Earl Warren. Ze deed die recepties nog eens over in dependances in San Diego, Los Angeles en San Francisco.

Toen Harris aan de slag ging op het ministerie van Justitie in Californië werkten daar 4996 mensen en was er een budget van 732 miljoen dollar. Daarmee was het veel groter dan welk advocatenkantoor in Californië ook en groter ook dan elk ander ministerie van Justitie; alleen het Amerikaanse ministerie van Justitie was groter. Het ministerie van Justitie in Californië beschikt over een van de grootste politiemachten van het land, en de forensisch wetenschappers werken in laboratoria die tot de modernste van het land behoren.

Oudgediende plaatsvervangend procureurs-generaal zijn vaak sceptisch. Ze hebben de procureurs-generaal zien komen en gaan, en de meesten stelden zich verkiesbaar als gouverneur. Elke volgende procureur-generaal leek de functie die hij uitoefende minder te interesseren dan de functie die hij ambieerde: hij wist dat dit ambt een springplank was. Ook Harris had zeker dat soort ambities. Maar misschien was ze betrokken bij de zaak.

Aan de ene kant was ze dat, aan de andere kant niet.

Als procureur-generaal betoonde Harris zich zowel innovatief als afwachtend. Afhankelijk van de zaak die speelde was ze doortastend óf ze keek de kat uit de boom. Ze nam óf een krachtig standpunt in óf ze zweeg over de belangrijke juridische kwesties die zich voordeden. Op momenten dat je zou verwachten dat ze de leiding zou nemen, bleef ze op de achtergrond. Bij andere gelegenheden was ze een pionier. Wat haar stijl van leidinggeven betreft herinneren oudgediende justitiemedewerkers zich weinig persoonlijke richtinggevende kwaliteiten van haar. Ze werd zelden gezien op het hoofdkwartier in Sacramento en gaf er de voorkeur aan te werken in de dependances in de buurt van haar huis in San Francisco, en later in Los Angeles, de steden waar de meeste kiezers en donoren zich bevonden.

Uiteindelijk bouwde ze een reputatie op in Californië: zo speelde ze zich landelijk in de kijker door positie in te nemen tegen banken en commerciële universiteiten die hun studenten oplichtten en kwam ze op voor kinderen die het slachtoffer werden van mensensmokkelaars. Ze gebruikte haar discretionaire bevoegdheid om zaken aanhangig te maken die moeilijk te winnen waren en verwierp zaken die mogelijk veel aandacht zouden trekken. Zo deed ze geen onderzoek naar de aantijgingen tegen OneWest Bank, die zich schuldig zou hebben gemaakt aan gedwongen executieverkoop. Die bank was toen eigendom van Steve Mnuchin, de latere minister van Financiën in de regering-Trump. *The Intercept* deed in 2017 uit de doeken dat haar medewerkers er in 2013 op hadden aangedrongen de bank te vervolgen. Maar Harris was tot de slotsom gekomen dat er niet voldoende bewijs was om de middelen te kunnen verantwoorden die nodig zouden zijn om de zaak te onderzoeken. Ze scheepte haar opvolger op met grote, onafgemaakte projecten.

Zoals zo vaak gebeurt met politici werd ze door onvoorziene gebeurtenissen tot handelen gedwongen.

Haar voorganger, de pas gekozen gouverneur Jerry Brown, was ook dertig jaar daarvoor twee termijnen lang gouverneur geweest en kende het klappen van de zweep in Californië beter dan welke politicus ook. In de hoogtijdagen had Brown elk dubbeltje omgekeerd. Maar dit waren geen hoogtijdagen. Tijdens de financiële crisis verloren meer dan 1 miljoen inwoners van Californië hun baan, en tijdens de hypotheekcrisis waren er nog veel meer mensen die hun huis en hun spaargeld kwijtraakten.[1] De werkloosheid in de staat steeg tot 12,6 procent van de beroepsbevolking, maar dat cijfer lag nog veel hoger in delen van de Central Valley en in de landelijke gebieden in de staat. Voor het eerst sinds 1938 daalden de collectieve inkomsten in Californië. Belastingbetalingen in Sacramento daalden met 24 procent. In tegenstelling tot de federale overheid, die geld kan bijdrukken, moet Californië, net als andere staten, elk jaar een evenwichtige begroting presenteren. In 2011 werd de staat geconfronteerd met een begrotingstekort van 27 miljard dollar. Brown en zijn bestuurders moesten bezuinigen en structurele veranderingen doorvoeren in het staatsbestuur om de begroting van 127 miljard dollar sluitend te krijgen. Brown, die net gediend had in de functie die Harris nu bekleedde, wist wat er nodig was en waar men eventueel zonder kon. Hij bezuinigde dat eerste jaar 37 miljoen dollar op de begroting van de procureur-generaal, en het jaar daarop nog eens 75 miljoen dollar. Met name een ambtenarenvakbond die Browns tegenstander bij de verkiezingen in 2010 had gesteund, werd getroffen door de bezuinigingen. Harris, die verrast werd door de financiële klap, moest schipperen om banen te redden en de bezuinigingen op te vangen. Geld voor nieuwe activiteiten ontbrak. Grote plannen moesten voorlopig in de ijskast, hoewel ze uiteindelijk wel ontwikkeld zouden worden.

Een van de onderdelen van het ministerie van Justitie in Californië is de afdeling Wetshandhaving, waar agenten werken die zich bezighouden met de bestrijding van zware misdaad, georganiseerde misdaad, internationale bendes en grote drugkartels. De advocaten van het ministerie zijn verantwoordelijk voor het verdedigen van consumentenrechten, het beschermen van het milieu en het handhaven van antitrustwetten. Een flink deel van de bezigheden bestaat uit routinewerk. Juristen verdedigen de staat tegen rechtsgedingen en adviseren een keur aan besturen en commissies. Advocaten van de afdeling strafzaken verdedigen voor staats- en federale rechtbanken veroordelingen die zijn geëist door de openbaar aanklagers in de county's. Een uitgelezen groepje oudgedienden verdedigde zaken waarin de doodstraf was opgelegd.

Dane Gillette had bijna veertig jaar voor deze afdeling gewerkt: hij was opgeklommen van stafmedewerker tot coördinator van zaken waarin de doodstraf was opgelegd tot directeur van de afdeling strafzaken. Gillette, opgegroeid in de in de Central Valley gelegen steden Fresno en Madera, was de Republikeinse zoon van Republikeinse ouders en grootouders, hoewel hij zijn registratie veranderde in 'geen partijvoorkeur' nadat hij tijdens het presidentschap van Trump teleurgesteld was geraakt in de GOP. Als coördinator doodstrafzaken zag Gillette toe op de dertien executies die tussen 1992 en 2006 werden uitgevoerd in Californië. Het was algemeen bekend hoe Harris over de doodstraf dacht. Maar Gillette had nooit het gevoel gehad dat ze had geprobeerd in te grijpen bij een zaak waarin de doodstraf was opgelegd.

'Ze had in de gaten wat er speelde,' zei hij.[2] 'Soms begreep ze niet goed wat er precies aan de hand was, en dan stelde ze vragen. Je kon er met haar rustig over praten.'

Harris kon streng zijn voor haar medewerkers, tot op het kwetsende en bitse af. Ook was ze soms traag met het verstrekken van beleidsrichtlijnen. In december 2013 wilde Gillette haar goedkeuring voor het indienen van een verzoek waarin hij van het Hooggerechtshof in Washington een herziening wenste van een zaak waarin de kwestie speelde of de politie een moordverdachte op ongepaste wijze had ondervraagd nadat hij eerder een beroep had gedaan op zijn recht niet te hoeven meewerken aan zijn eigen veroordeling. Het hof van beroep had zijn bekentenis niet geaccepteerd. De uiterste datum om in beroep te gaan naderde snel. Hij ging ervan uit dat Harris het wel met hem eens zou zijn en bovendien had hij niets van haar gehoord, dus hij diende het verzoek in. Kort voor kerst werd hij door haar gebeld terwijl ze bezig was met de voorbereidingen van het kerstdiner en zei dat ze het niet eens was met zijn verzoek en niet in beroep zou zijn gegaan tegen het oordeel. Gillette voelde zich op zijn plek gezet en bood zijn ontslag aan. Ze wees zijn aanbod af, maar zei dat het nooit meer moest gebeuren. Ze wenste hem prettige feestdagen en nam afscheid. In een-op-eengesprekken was ze op haar best, dacht hij.

Toen Gillette het jaar daarop met pensioen ging, verraste Harris hem door aanwezig te zijn op zijn afscheidsdiner, waarbij ze bij hem aan tafel kwam zitten en met zijn vrouw en kinderen sprak. Dat was een charmant gebaar dat hij niet snel zou vergeten.

Een van de drukste afdelingen van het ministerie van Justitie in Californië is de dienst die het immense, 34 penitentiaire inrichtingen omvattende detentiesysteem van de staat verdedigt. Advocaten van gevangenen klaagden de staat al tientallen jaren aan wegens de omstandigheden in de gevangenissen. Federale rechtbanken schaarden zich consequent aan de zijde van de gevangenen, tegen de staat. Als procureur-generaal had Jerry Brown die zaken aangevochten. Maar de verloren rechtszaken, in combinatie met de financiële crisis en een detentiesysteem dat de staat jaarlijks 10 miljard dollar kostte, een bedrag dat alleen maar verder opliep, dwongen tot maatregelen. In mei 2011, vijf maanden nadat Harris en Brown waren begonnen in hun nieuwe functie, concludeerde het Amerikaanse Hooggerechtshof met vijf stemmen tegen vier dat de gevangenissen in

Californië de grondwettelijk vastgelegde beschermingsmaatregelen tegen wrede en uitzonderlijke straffen overtraden.[3] In de gevangenissen waren, als ze volzaten, 173.000 gedetineerden ondergebracht, tweemaal zoveel als het aantal gevangenen dat er verondersteld werd te verblijven.

Het besluit was geschreven door rechter Anthony Kennedy, de enige rechter van het hof die uit Californië kwam en die was aangewezen door president Reagan. In een van de gevangenissen, schreef Kennedy, moesten 54 mannen één toilet delen. In een andere gevangenis klaagde een gedetineerde al zeventien maanden over pijn zonder dat hij werd behandeld, en uiteindelijk overleed hij aan teelbalkanker. Een psychiatrisch deskundige meldde dat hij een gedetineerde had geobserveerd die bijna vierentwintig uur lang opgesloten had gezeten in een kooi, waarbij hij in een plas eigen urine stond en bijna catatonisch gedrag vertoonde. Het gevangenispersoneel had geen andere plek om hem onder te brengen.

'Als gevolg van hun eigen daden zijn gevangenen misschien verstoken van rechten die fundamenteel zijn voor de vrijheid,' schreef Kennedy. 'Maar in de wet en de grondwet wordt erkenning geëist van bepaalde andere rechten. Gevangenen bezitten het wezen van menselijke waardigheid dat onvervreemdbaar is aan alle mensen. Respect voor die waardigheid vormt de kern van het in het Achtste Amendement genoemde verbod op wrede en uitzonderlijke bestraffing.'

De uitspraak behoorde tot de belangrijkste besluiten die ooit waren genomen op het terrein van bestraffing en opsluiting, en had verstrekkende gevolgen voor Californië. Die staat was toonaangevend in het land wat betreft grootschalige opsluiting. In een tijdsspanne van twintig jaar werden twintig gevangenissen gebouwd en het aantal gedetineerden vervijfvoudigde in die periode tot 173.000. Nu Californië deze zaak had verloren van de hoogste rechtbank van het land, moest de staat het beleid radicaal omgooien. Brown drong er bij de wetgevende instanties op aan het strafrechtsysteem zo te hervormen dat er minder mensen naar de gevangenis hoefden en dat er een reeks maatregelen werd getroffen die de gevangenispopulatie zou terugbrengen tot 120.000 gedetineerden. Het was Brown die hierop aandrong, niet Harris. De nieuwe procureur-generaal liet het fundamentele onderwerp 'opsluiting' over aan de gouverneur.

Brown kreeg enige hulp van buitenaf, die zeer welkom was: David W. Mills, een rijke investeerder, voorvechter van burgerlijke vrijheid en hoogleraar op de rechtenfaculteit van Stanford, en George Soros, een miljardair uit New York van Hongaarse afkomst die de Holocaust had overleefd en die zich sterk had gemaakt voor een reeks van maatregelen om de gevangenispopulatie terug te dringen, besteedden samen 1 miljoen dollar om bij de verkiezingen in 2012 een maatregel ter stemming te brengen waarmee werd afgerekend met de scherpste kantjes van de three strikes-wet in Californië. Hun campagnestrategen, Ace Smith, Sean Clegg en Dan Newman, waren dezelfde die de strategie hadden bepaald toen Harris procureur-generaal wilde worden en won.

Volgens het voorstel, Proposition 36, zouden recidivisten niet langer voor vijfentwintig jaar of levenslang naar de gevangenis worden gestuurd wegens drugsmisdrijven of vermogensdelicten, zoals winkeldiefstal. In plaats daarvan zou de wet moeten gelden voor geweldsmisdrijven of ernstige misdaden. Ongeveer drieduizend mensen die een levenslange gevangenisstraf uitzaten volgens de three strikes-wetgeving zouden het recht krijgen een verzoek om vrijlating in te dienen.

Dat waren mensen als Shane Taylor, een drugsgebruiker die nu en dan dakloos was en afkomstig was uit Tulare County, een Republikeins deel van de Central Valley dat werd vertegenwoordigd door Congreslid Devin Nunes. Taylor was in het verleden veroordeeld wegens twee inbraken toen hij nog een tiener was en het stelen van een chequeboek om een pizza te kopen. Op een dag in 1996 zat de voormalige pizzadief bier te drinken met een paar vrienden bij een stuwmeer, Lake Success, vlak bij het stadje Porterville, toen de politie kwam voorrijden, hem fouilleerde, en 0,14 gram methamfetamine aantrof, een hoeveelheid die overeenkomt met het tiende deel van een zakje suiker. Rechter van het gerechtshof Howard Broadman volgde de letter van de wet en veroordeelde Taylor tot een gevangenisstraf van vijfentwintig jaar tot levenslang wegens het bezit van een minieme hoeveelheid crystal meth. Broadman was niet iemand die zijn eigen oordelen achteraf in twijfel trok. Maar deze veroordeling zat hem hoog.

'Shane Taylor was een vergissing,' zei rechter Broadman.[4]

Taylor werd een van de vele voorbeelden in de campagne, die was gericht op het versoepelen van de meest meedogenloze three strikes-wet die het land kende. Een ander voorbeeld was de recidivist die een gevangenisstraf van vijfentwintig jaar tot levenslang kreeg wegens het stelen van een paar handschoenen uit een filiaal van de bouwmarkt Home Depot. Een derde voorbeeld betrof een geestelijk gestoorde man die veroordeeld was tot een gevangenisstraf van vijfentwintig jaar tot levenslang omdat hij in het bezit was van een gestolen computer met een waarde van 200 dollar. En zo waren er nog duizenden gevallen.

Aangezien Harris zichzelf presenteerde als iemand die het strafrechtsysteem wilde hervormen, hadden de kiezers misschien kunnen profiteren van de adviezen van de procureur-generaal van Californië. De openbaar aanklager van Los Angeles County, Cooley, steunde de maatregel. Maar Harris hield zich op de vlakte. Haar verklaring luidde dat haar medewerkers de tekst hadden geschreven waarin de maatregel ten behoeve van de kiezers was samengevat en dat zij het waren die de maatregel dan maar voor de rechtbank moesten verdedigen. Ze beweerde dat ze haar medewerkers en haar ministerie in een lastig parket zou brengen bij het uitoefenen van hun officiële taken als zij zich voor of tegen een bepaalde initiatiefwet zou uitspreken. Dat standpunt nam ze in haar periode als procureur-generaal ook in ten aanzien van andere initiatiefwetten.

Maar er zijn vooral ook veel politieke redenen om geen standpunt in te nemen over initiatiefwetten. Wat zou er gebeuren als iemand die driemaal de fout in was gegaan, werd vrijgelaten en een vreselijke misdaad beging? Dat zou voer zijn voor een agressief spotje van haar tegenstander bij een eventuele volgende campagne. Het was veel eenvoudiger om niet te diep op de kwestie in te gaan. Er waren voorgangers van Harris die er wel degelijk in slaagden een evenwicht te vinden in hun behoefte zich juridisch correct te gedragen en politiek betrokken te zijn. Dan Lungren bijvoorbeeld, die in 1994 procureur-generaal was, steunde het oorspronkelijke three strikes-voorstel en modelleerde zijn herverkiezingscampagne in 1994 rond zijn steun voor het initiatief, terwijl hij zich er terdege van bewust was dat zijn medewerkers de nieuwe wet voor het hof van beroep zouden verdedigen als die eenmaal was aangenomen. In tegenstelling tot Harris was Lungren er niet van overtuigd dat zijn officiële taken, waarbij hij een wet voor de rechtbank moest verdedigen, conflicteerden met zijn rol als politiek leider die er verantwoordelijk voor was zijn kiezers te laten weten wat zijn standpunt was over een zaak waarvan het publieke belang groot was.

De initiatiefwet om de three strikes-wet af te zwakken werd met een grote meerderheid aangenomen: meer dan 70 procent van de kiezers stemde ermee in. Sinds de wet is aangenomen zijn er ongeveer 3000 three strikes-gevangenen vrijgelaten. Er zijn relatief weinig gevangenen teruggekeerd in de gevangenis, en niet één wegens moord. Een van de gevangenen die niet opnieuw werd vastgezet, was Shane Taylor.

Harris verzuimde tijdens haar ambtsperiode bij nog een aantal andere strafrechtelijke initiatieven positie in te nemen, waaronder een initiatief van Gavin Newsom in zijn tijd als luitenant-gouverneur waarin hij voorstelde straffen voor drugs- en vermogensdelicten te verlagen, en een initiatief van Jerry Brown waarin hij langgestraften hoop gaf op vervroegde vrijlating als zij zich aan de gevangenisregels zouden houden door onderwijs te volgen en een vak te leren. Daarnaast weigerde Harris, die haar leven lang al tegen de doodstraf was, in haar ambtsperiode als procureur-generaal in 2012 en 2016 een standpunt in te nemen over een initiatief om de doodstraf af te schaffen. Ze werden ternauwernood verworpen. Ook nam ze geen standpunt in bij een derde initiatiefwet, die in 2016 aan de kiezer werd aangeboden en beoogde executies versneld te laten uitvoeren. Dane Gillette, de gepensioneerde directeur van de afdeling strafzaken, was een van de opstellers van het initiatief. Het werd aangenomen, hoewel de beloofde executies nooit werden uitgevoerd. Net als alle andere wetten over de doodstraf raakte ook deze initiatiefwet om executies versneld uit te voeren verstrikt in een wirwar van rechtszaken. In de loop van de tientallen jaren stemden de inwoners van Californië herhaaldelijk voor de doodstraf. De staat kent veruit het grootste aantal ter dood veroordeelde gedetineerden van de Verenigde Staten. Maar vanwege rechtbankbesluiten en tegenwerking van de Democraten, die het in deze staat politiek gezien voor het zeggen hebben, zal er in Californië waarschijnlijk nooit meer een executie worden uitgevoerd.

Hoofdstuk 14

Relikwie

De doodstraf was niet meer dan een relikwie toen Kamala Harris aan de slag ging als procureur -generaal, en het was niet het soort onderwerp waar een eigenzinnige, progressieve procureur-generaal die de misdaad slim wilde aanpakken lang bij wilde stilstaan. Maar tijdens de campagne in 2010 beloofde Harris de wet uit te voeren zoals hij er lag, ondanks het feit dat ze tegen de doodstraf was. Dat betekende dat ze haar medewerkers zou toestaan hun taak uit te voeren, wat erop neerkwam dat ze de doodstraf verdedigden voor staats- en federale rechtbanken. Het was vergeefse moeite.

De executiekamer van de San Quentin State Prison werd al bijna vijf jaar niet meer gebruikt toen procureur-generaal Harris in januari 2011 aan haar taak begon. De gevangenis ligt op een lage heuvel aan de noordelijke oever van de San Francisco Bay. Sinds de opening in 1852 was de gevangenis uitgegroeid tot een kleine, ommuurde stad van vierduizend mensen. Binnen de muren wonen bijna zevenhonderd tot de doodstraf veroordeelde mannen in drie zwaarbewaakte afdelingen, die zijn gebouwd in 1913, 1930 en 1934. Die afdelingen worden samen 'de dodencel' genoemd. De gevangenen zouden een fabelachtig uitzicht hebben als ze over ramen beschikten die uitzicht bieden op de wereld om hen heen. Maar die hebben ze niet. Niet minder dan 59 van deze mannen waren in 2011 zestig jaar of ouder, en 145 mannen waren toen een natuurlijke dood gestorven, of overleden door zelfmoord, moord of een overdosis drugs. De meeste ter dood veroordeelden verblijven in het East Block, een enorm gebouw dat eruitziet als een pakhuis. Binnenin bevindt zich een vijf verdiepingen hoge constructie, met zestig cellen op elke verdieping. Elke cel heeft een oppervlakte van 4,5 vierkante meter. Op de muur van de bewakerspost hangt een Mickey Mouse-klok, boven een bord waarop vermeld staat: DE GELUKKIGSTE PLEK OP AARDE.

Al lang voordat Harris procureur-generaal werd, voerde men de doodstraf al niet meer uit in Californië. Nadat de doodstraf in 1977 weer werd ingevoerd, werden er meer dan negenhonderd mannen en vrouwen toe veroordeeld. Bij sommigen werd de straf tenietgedaan. Een enkeling werd vrijgelaten. Maar bij de meesten duurde het hoger beroep tientallen jaren, met als gevolg dat er tussen 1992 en 2006 slechts dertien mannen werden geëxecuteerd in San Quentin.

In 2006 stond Michael Morales op het punt te worden geëxecuteerd voor de verkrachting van en moord op Terri Winchell, een oudere leerlinge van een Lodi High School, die plaatsvond in 1981.[1] Maar toen wisten zijn advocaten districtsrechter Jeremy Fogel, die was benoemd door president Clinton, ervan te overtuigen dat de door de staat gebruikte dodelijke cocktail buitensporige pijn kon veroorzaken, wat in strijd is met het Achtste Amendement, dat wrede en uitzonderlijke straffen verbiedt. Volgens het protocol dat was opgesteld door het California Department of Corrections and Rehabilitation (de Dienst Gevangeniswezen en Reclassering) moesten de gevangenisautoriteiten de ter dood veroordeelde in staat van bewusteloosheid brengen door het toedienen van natriumthiopental, een snelwerkend barbituraat. Daarna werd pancuronium ingespoten, dat algehele verlamming veroorzaakt. Ten slotte werd kaliumchloride toegediend, dat de dood door een hartstilstand tot gevolg had.

De advocaten van Morales leverden het bewijs dat erop wees dat bij eerdere executies te weinig van het barbituraat was toegediend. Als de gedetineerde niet diep in slaap was, kon hij veel pijn ondervinden bij het injecteren van de andere middelen. Wat er precies was gebeurd bij elke executie was onduidelijk, omdat de archivering niet op orde was. Maar er was een man, die ter dood was veroordeeld omdat hij opdracht tot moord had gegeven terwijl hij in de gevangenis zat, die tweemaal moest worden geïnjecteerd met kaliumchloride. De archiefstukken lijken erop te duiden dat Robert Lee Massie, de laatste uit San Francisco afkomstige man die was geëxecuteerd, wellicht bij kennis was geweest en pijn had gevoeld toen in maart 2001 de tweede en derde injectie werden toegediend.[2]

Terwijl de zaak over de dodelijke injectie zich voortsleepte, boog districtsrechter Cormac J. Carney, die was benoemd door president George W. Bush, zich over de zaak van Ernest Dewayne Jones.[3] Jones zat in 2014 al negentien jaar in de dodencel, nadat hij in 1992 ter dood was veroordeeld wegens de verkrachting van en moord op de moeder van zijn vriendin. Carney had genoeg gezien. In een 2014 uitgebracht rechterlijk bevel van 29 bladzijden ging hij in op het bij de doodstraf gehanteerde systeem en schetste een karakteristiek geval zoals dat werd behandeld door een staatsrechtbank, daarna door een federale rechtbank, om vervolgens weer te worden teruggestuurd. Hij beschreef hoe weinig veroordeelde gedetineerden er werden geëxecuteerd en hoeveel er wel niet door andere oorzaken overleden. Op dat moment zou de staat veertien jaar lang elke week een executie moeten uitvoeren om de dodencel leeg te krijgen. En Californië beschikte niet over een goedgekeurd executieprotocol.

'Wanordelijke en onvoorspelbare vertragingen hebben geresulteerd in een doodstrafsysteem waarin slechts enkele van de honderden ter dood veroordeelden door de staat zijn geëxecuteerd of zullen worden geëxecuteerd,' schreef hij. 'Dat heeft een systeem opgeleverd waarin willekeurige factoren in plaats van gelegitimeerde, zoals de aard van de misdaad of de datum van terechtstelling, bepalen of iemand daadwerkelijk geëxecuteerd zal worden. En het heeft een systeem opgeleverd dat geen strafwetenschappelijk doel dient. Een dergelijk systeem is ongrondwettelijk.'[4]

Carney stelde vast dat de doodstraf ongrondwettelijk was omdat er niemand werd geëxecuteerd. Als zijn rechterlijk bevel van kracht werd, kon dat betekenen dat er in Californië een einde kwam aan de doodstraf. Procureur-generaal Harris kon kiezen. Ze had kunnen beslissen dat rechter Carney gelijk had en dan ging ze niet in beroep, als deel van een poging om een einde te maken aan de lastige situatie waarin het doodstrafsysteem verkeerde. Voorstanders van het afschaffen van de doodstraf zouden dolblij zijn. Maar haar medewerkers zouden woedend zijn en de voorstanders van de doodstraf zouden protest aantekenen. Ze zou daarnaast niet trouw zijn aan de belofte die ze tijdens de campagne om procureur-generaal te worden had gedaan, namelijk dat ze, ondanks haar persoonlijke bezwaren, de wet zou uitvoeren en de doodstraf zou verdedigen.

Harris besloot in hoger beroep te gaan en lichtte haar besluit toe in een korte persverklaring, waarin ze zei dat het rechterlijk bevel 'niet door de wet werd ondersteund'. Interessant was dat ze in haar verklaring verder opmerkte dat Carneys bevel 'belangrijke beschermingsmaatregelen ondermijnt die onze rechtbanken bieden aan verdachten'.

Er waren medewerkers van het ministerie van Justitie van Californië die er geen idee van hadden op welke beschermende maatregelen voor verdachten ze doelde. Dat gold ook voor de advocaten van ter dood veroordeelden. Op het eerste gezicht ondermijnde Carneys bevel geen beschermingsmaatregelen voor verdachten. Maar Harris dacht een paar stappen vooruit. Als zij weigerde in beroep te gaan, overwoog ze, zouden openbaar aanklagers in de county's die voor de doodstraf waren besluiten zelf in hoger beroep te gaan. Na verloop van tijd kwam de zaak dan terecht bij het Hooggerechtshof in Washington. De meerderheid van de rechters daar had zich geërgerd aan zich telkens herhalende beroepszaken. Ze vreesde dat de rechters de conclusie zouden trekken dat er daadwerkelijk te veel bezwaren aan de executies kleefden en dat staten de gedetineerden op een efficiëntere manier moesten executeren. Carneys bevel zou de pogingen om de doodstraf af te schaffen uiteindelijk kunnen ondermijnen. De staat ging in beroep bij het hof van beroep voor het negende circuit, dat Carneys bevel betitelde als 'verrassend' en het in 2015 vernietigde.[5] Dat betekende dat de doodstraf in Californië een gewettigde straf bleef. Totdat Gavin Newsom zich ermee ging bemoeien.

Op 13 maart 2019, twee maanden nadat hij was ingezworen als opvolger van Jerry Brown, gaf gouverneur Newsom een persconferentie waarin hij aankondigde dat hij een ingrijpende maatregel zou nemen: hij zou een moratorium instellen op executies. Niemand zou worden geëxecuteerd zolang híj gouverneur was. Newsom onderstreepte die maatregel door opdracht te geven tot ontmanteling van de executiekamer. De verschillende onderdelen ervan werden per vrachtwagen naar een opslagruimte vervoerd. Op dat moment telde Californië 737 ter dood veroordeelde gedetineerden, van wie er één afkomstig was uit San Francisco.

Harris was toen senator in Washington en had kort daarvoor aangekondigd dat ze president van de Verenigde Staten wilde worden. Newsoms besluit verloste haar van de door haar gevoelde beperkingen die ze als procureur-generaal had ervaren. Op de dag van de persconferentie gaf senator Harris een persverklaring uit waarin ze het besluit van de gouverneur toejuichte en de doodstraf betitelde als 'immoreel, discriminerend, ondoelmatig en een overduidelijk misbruik van belastinggeld'.[6] De volgende dag zei ze tegen verslaggevers dat ze een moratorium wilde op het toepassen van de doodstraf door de federale overheid.[7]

Newsoms besluit betekende niet dat de doodstraf was afgeschaft. En ook de dodencel was niet in één keer leeg. Een grondwettelijk amendement dat de doodstraf tot wet verhief en dat in 1972 door de kiezers werd goedgekeurd, is nog steeds van kracht, hoewel het feitelijk een wassen neus is. Op het moment van schrijven zijn er in Californië 691 ter dood veroordeelde mannen en twintig ter dood veroordeelde vrouwen.[8] Het is onduidelijk wat er met die straffen gaat gebeuren. Geen van hen zal door de staat ter dood worden gebracht zolang Newsom gouverneur is. Maar ze worden wel ouder en overlijden vanwege andere oorzaken. Tussen 24 juni en 29 juli 2020, toen het nieuwe coronavirus tekeerging in San Quentin, overleden er dertien ter dood veroordeelden: net zoveel als het aantal mensen dat tussen 1992 en 2006 in San Quentin werd geëxecuteerd.[9]

Harris' terughoudende opstelling bij zaken rond de doodstraf is wellicht nadelig voor haar geweest tijdens de presidentscampagne in 2019. Haar Democratische rivalen vielen haar onder meer aan op het feit dat ze niet had aangedrongen op het uitvoeren van een DNA-test die een ter dood veroordeelde gedetineerde, Kevin Cooper, had kunnen vrijpleiten.

Cooper zat sinds 1985 in de dodencel vanwege de moord op vier mensen in hun huis in Chino Hills, ten oosten van Los Angeles. Doug en Peggy Ryen (beiden 41), hun dochter Jessica (10) en een logé, Christopher Hughes (11) waren met een bijl doodgehakt. De achtjarige zoon van de familie Ryen, Joshua, bleef in leven, hoewel zijn keel doorgesneden was. Zelfs de meest geharde rechercheurs werden onpasselijk toen ze op de plaats delict waren en zuidelijk Californië was geschokt.

Cooper had vier jaar gevangenisstraf achter de rug wegens inbraak toen hij kort voordat de moorden plaatsvonden ontsnapte uit de California Institution for Men (mannengevangenis) in Chino en zich schuilhield in een huis dat op 115 meter afstand lag van het huis van de familie Ryen. Vanaf het begin beweerde hij dat hij onschuldig was, dat hij op het verkeerde moment op de verkeerde plaats was. In de decennia na de moorden zijn er zes openbaar aanklagers geweest, en telkens hebben hun medewerkers de veroordeling van Cooper verdedigd. Bij een groot deel van die juridische strijd draaide het om DNA. Tientallen jaren hadden zijn advocaten verzocht om een DNA-test, zodat zijn bewering gestaafd kon worden. Dat verzoek gaat in elk geval terug tot 2000, toen *The Press-Enterprise* uit Riverside een overzicht publiceerde van 3700 woorden waarin vragen werden gesteld over de veroordeling van Cooper.

Volgens het verslag van deze krant uit Riverside zei Joshua Ryen dat hij dacht dat er drie moordenaars waren en dat ze wit of latino waren – en Jessica Ryen had blonde haren vastgeklemd in haar hand. Cooper is zwart. Een bloedvlek op een muur in de gang zou zijn onschuld of schuld kunnen bewijzen, stelden zijn advocaten.

'Ze brengen liever een onschuldige man ter dood dan dat ze toegeven dat ze een fout hebben gemaakt,' zei Cooper in 2000 tegen *The Press-Enterprise*.[10]

In januari 2004, de maand waarin Harris aan de slag ging als openbaar aanklager van San Francisco, weigerde gouverneur Schwarzenegger gratie te verlenen aan Cooper. Coopers executie zou een minuut na middernacht plaatsvinden op 10 februari 2004, een dinsdag. Die maandag, nadat Cooper van zijn cel naar een cel vlak bij de executiekamer was gebracht, greep een elfkoppig panel van rechters van het hof van beroep voor het negende circuit in en hield zijn executie tegen. Door die beslissing was Coopers zaak verdaagd. Zijn advocaten en de openbaar aanklager en diens medewerkers liggen sindsdien al jaren in de clinch over de DNA-test.

Op 17 mei 2018 schreef columnist Nicholas Kristof van *The New York Times* een stuk van 3500 woorden waarin hij inging op de vele vragen die rond Coopers veroordeling speelden.[11] Hij besteedde met name aandacht aan de rol van gouverneur Jerry Brown, die als openbaar aanklager een DNA-test had afgewezen, en die van Kamala Harris, die ook niet had ingegrepen:

> Het lijkt erop dat een onschuldige man erin is geluisd door de medewerkers van de sheriff en dat hij nu in de dodencel zit, deels vanwege oneerlijke agenten, sensationele verhalen in de media en nalatigheid van een aantal politiek leiders – onder wie Democraten als Brown en Kamala Harris, die procureur-generaal van Californië was voordat ze in de Amerikaanse Senaat werd gekozen. Beiden weigerden een moderne DNA-test te laten uitvoeren voor een zwarte man die is veroordeeld wegens het doodhakken van een prachtig wit gezin.

Kristof vertelde dat hij, nadat de column online was gezet, werd gebeld door Harris, die tegen hem zei: 'Ik voel me hier afschuwelijk over,' waarna ze een verklaring uitgaf waarin ze Brown opriep een DNA-test toe te staan. Op 24 december 2018, kort voor het einde van zijn ambtstermijn, ging Brown ermee akkoord dat er een test zou worden uitgevoerd, hoewel zijn opdracht daartoe niet de volledige test behelsde die de advocaten van Cooper voor ogen stond. In 2019 gaf gouverneur Newsom de opdracht de test uit te breiden.

In de daaropvolgende maanden kwamen onderzoekers erachter dat er bloedmonsters ontbraken of dat ze dermate waren aangetast dat er geen conclusies aan konden worden verbonden – met uitzondering van een bebloede handdoek die in de buurt van het huis van de familie Ryen was gevonden. De DNA-test wees uit dat het niet Coopers bloed was. Coopers advocaten hoopten op een gratieverlening van Newsom, of de instructie voor het voeren van een nieuw proces. Hoewel Harris niet had opgetreden toen ze openbaar aanklager was, reageerde senator Harris wel op het stuk van Kristof door gouverneur Brown op te roepen een DNA-test te laten uitvoeren.

'Dat was een hele opluchting voor ons,' zei Norman C. Hile, Coopers advocaat. 'Ik ben haar buitengewoon dankbaar voor wat ze heeft gedaan.'

Op het moment dat ik dit schrijf zit Cooper nog steeds in de gevangenis. Hij was 25 jaar ten tijde van de moord, nu is hij 62 jaar oud.

Hoofdstuk 15

De huwelijksklokken luiden

Aanvankelijk was Kamala Harris een figurant in de historische ontwikkeling die tot de legalisering van het homohuwelijk in Amerika leidde. Het was Gavin Newsom die vol in de schijnwerpers stond en de held werd van de voorstanders van het homohuwelijk tijdens zijn ambtsperiode als burgemeester van San Francisco. In de dagen voorafgaand aan het Valentijnsdagweekend in 2004 trok hij internationale aandacht, kreeg hij veel bijval en moest hij flink wat kritiek verduren toen hij verkondigde dat de stad en de county San Francisco het homohuwelijk zouden erkennen.

Harris, de pas geïnstalleerde openbaar aanklager, was op weg naar het vliegveld toen ze de menigte in een rij voor het stadhuis zag staan. Ze stapte uit haar auto en kreeg al snel de opdracht te helpen bij het voltrekken van de huwelijken.

'Samen waren we huwelijken aan het voltrekken in de gang, en het stadhuis stond tot de nok toe gevuld met mensen,' schreef Harris in haar autobiografie *The Truths We Hold*.[1] 'Er heerste een fantastische, opgewonden stemming toen we de grote hoeveelheden liefhebbende paren een voor een verwelkomden en hen in de echt verbonden, meteen daar ter plekke. Ik had zoiets nog nooit eerder meegemaakt. Het was geweldig.'

Harris en Newsom waren jonge rijzende sterren die politiek gezien zo'n beetje dezelfde positie innamen en die visten uit dezelfde vijver met weldoeners. Volgens nieuwsberichten uit die tijd was hun relatie kil te noemen. Het zou kunnen dat ze op een dag tegen elkaar in het strijdperk zouden moeten treden. Intussen begreep Newsom maar al te goed hoe hij de aandacht moest trekken. Op 20 januari 2004, twaalf dagen nadat hij was ingezworen als burgemeester van San Francisco, bezocht hij de State of the Union-toespraak van George W. Bush, op uitnodiging van het Congreslid van zijn eigen stad, Nancy Pelosi, toen minderheidsvoorzitter van het Huis van Afgevaardigden.

'Ons land moet het sacrale karakter van het huwelijk verdedigen,' zei Bush tegen het Congres, waarbij hij een grondwettelijk amendement in het vooruitzicht stelde waarin werd bepaald dat het huwelijk iets was tussen man en vrouw.

Later vertelden de medewerkers van Newsom dat de nieuwe burgemeester op dat moment besloot dat hij de maatschappelijke normen zou tarten door hun de opdracht te geven de noodzakelijke maatregelen te nemen om huwelijksakten te verstrekken aan homoseksuele paren. Dat was een gewaagd plan, zeker, maar nieuw was het niet. In San Francisco was er al een initiatief op gang gekomen om homohuwelijken te legaliseren.

In 2003 hield parlementslid Mark Leno, een vriend en bondgenoot van Harris en bovendien een uit San Francisco afkomstige Democraat die homoseksueel is, zich samen met een aantal advocaten van Equality California, een organisatie die zich inzet voor LGBTQ-rechten en die een vooraanstaand pleitbezorger is van het homohuwelijk, bezig met wetgeving waarvan ze hoopten dat die tot legalisering zou leiden.

Op 15 januari 2004 bracht *The Bay Area Reporter*, een weekblad dat zich richt op de LGBTQ-gemeenschap, het nieuws dat Leno de wet in Sacramento zou aanbieden. Het zou in Amerika de eerste keer zijn dat dit gebeurde en het zou vrijwel zeker landelijke aandacht trekken. De kans op succes was gering. Partijleiders drongen er bij Leno op aan te wachten. Maar Leno drukte door en presenteerde de wet op 2 februari 2004 aan de griffiers van het gemeentebestuur. Dat was een opmerkelijke datum. Het was National Freedom to

Marry Day, een dag waarop paren van hetzelfde geslacht naar de griffier van hun county gingen om een huwelijksakte te vragen, waarna ze werden weggestuurd om vervolgens te gaan protesteren.

Newsom stond op het punt een maatregel te nemen waarbij Leno's wet tot een voetnoot werd gereduceerd. Op diezelfde dag gaf Newsom county-ambtenaren de opdracht te beginnen met het uitgeven van huwelijksakten aan paren van hetzelfde geslacht, waarbij hij zich beriep op de in de Californische grondwet vastgelegde regel dat iedereen recht heeft op gelijke behandeling. Toen dit bekend werd, dromden honderden paren gekleed in trouwjurken, smokings, korte broeken, T-shirts en spijkerbroeken samen voor het vergulde stadhuis in beaux-artsstijl. Sommigen waren met het vliegtuig uit andere delen van het land naar Sacramento gekomen.

Hiermee had Gavin Newsom zijn status als pionier op het gebied van sociale rechtvaardigheid gevestigd.

Zijn mede-Democraten, onder wie het Democratische Congreslid Barney Frank uit Massachusetts, die zelf homoseksueel is, en Dianne Feinstein, een van de voorgangers van Newsom, waren verbijsterd.

'Te veel. Te snel. Te vroeg,' zei Feinstein destijds.[2]

John Gibson, toen presentator bij Fox News en daarvoor verslaggever in San Francisco, noemde Newsom 'de homohuwelijkburgemeester van San Francisco' en stelde vast dat duizenden paren van hetzelfde geslacht waren getrouwd, wat hij omschreef als 'een huwelijksfestijn'.[3]

Destijds definieerde de Californische wet het huwelijk als iets wat plaatsvindt tussen een man en een vrouw. Dat was het gevolg van een initiatiefwet, Proposition 22, die op 7 maart 2000 door de kiezers werd goedgekeurd: 61 procent was voor, 39 procent was tegen. Opvallend genoeg werd Proposition 22 vervat in een statuut, en niet in een amendement van de Californische grondwet, en dat zou, later in de rechtsgang, het einde van de wet blijken te zijn.

Maar eerst greep het Hooggerechtshof van Californië in en probeerde op 12 augustus 2014, onder verwijzing naar dat statuut, een einde te maken aan homohuwelijken. Het hof ging niet in op de kwestie of het huwelijk een recht was. In plaats daarvan vaardigden de rechters een nauwgezette bepaling uit, waarin werd gesteld dat indien lokale autoriteiten de Californische wet aangaande het huwelijk konden negeren omdat het in strijd was met het Veertiende Amendement, ze evengoed wetgeving konden negeren over, bijvoorbeeld, (semi)automatische wapens, want dat schond immers het Tweede Amendement. De redenering van de rechters:

Als iedere ambtenaar die de wettelijk voorgeschreven plicht heeft een officiële handeling te verrichten de vrijheid zou hebben om te weigeren die handeling te verrichten, alleen omdat die ambtenaar van oordeel is dat het onderliggende statuut ongrondwettelijk is, zou elke schijn van een eenvormige rechtsorde snel tot het verleden behoren, en voortdurende en verstrekkende juridische tussenkomst zou dan noodzakelijk zijn om de gebruikelijke bestuursmechanismen te kunnen laten functioneren. Dit is uiteraard niet het rechtssysteem waar wij vertrouwd mee zijn.[4]

Die beslissing was niet het laatste wat hierover gezegd werd. Tien jaar lang werden er beroepszaken tegen aangespannen. Openbaar aanklager van San Francisco Kamala Harris had daar toen geen bemoeienis mee, maar dat zou snel veranderen.

Voordat het hof in 2004 een einde had gemaakt aan homohuwelijken, waren er zo'n 18.000 paren getrouwd in Californië. In Californië zelf en in het hele land dienden advocaten pleitnota's in voor wat volgens hen de beslissende zaak was over het homohuwelijk. Openbaar aanklager Harris behoorde niet tot die advocaten: het viel buiten haar competentie. Haar taak was het om misdadigers te vervolgen, niet het verdedigen van de handelingen van de burgemeester of de griffier van de county die huwelijksakten uitvaardigden.

In maart 2008 bereikte de staatsgrondwettelijke kwestie het Hooggerechtshof van Californië. Opperrechter Ronald George was er klaar voor. George had Harris op 8 januari 2004 ingezworen als openbaar aanklager, met haar moeder Shyamala als trotse toeschouwer. Er was niemand die eraan twijfelde dat George juridisch gezien van de harde lijn was. Als plaatsvervangend procureur-generaal verdedigde George aan het begin van de jaren zeventig het Californische statuut voor de doodstraf ten overstaan van het Californische Hooggerechtshof, en het was gouverneur Ronald Reagan geweest die hem als eerste tot rechter had benoemd. Als rechter van het gerechtshof in Los Angeles gaf George in 1981 de Republikeinse procureur-generaal George Deukmejian de opdracht de vervolging over te nemen van Angelo Buono voor tien verkrachtingsmoorden in wat bekendstond als de 'zaak van de wurgmoordenaar uit Hillside', nadat openbaar aanklager van Los Angeles County, John Van de Kamp, had vastgesteld dat Buono's neef en aanklager, Kenneth Bianchi, een onbetrouwbare getuige was en weigerde verder te gaan. Buono werd veroordeeld en stierf in 2002 in de gevangenis. De Republikeinse gouverneur Pete Wilson benoemde George in 1996 tot opperrechter.

Op 15 mei 2008 vaardigde George een meerderheidsbeslissing (van vier tegen drie rechters) uit. 'Gezien het belang en de betekenis van het fundamentele grondwettelijke recht om een gezinsrelatie te vormen, dient de grondwet van Californië op de juiste wijze te worden geïnterpreteerd om dit primaire burgerrecht voor alle inwoners van Californië te garanderen, of ze nu homoseksueel zijn of heteroseksueel, en dat geldt ook voor homokoppels en heterokoppels.'[5] Proposition 22 had een statuut opgeleverd dat de grondwet van Californië schond. Het was een ondubbelzinnige overwinning voor het homohuwelijk.

Religieuze conservatieven dachten daar anders over. Het Nationale Verbond voor het Huwelijk, de Kerk van Jezus Christus van de Heiligen der Laatste Dagen, de Ridders van Columbus, katholieke bisschoppen en andere pleitbezorgers van wat zij het 'traditionele huwelijk' noemden, hadden petities doen rondgaan en op die manier 1,12 miljoen handtekeningen van geregistreerde kiezers verzameld. Twee weken nadat het Hooggerechtshof van Californië zijn beslissing over Proposition 22 had bekendgemaakt, kondigden de Californische verkiezingsambtenaren de uitvaardiging aan van wat Proposition 8 zou worden genoemd. Dat nieuwe initiatief, dat zou worden meegenomen bij de verkiezingen van 4 november 2008, zou het besluit van het Hooggerechtshof van Californië vernietigen door een amendement van de Californische grondwet, dat luidde: 'Alleen een huwelijk tussen een man en een vrouw is in Californië rechtsgeldig of erkend.'

Tijdens de 'Yes to Prop. 8'-campagne, waarin een verbod op het homohuwelijk werd bepleit, werd meer dan 43 miljoen dollar ingezameld en besteed. De campagne, die inspeelde op de angst dat het homohuwelijk schadelijk zou zijn voor kinderen, besteedde het geld onder meer aan spotjes waarin een klein meisje thuiskomt van school en tegen haar onthutste moeder zegt: 'Mam, moet je horen wat ik vandaag op school heb geleerd. Ik leerde dat een prins trouwde met een prins.'

'Onderwijs over het homohuwelijk zal tot de realiteit van alledag gaan behoren, tenzij we Proposition 8 aannemen.'

Openbaar aanklager Harris sprak zich uit tegen Proposition 8. Haar zus Maya Harris, toen directeur van de ACLU (American Civil Liberties Union, de Amerikaanse bond voor burgerlijke vrijheid) in Noord-Californië, was direct betrokken bij de campagne die zich tegen het initiatief keerde. Maya Harris en de leiders van Equality California stelden een team samen en haalden voor hun campagne 42 miljoen dollar op. De bijdrage van de ACLU in Noord-Californië bedroeg 2 miljoen dollar.

Newsom en de burgemeesters van San Diego en Los Angeles voerden campagne tegen Proposition 8. Ook Feinstein zette zich in voor de tegenstanders, net als senator Boxer en gouverneur Schwarzenegger. De California Teachers Association (het genootschap van onderwijskrachten in Californië) gaf 1,3 miljoen dollar om het voorstel van tafel te krijgen. Veel Hollywood-sterren, onder wie David Geffen, Brad Pitt en Ellen DeGeneres, gaven ieder

100.000 dollar, net als kopstukken uit Silicon Valley, onder wie medeoprichter van Google Sergey Brin.

Op de verkiezingsavond in 2008 viel er heel wat de vieren voor de Democraten. Ze wonnen eenentwintig zetels in het Amerikaanse Huis van Afgevaardigden, genoeg voor Nancy Pelosi om voorzitter van het Huis te worden. De Democraten in de Amerikaanse Senaat veroverden 60 zetels, waarmee werd voorkomen dat er filibusters zouden plaatsvinden. En het belangrijkste was dat Barack Obama president werd. In Californië kreeg senator John McCain, de senator uit Arizona, een afstraffing van Obama: 61 tegen 37 procent. Maar Californië herbergde veel smaken in één staat.

Meer dan 75 procent van de kiezers in San Francisco stemde tegen Proposition 8.[6] Maar een kiezersmeerderheid in 42 van de 58 county's in Californië, waaronder bevolkingscentra als Los Angeles County, Orange County en San Diego County, steunden de initiatiefwet. Proposition 8 werd aangenomen met 52,3 tegen 47,7 procent van de stemmen.

'We hebben overal in de staat Californië mensen benaderd, individueel, en hebben ze persoonlijk gevraagd hoe ze over deze kwestie dachten,' zei Frank Schubert, de campagnestrateeg van 'Yes to Prop. 8' tegen de *Los Angeles Times*.[7] 'Dit is zo'n onderwerp dat voor mensen heel persoonlijk en privé is, waarover ze niet met opiniepeilers praten. Ze willen er weinig over kwijt tegen de media, maar wij hadden redelijk goed in de gaten hoe ze erover dachten en dat vindt zijn weerslag in de uitslag.'

De tegenstanders togen naar de rechtbank.

Procureurs-generaal zijn verplicht de wetten van de staat te verdedigen, ongeacht hun filosofische inzichten. Maar er zijn uitzonderingen.

Procureur-generaal Jerry Brown, een tegenstander van Proposition 8, had een methode gevonden om dat voor elkaar te krijgen, wat herinneringen opriep aan de manier waarop zijn vader Pat Brown en procureur-generaal Stanley Mosk hadden geweigerd Proposition 14 te verdedigen, de initiatiefwet uit 1964 waarin de Fair Housing Act in Californië werd verworpen.

In een pleitnota van 111 bladzijden die hij aan het eind van 2008 indiende, drong Jerry Brown er bij het Hooggerechtshof van Californië op aan Proposition 8 nietig te verklaren. Zijn argument: het huwelijk is beschermd als onderdeel van het onvervreemdbare recht op vrijheid en privacy, die beide zijn vervat in de grondwet van Californië. Het recht om de grondwet te amenderen, zoals met Proposition 8 is gebeurd, kan niet worden aangewend op een manier waardoor dat onvervreemdbare recht tenietgedaan wordt.

Voor Brown kleefde er een politiek voordeel aan het niet verdedigen van Proposition 8. Brown was van plan de functie van procureur-generaal op te geven en zich in 2010 verkiesbaar te stellen voor het gouverneurschap, waarmee hij het ambt dat hij als jonge man van 1975 tot 1983 had bekleed opnieuw zou vervullen. Hij nam een standpunt in dat hem zou beschermen tegen een aanval van links door burgemeester Newsom, die ook overwoog gouverneur te worden.

Browns besluit had directe invloed op de rechtszaak. Nu de staat Californië Proposition 8 verwierp, verschoof de verdediging van de initiatiefwet naar degenen die het voorstel steunden. Als pleitbezorger kozen ze voor Kenneth Starr, de faculteitsvoorzitter van de Pepperdine University School of Law in Malibu, wiens jarenlange diepgravende onderzoek naar president Clinton had geleid tot een impeachmentprocedure tegen de president omdat hij had gelogen over een verhouding die hij had met Witte Huis-stagiaire Monica Lewinsky.

Starr en de voorstanders waren aanvankelijk aan de winnende hand. Na een volgend besluit door opperrechter George, met een stemverhouding van zes tegen een, herbevestigde het Californische Hooggerechtshof Proposition 8 op staatsgrondwettelijke gronden, hoewel de rechters oordeelden dat de huwelijken van homoseksuelen die waren gesloten in de periode dat die echtverbindingen legaal waren van kracht bleven.

George liet er geen twijfel over bestaan hoe hij over de kwestie oordeelde.[8] In een toespraak op 10 oktober 2009 voor de American Academy of Arts and Sciences (de Amerikaanse Academie voor Kunsten en Wetenschappen) in Cambridge, in de staat Massachusetts, haalde George een minder bekende initiatiefwet aan die op de verkiezingsavond van 2008 met een overweldigende meerderheid werd aangenomen en die boeren verplichtte hun kippen en andere boerderijdieren van grotere hokken en kooien te voorzien: 'Kippen kregen belangrijke rechten in Californië op dezelfde dag dat homoseksuele mannen en vrouwen die rechten verloren.'[9]

Het werkelijke gevecht vond plaats in de federale rechtbanken, waar rechters zouden bepalen of het staatsgrondwettelijke amendement dat vervat was in Proposition 8 de Amerikaanse grondwet schond. Jerry Brown zou het ambt van procureur-generaal inruilen voor dat van gouverneur. De volgende procureur-generaal zou beslissen of Browns voorbeeld gevolgd zou worden en de verdediging van Proposition 8 zou worden overgelaten aan de voorstanders van die initiatiefwet, of dat de wet verdedigd zou worden.

Dat was het punt waarop Kamala Harris een belangrijke rol zou gaan spelen. Het zou nog twee jaar duren, maar ze zou winnen, en het homohuwelijk zou legaal worden in Californië.

Maar er waren nog wat hindernissen te nemen. Het geval wilde dat Proposition 8 uit Californië uiteindelijk niet de basis vormde van het definitieve oordeel van het Amerikaanse Hooggerechtshof over het homohuwelijk. Dat volgde in 2015, toen de rechters in de zaak Obergefell versus Hodges met een meerderheid van vijf tegen vier erkenden dat het homohuwelijk een grondwettelijk recht was. De auteur van dit meerderheidsbesluit, rechter Anthony M. Kennedy, schreef: 'Geen verbond is fundamenteler dan het huwelijk, want het belichaamt de hoogste idealen op het gebied van liefde, trouw, toewijding, opoffering en familiegevoel. Met het sluiten van een huwelijksverbond worden twee mensen meer dan ze daarvoor waren.' Maar zoals zo vaak liep Californië voor op de rest van het land.

Toen Harris in januari het ambt van procureur-generaal op zich nam weigerde ze, net als Brown, Proposition 8 te verdedigen. Sterker nog: ze keerde zich ertegen door op 27 februari 2013 een pleitnota in te dienen bij het Amerikaanse Hooggerechtshof waarin ze erop aandrong dat de wet die door de kiezers in Californië was goedgekeurd, vernietigd zou worden.[10]

'Het enige doel van Proposition 8,' schreef Harris in haar nota, 'was immers om te voorkomen dat mensen van hetzelfde geslacht met elkaar trouwen, en de enige functie ervan bestond in het stigmatiseren van de relaties binnen homoseksuele en lesbische gezinnen. Er is voor de staat Californië volstrekt geen legitieme of rationele reden te noemen om zoiets te doen. Daarom is Proposition 8 ongrondwettelijk.'

Nu procureur-generaal Harris niet bereid was de wet te verdedigen, kwam die taak op de schouders van de voorstanders van de initiatiefwet. Die zaak werd bekend onder de naam Hollingsworth versus Perry, genoemd naar Dennis Hollingsworth, een Republikeins parlementslid uit het conservatieve deel van San Diego County en Riverside County, die een voorstander was van het traditionele huwelijk.

Op 26 juni 2013 verwierp het Amerikaanse Hooggerechtshof Hollingworths pleidooi en stelde dat hij en de organisaties die Proposition 8 verwierpen geen recht van spreken hadden. Het homohuwelijk had geen directe invloed op hen. Dat gold alleen voor de staat. Twee dagen nadat het Hooggerechtshof zijn uitspraak had gedaan, vaardigde het hof van beroep voor het negende circuit een gerechtelijk bevel uit, waarmee in Californië de weg opnieuw vrijkwam om homohuwelijken te voltrekken.[11]

Kris Perry en Sandy Stier, de moeders van in totaal vier kinderen, waren de eerste in de rij. Ze hadden in 2004 in San Francisco willen trouwen toen op last van burgemeester Newsom werd bepaald dat aan iedereen een huwelijksakte kon worden verstrekt, ongeacht seksuele voorkeur. Toen de rechtbanken een einde hadden gemaakt aan het homohuwelijk, stapte het paar uit Berkeley naar de rechter in een zaak die bekend werd onder de naam Hollingsworth versus Perry. Toen het hof van beroep voor het negende circuit het pad voor het homohuwelijk opnieuw had geplaveid, haastten Perry en Stier zich naar het stadhuis van San Francisco. Er had zich een menigte verzameld om de plechtigheid bij te wonen. Procureur-generaal Harris twitterde: 'Op weg naar het stadhuis van S.F. Laat die huwelijksklokken maar luiden! #Prop8'.[12]

Op 28 juni 2013, staand op het bordes voor het kantoor van de burgemeester, voltrok Harris de huwelijksplechtigheid van Perry en Stier. Een van de volwassen zonen van Perry overhandigde de ringen.

'Krachtens het mij door de staat Californië toegekende recht en gezag verklaar ik u hierbij tot echtgenotes voor het leven,' verklaarde Harris.[13] De plechtigheid duurde vier minuten en 30 seconden. Maar het had eeuwen geduurd voor het zo ver was.

Hoofdstuk 16

De vervloekte foto's

Jared Lee Loughner, een schizofrene tweeëntwintigjarige man die van zijn beroepsopleiding was getrapt vanwege zijn wispelturige gedrag, haalde bij een Safeway-winkelcentrum in Tucson, Arizona een legaal aangeschafte semiautomatische Glock 9mm met een magazijn van dertig kogels tevoorschijn en vuurde totdat het magazijn leeg was, waarna hij het wapen herlaadde met een nieuw magazijn van dertig kogels. Toen hij klaar was, bleken er zes mensen dood te zijn en Congreslid Gabrielle Giffords was in haar hoofd geschoten. Dat gebeurde op 8 januari 2011.

Twee dagen daarvoor was Kamala Harris ingezworen als procureur-generaal van Californië. Als openbaar aanklager van San Francisco had Harris zich ervoor ingezet vuurwapens van de straat te weren. Nu wilde ze een duidelijk signaal geven dat ze een voorstander was van wapenbeperkende maatregelen in Californië. Door het afschuwelijke bloedbad in Tucson werd de aandacht van het publiek opnieuw gevestigd op wapengeweld en op mensen voor wie een wapenverbod zou moeten gelden. Gelukkig had Harris een voorganger gehad die een wet had opgesteld waarop ze kon voortbouwen.

Bill Lockyer was de Democratische leider van de senaat van Californië toen hij in 1998 besloot zich verkiesbaar te stellen voor de functie van procureur-generaal. Lockyer, die voorstander was van wapenbeperking, bond de strijd aan met een Republikein die tegen het in Californië geldende verbod op (semi)automatische wapens was. Lockyer organiseerde zijn campagne rond dat verschil van inzicht. Om dat duidelijk te maken aan de kiezers zond Lockyer een tv-spotje uit waarin beelden uit het nieuws werden getoond over de bloedige schietpartij in North Hollywood in 1997, waarbij twee bankrovers met automatische wapens een vuurgevecht met de politie van Los Angeles leverden dat 44 minuten duurde, waarbij elf agenten gewond raakten. De politie was dermate onderbewapend dat sommige agenten tijdens de bloedige schietpartij naar een wapenwinkel gingen, waar ze zeven ar-15-geweren en tweeduizend stuks munitie leenden.

Er is een tijd geweest waarin Californische kiezers zich uitspraken tegen wapenbeperkende wetgeving. Maar die tijd was voorbij. Lockyer werd gekozen, waarmee bewezen was dat een krachtig standpunt over wapenbeperkende maatregelen het juiste beleid was. In de jaren die volgden nam het parlement nog veel meer wapenbeperkende wetten aan. Californië werd in elk opzicht een van de strengste staten van het land op het gebied van wapenbeperkende maatregelen, en misschien wel de allerstrengste.

In 2001 vatte procureur-generaal Lockyer het idee op om gegevensbestanden samen te voegen. Het ene bestand bevatte de namen van mensen die geregistreerd waren als wapeneigenaar. Het andere bestond uit veroordeelde misdadigers, mensen die zich schuldig hadden gemaakt aan huiselijk geweld en mensen die door rechtbanken dermate gestoord werden geacht dat ze verplicht werden vastgehouden. Gezien hun criminele verleden, het door hen gepleegde geweld tegen echtgenotes of hun psychiatrische verleden hadden deze mensen wettelijk gezien niet het recht vuurwapens te bezitten. Lockyers gedachte was een wet te maken waarmee de autoriteiten het recht verkregen het samengevoegde bestand te gebruiken om vast te stellen welke mensen wettelijk gezien geen recht hadden een vuurwapen te bezitten, en deze wapens vervolgens in beslag te nemen.

Voor het opstellen van deze wet wendde Lockyer zich tot zijn vriend Jim Brulte, die in de Californische senaat zat. Brulte was een beer van een vent, een briljant politiek strateeg en een Republikein uit zuidelijk Californië. Met Brulte als opsteller werd de wet unaniem aangenomen. Zelfs de nra steunde de wet, hoewel die organisatie zijn standpunt al snel wijzigde en de wapenlobbyisten sindsdien probeerden de wet te ondermijnen – zonder succes.

De wetgeving van Lockyer leverde een procedure op met de weinig elegante naam Armed and Prohibited Persons System (APPS, procedure voor gewapende en voor een wapenverbod in aanmerking komende personen). Ondanks die wat klunzige naam is het een van de vérstrekkendste wetten die ooit door een Californische procureur-generaal werden gesteund.

Toen Kamala Harris in januari 2011 procureur-generaal werd, waren er in Californië naar schatting 18.000 'gewapende en voor een verbod in aanmerking komende personen', die samen maar liefst 34.000 wapens bezaten. Het Californische departement van Justitie had achttien agenten aangewezen die de opdracht kregen de wapens van die mensen in te nemen. Harris wilde het aantal agenten verdubbelen. Het probleem was hoe dat financieel geregeld moest worden.

Californië worstelde met een financiële crisis en ging gebukt onder een tekort van 27 miljard dollar. Gouverneur Jerry Brown en het parlement waren op zoek naar manieren om op de kosten te bezuinigen. Er zou geen geld worden vrijgemaakt om welk programma dan ook uit te breiden. Maar Harris had een belangrijke bondgenoot: voorzitter van de senaatscommissie Begroting en Belastingherziening Mark Leno. Leno was opgegroeid in Milwaukee, was als jonge man verhuisd naar New York (waar hij overwoog rabbijn te worden) en had zich in 1981 gevestigd in San Francisco. Daar opende hij een winkel in uithangborden en gevelplaten en ontmoette hij de liefde van zijn leven, Douglas Jackson. Leno was bij zijn geliefde toen die in 1990 overleed aan aids. Leno en Harris hadden elkaar ontmoet in 1995, in de tijd dat Willie Brown campagne voerde om burgemeester te worden, en in de daaropvolgende jaren gingen ze vaak met elkaar lunchen. In 1996 trokken ze hun mooiste avondkleding aan voor de première van het symfonieorkest van San Francisco, en ook viel hem de grote eer te beurt te worden uitgenodigd bij de familie Harris voor Thanksgiving, bij Shyamala thuis. Burgemeester Brown wees Leno aan om een vacature te vervullen in het Board of Supervisors van San Francisco. Met de steun van Brown stelde Leno zich verkiesbaar voor parlements- en senaatzetels, die hij ook won. Hij deed dit werk tot 2016, toen zijn termijnen erop zaten.

In Sacramento hield Leno zich bezig met ingewikkelde kwesties: als voorzitter van de begrotingscommissie hield hij zich bezig met de jaarlijkse begroting van Californië, hij streed tegen chemische fabrieken om een verbod in te stellen tegen het behandelen van meubelen met giftige brandvertragende middelen, hij bezocht talloze bedrijven om erop aan te dringen dat ze het minimumloon zouden verhogen tot 15 dollar en eiste van de politie dat telefoons alleen doorzocht mochten worden als er een bevelschrift lag – volgens een telling van de *Los Angeles Times* stelde hij in totaal 161 wetten op.[1] De altijd beleefde en vriendelijke Leno was een progressief ingestelde politicus die nooit vergat waar hij vandaan kwam, maar die er altijd in slaagde overeenstemming te bereiken met de Republikeinen. Een betere bondgenoot in het parlement kon Harris zich niet wensen.

In 2011 stelde Leno een wet op die speciale financiering voor het programma mogelijk maakte, waarbij hij geld vrijmaakte dat door de staat was geïnd als mensen wapens kochten. Harris sprak zich voor de nieuwe wet uit en zei dat die 'onschuldige Californiërs zou beschermen door de wapens af te nemen van mensen die niet het recht hadden ze te bezitten'.[2] De wapenlobby steunde het programma niet meer, maar de politiek had een draai gemaakt. De wapenlobby had weinig politieke macht in het Californische Congres. De wet werd in het door de Democraten gecontroleerde Congres volgens de partijlijnen aangenomen.

Harris kon nu 33 agenten in dienst nemen voor het programma, wat bij lange na niet voldoende was. Die 33 agenten konden 2500 zaken per jaar afhandelen. Maar elk jaar werd de lijst aangevuld met 3000 nieuwe personen die voor een wapenverbod in aanmerking kwamen. Het aantal 'gewapende en voor een wapenverbod in aanmerking komende personen' was aan het eind van 2012 opgelopen tot meer dan 19.000 personen.

Toen, op 14 december 2012, slachtte Adam Lanza, die liep te zwaaien met een AR-15-achtig halfautomatisch geweer van Remington en met een Glock- en een Sig Sauer-pistool, twintig kinderen en zes onderwijskrachten af op de lagere school Sandy Hook in Newtown, in de staat Connecticut. In Californië reageerden parlementsleden met de introductie van nieuwe maatregelen om wapengeweld tegen te gaan. Harris besloot het Armed and Prohibited Persons System te herzien.

Op een koude januariavond, vijf weken na de slachtpartij op Sandy Hook, reed ik mee met een stuk of tien agenten van het Californische departement van Justitie die, zo vond ik, een buitengewoon moeilijke en gevaarlijke taak hadden: ze moesten ex-criminelen, mensen met een geschiedenis van ernstige psychiatrische stoornissen en mannen die hun vrouw sloegen zover zien te krijgen dat ze hun wapens inleverden die ze volgens de wet niet in bezit mochten hebben.[3]

Procureur-generaal Harris was positief over mijn besluit om met de agenten op stap te gaan: ze hoopte dat er door mijn column voor *The Sacramento Bee* meer steun zou komen in het parlement voor een voorstel dat ze van plan was in te dienen voor de aanzienlijke uitbreiding van de alleen in Californië geldende wet die toestond dat die wapens in beslag werden genomen. En wat mijzelf betreft: ik zocht gewoon iets waarover ik kon schrijven.

Aan de noordoostelijke rand van Stockton, een kansarm gedeelte van de stad, klopte een agent van het departement van Justitie met een kogelwerend vest onder zijn zwarte uniform op de deur van een kleine vrijstaande woning van een man die in zijn 65-jarige leven zware tijden had gekend.

De man, die alleen woonde, opende de deur op een kiertje. Zoals ik destijds al schreef was hij de geregistreerde eigenaar van acht handwapens. Uit andere archieven bleek dat de autoriteiten bij twee gelegenheden hadden geoordeeld dat hij in verzekerde bewaring moest worden gesteld in een psychiatrische inrichting omdat hij een gevaar vormde voor zichzelf en voor anderen.

De agent beschikte niet over een huiszoekingsbevel. Zijn doel was ervoor te zorgen dat hij binnen zou komen en met instemming van de man de wapens mee zou nemen. De man zei tegen de agent dat hij geen wapens had, maar hij ging ermee akkoord dat de agent en diens collega's binnenkwamen om dat te controleren. Een halfuur later kwamen ze naar buiten met zes revolvers, zes grendelgeweren en een krat met 1000 stuks munitie. De man bewaarde zijn wapens in kasten en onder meubels. Hij leek niet te beseffen dat hij ze in huis had.

'Ik vermoed dat hij vooral een gevaar is voor zichzelf,' zei John Marsh destijds tegen me. Hij was de hoofdagent die leidinggaf aan de eenheid. 'Hij heeft zo zijn moeilijke dagen.'

De agenten klopten die avond aan bij tien huizen in Stockton, en op een tweede avond in Sacramento en de buitenwijk Elk Grove bezochten ze nog eens elf woningen. De agenten namen vierentwintig pistolen en (jacht)geweren in beslag. Bij de laatste woning in Sacramento klopten ze op de deur van een man die jaren daarvoor was veroordeeld wegens een aanval met een vuurwapen. Nadat ze op hem hadden ingepraat en naar binnen waren gegaan, vonden ze een geladen revolver, een geladen jachtgeweer en nog acht andere geweren en jachtgeweren, plus munitie. Ze brachten hem naar de gevangenis van Sacramento County, waar hij een proces-verbaal kreeg omdat hij een crimineel was die in het bezit was van vuurwapens en munitie.

'Je hebt het idee dat je levens redt,' zei Marsh destijds. 'Je voorkomt dat ze zichzelf of iemand anders van kant maken.'

Harris hoopte het aantal agenten te verdubbelen, met als doel dat de achterstand in vijf tot zeven jaar was ingelopen. Snel schaarde ze zich achter de nieuwe wetgeving van Leno. Deze keer reserveerde de staat 24 miljoen dollar die was binnengekomen via de belasting die was geheven op mensen die wapens hadden aangeschaft, voor aanvullende financiering van het programma. In krap vier maanden werd de wet door het Congres geloodst, met slechts enkele tegenstemmen. De wapenlobby tekende bezwaar aan, maar in Californië was die feitelijk vleugellam.

Het contrast tussen wat er na Sandy Hook in Californië gebeurde en wat er niet in Washington gebeurde, was groot. Met instemming van Harris presenteerde Congreslid Mike Thompson, een Democraat uit Napa Valley, een Vietnamveteraan en een jager, in de nasleep van Sandy Hook een wetsvoorstel waarin zou worden voorzien in federale financiële steun voor staten die het Armed and Prohibited Persons System wilden invoeren. Harris lobbyde voor de wet door een brief te sturen aan vicepresident Biden waarin ze verzocht om regeringssteun voor het voorstel. Zij en een medewerker maakten zich in het Congres sterk voor de wet. Maar op Capitol Hill is de wapenlobby machtig en dus werd Thompsons wetsvoorstel nooit uitgevoerd, net als al die andere maatregelen die in de weken en maanden na het bloedbad in Sandy Hooks waren voorgesteld.

In Californië slaagde Harris er niet in de achterstand in te lopen van mensen die geen wapens mochten bezitten, maar dat kwam niet doordat ze er te weinig moeite voor deed. Toen ze in 2011 procureur-generaal werd, stonden er 18.268 namen op de lijst van mensen die gewapend waren en in aanmerking kwamen voor een vuurwapenverbod. Dat aantal groeide tot 21.249 in 2014, het jaar waarin ze werd herkozen, en daalde tot 20.483 in 2016, haar laatste jaar als procureur-generaal.

Als Harris zich sterk maakt voor wapenbeperkende maatregelen, heeft ze het altijd over 'de vervloekte foto's'. Parlementsleden of leden van het Congres die aarzelen of ze voor wapenbeperkende wetten moeten stemmen, zouden eens moeten kijken naar 'de vervloekte foto's' van kinderen die om het leven zijn gekomen door wapengeweld.

'Kinderen. Kleine kinderen!' zegt ze als ze het over de kwestie heeft.

Hoofdstuk 17

Hypotheekcrisis

In een groot deel van het land was in januari 2011, toen Kamala Harris aan de slag ging als procureur-generaal, het ergste leed van de financiële crisis geleden, maar dat gold niet voor Californië. De werkloosheid in de Central Valley was meer dan 16 procent, meer dan 10 procent van de huiseigenaren in Californië liep ver achter bij het aflossen van zijn hypotheek en bijna een derde van de huiseigenaren in Californië had een hypotheekschuld die hoger was dan de waarde van het huis.

De manier waarop Harris die crisis aanpakte en de menselijke offers die het vroeg in de eerste dertien maanden dat ze in functie was, waren in hoge mate bepalend voor haar ambtstermijn als procureur-generaal; het vormde de basis van haar publieke imago als leider en het bepaalde haar toekomst.

'Als procureur-generaal van Californië heb ik het tijdens de financiële crisis opgenomen tegen de grootste vijf banken van Wall Street.[1] We hebben 20 miljard dollar voor huiseigenaren in Californië binnengehaald en samen namen we de krachtigste anti-executiewet in de Verenigde Staten van Amerika aan,' luidde een post van Harris op haar Facebook- en Twitteraccount. Het is haar visitekaartje. De bewering klopt. Maar zoals alles bij Harris ligt het ingewikkeld.

Maanden voordat Harris was ingezworen hadden procureurs-generaal van de staten, het Amerikaanse ministerie van Justitie en vijf grote kredietverschaffers – de Bank of America, Wells Fargo, JPMorgan Chase, Citigroup en Ally Financial (voorheen GMAC Mortgage) – onderhandeld over een regeling over één aspect van de huizencrisis. De kwestie draaide aanvankelijk rond het zogenoemde 'robo-signing': een kwalijke praktijk waarbij banken beslag legden op huizen zonder na te gaan of er sprake was van achterstallige betalingen. Dit automatische proces kon zich voordoen omdat risicovolle hypotheekleningen werden gebundeld in securitisaties en werden doorverkocht aan investeerders. Toen de vraag naar die securitisaties toenam, boden kredietverschaffers nog meer leningen aan naïeve huizenkopers aan. Te veel van hen begrepen de voorwaarden niet en konden de aflossingen niet betalen toen de variabele rentetarieven ontploften. De zeepbel spatte uiteen en de economie stortte in elkaar. Toen de hypotheekcrisis zich verder verdiepte, legden sommige kredietverstrekkers beslag op de bezittingen van mensen die geen grote betalingsachterstanden hadden of nauwelijks achterliepen met hun hypotheekaflossingen, en die nooit hun huis hadden mogen kwijtraken.

Toen Harris aan haar taak als procureur-generaal begon, leidde de procureur-generaal van Iowa, Tom Miller, onderhandelingen om namens de vijftig procureurs-generaal een oplossing te vinden voor de robo-signing-zaak. Voor de buitenstaander leek het of Harris weinig bemoeienis had met de zaak. In werkelijkheid besprak ze de kwestie vanaf het allereerste begin met topadviseurs. Haar eerste publieke treffen over de zaak vond plaats in maart 2011, twee maanden na haar installatie, toen ze vergaderde met de National Association of Attorney Generals in Washington dc. In haar autobiografie schrijft ze dat ze vond dat het onderzoek niet volledig was en dat de bedragen die werden genoemd volgens haar eigen berekeningen geen hout sneden. Californië, de staat met zeven van de tien steden met de hoogste executieverkopen, zou 2 tot 4 miljard dollar krijgen – kruimels onder de tafel. In plaats van de middagsessie van de vergadering af te wachten, ging Harris ervandoor en maakte zo duidelijk dat ze niet blij was met de wijze waarop de vergadering verliep. Die middag besloot ze haar eigen onderzoek te beginnen, hoewel ze zich nog niet formeel kon terugtrekken uit het onderhandelingsteam. Toch begon ze zich langzaam af te keren van het Witte Huis van Obama, die had aangedrongen om tot een overeenkomst te komen, en ze nam afstand van haar zwager, Tony West. Hoewel West niet direct was betrokken bij de onderhandelingen, was hij de twee na hoogste ambtenaar op het ministerie van Justitie.

'Ze leken ten onrechte te denken dat ik met de nodige dwang wel zou buigen, maar ik gaf geen duimbreed toe,' schreef Harris.[2]

Miller was inmiddels tot de conclusie gekomen dat de procureur-generaal van New York Eric Schneiderman een mogelijke overeenkomst actief ondermijnde en zette hem uit het team.[3] Schneiderman reageerde door te verklaren dat hij zijn eigen onderzoek zou laten uitvoeren en vloog naar San Francisco, hopend dat Harris zou meedoen met zijn onderzoek. De vergadering duurde twee dagen. Harris stelde veel vragen en het was duidelijk dat ze goed snapte wat er politiek speelde en welke strategie er gevolgd moest worden. Na de vergadering vertelde ze niets over de uitkomst. De Occupy Wall Street-beweging roerde zich: links volgde het voorbeeld van de rechtse Tea Party en uitte zijn woede over het gedrag van de mensen aan de top van de economische ladder, de bovenste 1 procent. Occupy breidde zich uit tot in Oakland en San Francisco en demonstreerde op universiteitscampussen. In september 2011 reisde Harris naar New York, waar Schneiderman haar hielp bij een fondsenwervingsactie voor haar campagne. Terwijl de onderhandelingen voortduurden werd Harris door links onder druk gezet. MoveOn.org eiste dat ze zich hard zou opstellen tegen de banken. De invloedrijke Los Angeles County Federation of Labor, AFL-CIO, schreef een brief waarin men haar opriep af te zien van verdere onderhandelingen. Een nieuwe organisatie, Californians for a Fair Settlement, maande Harris om voet bij stuk te houden. Op het eerste gezicht leek het of Californians for a Fair Settlement op natuurlijke wijze was ontstaan. In werkelijkheid was de groepering in het leven geroepen door Schneidermans stafchef,

Neal Kwatra, een politiek organisator. Opvallend genoeg schaarde luitenant-gouverneur Gavin Newsom, soms Harris' rivaal, soms haar medestander, en een mogelijke concurrent voor hogere functies, zich achter een brief van Californians for a Fair Settlement waarin de overeenkomst met Miller 'buitengewoon gebrekkig' werd genoemd. De *Los Angeles Times* publiceerde op 30 september 2011 delen uit de brief en voegde een lijst met ondertekenaars toe.[4]

Op diezelfde datum, een vrijdag, kondigde Harris aan dat ze zich uit de onderhandelingen zou terugtrekken, nadat de procureurs-generaal en het Amerikaanse ministerie van Justitie bijna een jaar hadden gewerkt aan een overeenkomst met de vijf grootste kredietverstrekkers.[5] Ze wist dat haar besluit invloed zou kunnen hebben op de aandelenmarkten en wachtte daarom tot de beurzen waren gesloten alvorens haar besluit openbaar te maken.

'Na de zaak lang te hebben overwogen, ben ik tot de conclusie gekomen dat dit niet de oplossing is waar de huiseigenaren in Californië op zaten te wachten,' schreef Harris in een brief aan de Amerikaanse adjunct-directeur van het ministerie van Justitie Thomas J. Perrelli en procureur-generaal Miller van Iowa.

Dane Gillette, directeur van de afdeling Strafzaken, zei dat Harris' medewerkers bang waren dat Californië door haar starre opstelling uiteindelijk met lege handen zou blijven staan. Harris haalde de woorden van gouverneur Jerry Brown aan, haar voorganger als procureur-generaal, die had gezegd dat hij hoopte dat ze wist waar ze mee bezig was, daarmee suggererend dat hij haar strategie in twijfel trok.

'De banken waren woedend dat ik de zaak in het honderd liet lopen.[6] De overeenkomst stond nu op losse schroeven. Maar dat was precies wat ik wilde. In plaats van dat de procureurs-generaal en de banken hoogstens kennisnamen van mijn bezwaren, moesten ze er nu echt op reageren,' schreef ze.

Harris had medestanders, onder wie de procureur-generaal van Delaware, Beau Biden, de zoon van de toenmalige vicepresident Joe Biden.

'Er waren perioden, vooral als ik de wind van voren kreeg, dat Beau en ik dagelijks contact hadden, soms wel meerdere keren per dag.[7] We konden op elkaar rekenen,' schreef Harris. Die contacten zouden invloed hebben op de toekomstige koers van haar leven en haar carrière. Joe Biden verwees naar haar vriendschap met zijn zoon toen hij Harris koos als zijn running mate.

Tijdens vergaderingen met haar staf had Harris het dikwijls over de mensen voor wie ze vochten, zij die niet in de zaaltjes waren waar de knopen werden doorgehakt. In dit geval waren dat de mensen die hun huis waren kwijtgeraakt, of die bleven zitten terwijl de huizen om hen heen verlaten werden en de buurt achteruitging.

Op 23 januari 2012 hadden de procureurs-generaal in Chicago een ontmoeting met Shaun Donovan, de minister van Huisvesting en Stedelijke ontwikkeling van de regering-Obama. Obama, die campagne voerde om herkozen te worden, was duidelijk uit op een overeenkomst, en zijn belangrijkste medewerkers deden hun best om dat voor elkaar te krijgen.[8] Naar de pers lekte uit dat er mogelijk een landelijke schikking van 25 miljard dollar in de maak was. Harris sloeg die vergadering over en gaf een verklaring uit waarin ze stelde dat ze vasthield aan haar eis om hypotheekverstrekkers die de wet overtreden hadden te mogen vervolgen.

Om er zeker van te zijn dat iedereen haar boodschap had begrepen, reed Harris op dezelfde dag als waarop Donovan en de andere procureurs-generaal elkaar in Chicago ontmoetten naar Stockton, een stad ten zuiden van Sacramento met 300.000 inwoners. Het is de zelfverklaarde 'aspergehoofdstad van de wereld', al kwamen boeren er jaren geleden achter dat ze die groente goedkoper konden verbouwen aan de andere kant van de grens. Daarnaast was Stockton het epicentrum van de hypotheekcrisis in Californië: de stad ging in juni 2012 failliet.

In Stockton ontmoette ze Jose R. Rodriguez, directeur en bestuursvoorzitter van de non-profitinstelling El Concilio, die gezinnen adviseert die zich in een crisissituatie bevinden. Hij stelde haar voor aan de mensen die te lijden hadden onder de ineenstorting van de huizenmarkt: een stel van in de veertig dat zijn hypotheekaflossing niet meer kon betalen omdat de bouwsector stillag, een ander stel dat een huis had gekocht met een hypotheek met variabele rente en dacht dat herfinanciering wel mogelijk was voordat de hogere rentetarieven werden berekend, en een stel van in de zestig dat geen baan meer had en zonder huis kwam te zitten toen bleek dat de hypotheekvoorwaarden niet gewijzigd konden worden.

'De trieste waarheid is,' zei Rodriguez destijds tegen me, 'dat het voor sommige van deze mensen niet meer goedkomt.[9] We zien zoveel mensen in tranen uitbarsten, ik heb nog nooit zoiets meegemaakt.'

Zoals Edward-Isaac Dovere schreef in *The Atlantic* zat Schneiderman tijdens de State of the Union-toespraak van president Obama op 24 januari 2012 naast Michelle Obama.[10] Daarmee zou de indruk kunnen worden gewekt dat hij instemde met de wens van het Witte Huis om tot een overeenkomst te komen. Harris had die uitnodiging afgeslagen, want ze wilde niet suggereren dat ze geen zin meer had om te onderhandelen.

Op 9 februari 2012 kondigde Harris de overeenkomst aan die ze namens Californië had gesloten: 'Honderdduizenden huiseigenaren zullen direct profiteren van de afspraken die Californië heeft gemaakt.'[11] De overeenkomst die met de geldschieters was gesloten, garandeerde dat 'huiseigenaren kunnen rekenen op een financiële tegemoetkoming waardoor ze in hun huizen kunnen blijven wonen, en wijzelf hebben de mogelijkheid onderzoek te doen naar criminele woekerleningen'. De waarde van de overeenkomst bedroeg volgens haar 20 miljard dollar. Een maand later kondigde de regering-Obama de landelijke overeenkomst aan, waarbij het gedeelte waarover Harris voor Californië had onderhandeld was inbegrepen.

Later lichtte ze toe dat de banken Californië uiteindelijk 18,4 miljard dollar aan schuldverlichting en 2 miljard dollar aan overige financiële steun hadden toegezegd. Bij elkaar ontvingen 84.102

Californische gezinnen korting op hun eerste of tweede hypotheek.

'Deze kwestie draaide er vanaf het begin alleen maar om dat huiseigenaren, hardwerkende mensen, in hun huizen konden blijven wonen,' zei Harris in februari 2012 tijdens een persconferentie waarbij de regeling werd aangekondigd.[12]

Toch konden veel inwoners van Californië die steun hadden ontvangen door de regeling niet in hun huis blijven, zoals verslaggever Phil Willon van de *Los Angeles Times* later schreef.[13] Ongeveer de helft van de 18,4 miljard dollar aan schuldverlichting die aan de Californische huiseigenaren werd gegeven, werd afgehandeld via baissetransacties, namelijk 9,2 miljard dollar. De banken namen hun verlies omdat huiseigenaren hun huizen voor een lagere waarde verkochten dan hun schuld. Maar ze hadden een ander huis nodig om in te wonen. Toen de huizenmarkt zich herstelde, zouden zij daar niet van profiteren.

Schrijver/journalist David Dayen, die voor *The Intercept* uitgebreid heeft geschreven over de hypotheekcrisis, karakteriseerde de regeling als een financiële injectie voor de banken, 'waarbij wettelijk vastgestelde hypotheekfraudeurs werden beschermd terwijl er weinig werd gedaan om huisuitzettingen te voorkomen'.[14]

'Voor de banken was de regeling een reden om feest te vieren,' schrijft Dayen, en hij vervolgt: 'Hun winsten hadden nauwelijks te lijden onder de feitelijke effecten van de regeling. En ze werden grotendeels vrijgesteld van vervolging, waarmee ingrijpende juridische onderzoeken niet meer aan de orde waren.'[15]

Hoewel de huizenprijzen zijn gestegen, zeker in de kustgebieden van Californië, is een groot deel van de staat nog steeds niet hersteld van de hypotheekcrisis. Geen politicus, hoe doortastend of deskundig ook, had orde kunnen scheppen in de puinhoop die de financiële crisis en het huizendebacle veroorzaakten. Matt Levin, verslaggever over de huizencrisis van de niet-commerciële nieuwsorganisatie CalMatters in Sacramento, schreef dat er in 2018 in Californië 450.000 eengezinswoningen meer werden verhuurd dan tien jaar daarvoor.[16] Van wie zijn al die huurhuizen? Die zijn grotendeels van bedrijven op Wall Street die in de markt zijn gesprongen en bij onderhandse executieverkopen huizen tegen bodemprijzen kochten.

Nadat er met de banken een regeling was getroffen, verlegde Harris haar aandacht naar de politiek en ging met het volle gewicht van haar ambt achter de wet staan die bekend werd onder de naam California Homeowner Bill of Rights (Verklaring van de rechten van Californische huiseigenaren). Senator Mark Leno loodste de wet door het Congres.

De wet had als doel een verbod in te stellen op robo-signing, huiseigenaren te garanderen dat duidelijk zou worden aangekondigd dat ze het risico liepen hun huis kwijt te raken, en te eisen dat kredietverschaffers ervoor zouden zorgen dat verontruste huiseigenaren zouden overleggen met één enkel contactpersoon, zodat ze hun verhaal niet telkens hoefden te herhalen als ze belden. Een van de resultaten zou zijn dat huiseigenaren die een executieverkoop tegemoetzagen een aantal maanden respijt zouden krijgen om tot een compromis te komen.

Eerst moest het wetsvoorstel langs Ron Calderon, senator van de staat Californië en een Democraat uit het zuiden van de staat, die voorzitter was van de bankencommissie en die vaak de zijde van de banken koos. Calderon had de beslissende stem in een speciale commissie die bijeengeroepen was om details van de wet te bespreken. Als gevolg daarvan zou iedere lobbyist van elke bank moeten overleggen met Calderon.

'Ik gebruikte de overtuigendste argumenten die ik maar kon verzinnen, maar het was alsof ik tegen een betonnen muur praatte,' zei Leno over Calderon.

Harris wandelde intussen door de gangen van het parlement en liep de kantoren van de parlementsleden binnen. Een aantal van hen probeerde haar te ontwijken, maar uiteindelijk werd de wet in het parlement met een grote meerderheid aangenomen, en met een iets minder grote meerderheid in de senaat. Harris prijst de leiders van het parlement en de senaat voor hun inzet om het voorstel tot wet te verheffen. Leno, die loyaal is aan Harris, ziet dat anders: 'Het is aan haar te danken. Het zou niet gebeuren dat de procureur-generaal haar zin niet kreeg.'[17]

Ron Calderon stemde uiteindelijk voor de wet. Twee jaar later werden Calderon en diens broer, Tom Calderon, aangeklaagd op beschuldiging van federale corruptie in verband met andere wetgeving. Ze werden veroordeeld en kregen een gevangenisstraf.

Hoofdstuk 18

Fenomenale vrouwen

In september 2012 viel Kamala Harris de grote eer te beurt een van de belangrijke toespraken te mogen houden bij de Democratische Nationale Conventie in Charlotte, in de staat North Carolina. Barack Obama was in een spannende herverkiezingsstrijd verwikkeld met de voormalig gouverneur van Massachusetts, Mitt Romney. Harris had zich ten doel gesteld haar vriend terzijde te staan. Maar zij en haar politieke staf dachten daarnaast dat de toespraak een doorbraak zou kunnen zijn op het Amerikaanse politieke podium, ongeveer zoals de toespraak die Obama in 2004 gaf en waarmee hij in zich één klap in het bewustzijn van de Amerikanen nestelde.

Nadat ze het podium had beklommen voor de generale repetitie van haar toespraak en ze de binnenkort gevulde zaal van het Spectrum Center in keek, zei ze tegen Joe Garofoli van de *Chronicle*: 'Het was ongelooflijk.[1] Het was om nederig van te worden.' Ze zweeg even. 'Het enige wat ik dacht was: kon mijn moeder me maar zien.' Ze was zenuwachtig. Wie zou dat niet zijn? Nadat zij had gesproken, zou Bill Clinton een toespraak houden.

Harris en haar team schreven een toespraak die sterk was, hoewel niet van het niveau van die van Obama in 2004. Het was de aangepaste versie van een toespraak die ze had gegeven in zalen in Californië, waar men nog steeds niet was bekomen van de financiële crisis: 'Als u werkelijk wilt weten waar deze verkiezingen over gaan, kom dan naar het westen.[2] Breng een bezoek aan het woud van executieverkoopborden. Laat de bergen aan schuldenlasten van gezinnen tot u doordringen. Maak eens een praatje met een van de duizenden goedbedoelende gezinnen die klem zitten zonder dat er een nog een uitweg is. Ga naar Stockton, in Californië, de executieverkoophoofdstad van Amerika.'

In de toespraak was er lof voor president Obama en vicepresident Biden, die zich hadden verzet tegen de macht van Wall Street, en er was hoon voor Mitt Romney, omdat hij de kant van de bankiers had gekozen. Daarna nam de toespraak een wending en draaide om een uitdrukking die bekend werd in de tijd dat grote banken financiële injecties kregen omdat ze 'te groot waren om onderuit te gaan'.

> 'Ik zal u vertellen wat te groot is om onderuit te gaan.
> Ik zeg u dat onze middenklasse te groot is om onderuit te gaan.
> Ik zeg u dat de Amerikaanse droom om zelf een huis te bezitten te groot is om onderuit te gaan.
> De belofte van universeel, gratis, kwalitatief hoogstand openbaar onderwijs is te groot om onderuit te gaan.
> Onze jongeren, de volgende generatie, die zijn te groot om onderuit te gaan.
> Bescherming van het milieu is te groot om onderuit te gaan.
> En, Democraten, onze opvattingen over een inclusieve samenleving zijn te groot om onderuit te gaan.
> Hert homohuwelijk is te groot om onderuit te gaan!
> Vrouwenrechten zijn te groot om onderuit te gaan!
> Onze immigrantengemeenschappen zijn te groot om onderuit te gaan!'

De toespraak was een succesnummer en had bij het publiek ongetwijfeld een staande ovatie teweeggebracht. Maar hij werd nooit gegeven.

Harris moest buigen voor de organisatoren van de Democratische Nationale Conventie, die haar een toespraak in de maag splitsten die bestond uit onderwerpen die niet de hare waren en die bovendien niet inspirerend waren. Kort na het begin zagen haar medewerkers dat een groot deel van de afgevaardigden in het Spectrum Center de aandacht verloren en met elkaar gingen praten. Op zeker moment struikelde ze over de woorden die haar waren toebedeeld.

De toespraak, die haar grote moment in de schijnwerpers had moeten zijn, ging onopgemerkt voorbij. Haar medewerkers wisten dat het vreselijk was. Als Kamala Harris er met iemand over begon, was haar staf daar niet van op de hoogte. Maar Maya had in het bijzijn van anderen wel forse kritiek op een aantal van de stafleden van haar zus, alsof zij verantwoordelijk waren voor de toespraak die aan procureur-generaal Harris was opgedrongen door de organisatie van de Democratische Nationale Conventie. Dat waren ze niet.

De hechte familie van Kamala Harris bestaat uit mensen die uitzonderlijk goed presteren. Maya, twee jaar jonger dan Kamala, is de vertrouweling en politiek adviseur van haar zus. Medewerkers van Harris weten dat ze daar niet tussen moeten komen. Als Kamala moet kiezen, kiest ze altijd voor Maya.

Tijdens campagnes spraken Kamala en Maya een aantal keren per dag met elkaar. Vaak begon de dag met een telefoongesprek met Maya, en eindigde daar ook mee. Ze hebben hetzelfde gevoel voor humor en hun lach is vrijwel identiek. Ze zijn briljant, hebben oog voor details, ze zijn onverzettelijk en competitief, soms ook onder elkaar, zoals grote en kleine zussen dat kunnen zijn.

Toen Kamala al op Howard University in Washington DC zat, kreeg Maya, die nog een tiener was en bij haar moeder in Oakland woonde, een dochter, Meena. Hoewel Meena weliswaar Kamala's nichtje is, voelt het voor haar bijna alsof ze haar dochter is. Kamala Harris gunde *Politico* een zeldzaam, hoewel kort inkijkje in haar persoonlijke leven en vertelde dat ze, toen ze rechten studeerde, thuiskwam om te helpen Meena zindelijk te maken: 'Dan kwam ik thuis, en dan stonden we met zijn allen bij de wc een drol uit te zwaaien.'[3] Maya, die haar dochter altijd bij zich had, studeerde af aan de University of California, Berkeley, en op de rechtenfaculteit van Stanford. Volgens een verhaal dat Maya vertelde speelde de kleine Meena verstoppertje met een rechtenstudent, Tony West. Zo ontmoetten Maya en haar latere echtgenoot elkaar.

Tony West was voorzitter van de *Stanford Law Review* en had sinds hij een jongen was meegewerkt aan presidentscampagnes, om te beginnen die van Jimmy Carter in 1976. Hij stelde zich in 2000 zonder succes verkiesbaar voor het parlement van Californië, waarbij Maya de campagnefinanciën beheerde. In 2004 was hij diep onder de indruk van de toespraak van Barack Obama op de Nationale Democratische Conventie en werkte, samen met zijn schoonzus, mee aan Obama's presidentscampagne in 2008. West werd vervolgens hoofd van de civiele divisie van het ministerie van Justitie in de regering-Obama en klom op tot de functie van adjunct-directeur van het ministerie van Justitie, de op twee na hoogste ambtenaar op het ministerie. Na de Obama-jaren werkte West als adviseur voor PepsiCo. De laatste jaren is hij algemeen adviseur geweest voor Uber. In die functie heeft hij de strijd aangebonden met de vakbonden die Uber en soortgelijke bedrijven in de platformeconomie wilden dwingen arbeidskrachten aan te nemen als volwaardige werknemers, in plaats van als onafhankelijke oproepkrachten. Kamala koos de zijde van de vakbonden, en niet die van Uber.

Maya werd directeur van de American Civil Liberties Union (ACLU) van noordelijk Californië, een van de grootste afdelingen van de ACLU. In die functie was ze een van de organisatoren van de campagne van de ACLU tegen Proposition 8, de initiatiefwet uit 2008 die een tijdlang een verbod voorschreef op het homohuwelijk. Toen de verkiezingen van 2008 naderden, kreeg Maya een baan bij de Ford Foundation in New York, een positie die haar de mogelijkheid bood toezicht te houden op miljoenen dollars aan donaties. Later werd ze beleidsadviseur van Hillary Clinton tijdens Clintons presidentscampagne in 2016.

Haar dochter Meena studeerde af op Stanford University en de rechtenfaculteit van Harvard en maakt deel uit van de politieke organisatie van Harris. Meena is getrouwd met een van de directeuren van Facebook, Nik Ajagu. Ze schrijft kinderboeken, bekleedde een directeursfunctie bij Uber en is oprichter van Phenomenal Woman Action Campaign, een verwijzing naar een gedicht van Maya Angelou: 'Nu kun je misschien begrijpen / waarom ik mijn hoofd niet zal buigen. / Ik zal niet springen en juichen / of mensen luidkeels overtuigen.'

Meena's versie van 'Phenomenal' is een kruising tussen een politieke organisatie en een kledingmerk: ze verkoopt T-shirts en truien met verschillende inspirerende spreuken. Een daarvan is I'M SPEAKING, de zin die 'tante Kamala' voortdurend herhaalde en die zijn uitwerking niet miste tijdens haar debat in oktober 2020 met vicepresident Mike Pence.

Hoofdstuk 19

'Gewoon zo'n ventje'

Het was zo'n typische bijeenkomst van de Democratische Partij van Californië in het weekend van 1 juni 2019. Buiten het Moscone Center, de vergaderzaal in het centrum van San Francisco, niet ver van de flat van Kamala Harris, stond een groep mannen, gehuld in spierwitte spijkerbroeken met spetters rode verf op het kruis. Ze demonstreerden tegen besnijdenis. Sekswerkers, van wie sommigen gekleed als dominatrices, riepen op tot legalisering van hun vak.

In de zaal werd Nancy Pelosi, voorzitter van het Huis van Afgevaardigden en hét icoon van de Democratische Partij in het tijdperk-Trump, verweten dat ze zich te inschikkelijk opstelde tegenover de president, waarna een dierenrechtenactivist met een knotje in zijn haar het podium bestormde en de microfoon uit de handen van Kamala Harris rukte, die toen presidentskandidaat was en een toespraak hield over de ongelijke salarissen van mannen en vrouwen. Als Harris al onder de indruk was, dan toonde ze dat niet. Ze keek enigszins geamuseerd en bleef staan waar ze stond.

Toen hij haar op een neerbuigende manier begon uit te leggen dat het echt noodzakelijk was dat kippen en andere boerderijdieren niet geslacht moesten worden, wierp Karine Jean-Pierre, die Harris interviewde in het kader van de MoveOn.org-manifestatie en veel kleiner was dan de man, zich tussen de presidentskandidaat en de demonstrant, en probeerde de microfoon uit zijn handen te trekken.

Toen sprong Douglas C. Emhoff, een entertainmentadvocaat van Century City die gekleed was in een blauw jasje, een spijkerbroek en een T-shirt met de tekst HARRIS FOR PRESIDENT, het podium op, zijn lippen gekruld van woede. Samen met een aantal gespierde mannen van de beveiliging trok Emhoff de man van het podium af. Emhoff gaf hem geen optater, maar hij zag eruit alsof hij dat elk moment kon gaan doen.

Emhoff, geboren in Brooklyn en opgegroeid in New Jersey en Los Angeles, is de echtgenoot van Kamala Harris. Toen ze elkaar in 2013 ontmoetten, was hij een hardwerkende advocaat die leidinggaf aan de vestiging in Los Angeles van een internationaal advocatenkantoor, Venable LLP, dat cliënten vertegenwoordigde in de zakenwereld en de entertainmentindustrie. Hij heeft een zoon en een dochter uit een eerder huwelijk, kan aardig golfen, is een fan van de LA Lakers en probeerde wegwijs te worden in de datingwereld. Net als veel andere Californiërs besteedde hij hoogstens terloops aandacht aan de politiek. Na 2000 doneerde Emhoff in totaal 5800 dollar aan politici uit Los Angeles en 650 dollar aan politici uit de staat Californië. De donaties aan de staat waren bestemd voor twee kandidaten die parlementslid wilden worden. Ze wonnen geen van beide. Van zijn salaris werd maandelijks een bedrag van 100 dollar ingehouden dat bestemd was voor het federale politieke actiecomité van zijn advocatenkantoor – een symbolisch bedrag, gezien zijn leidende rol binnen het kantoor – en in 2004 doneerde hij 100 dollar aan de presidentscampagne van John Kerry. Een gulle gever aan politieke partijen was hij niet.

Als advocaat verdedigde Emhoff cliënten die zich verweerden tegen beschuldigingen dat ze inbreuk maakten op consumentenrechten, een reclamebureau dat door Taco Bell was aangeklaagd vanwege het gebruik van een chihuahua in een reclamecampagne, filmstudio's in een financieel conflict met medewerkers en Merck in een groepsgeding over een medicijn dat de bovenbenen van de gebruikers ervan zou verslappen.

Bij Venable vertegenwoordigde Emhoff een bedrijf uit Los Angeles dat de rechten opkoopt van video's die viraal zijn gegaan en dat een ander bedrijf uit Los Angeles ervan beschuldigde de auteursrechten te schenden op klassiekers als 'Gorilla leert peuter hoe je je middelvinger moet gebruiken', 'Kapot urinoir spuit water', 'Gymleraar wordt in zijn ballen geraakt' en de onvergetelijke video in de New Yorkse metro, getiteld 'Rat gaat per metro naar huis met zijn pizza'.[1] De zaak werd geschikt.

Om begrijpelijke redenen was het voor Kamala Harris lastig om afspraakjes met mannen te maken. Ze moest haar keuze zorgvuldig afwegen en haar werk, eerst als openbaar aanklager van een grote stad en daarna als procureur-generaal van Californië, nam een groot deel van haar tijd in beslag. Er waren misschien mannen die ervoor terugdeinsden een relatie te beginnen met de 'top cop' van Californië. Als ze relaties heeft gehad, dan bleven die geheim.

Emhoff vertelt hun verhaal in een video die op internet is gepost door Chasten Buttigieg, de echtgenoot van Pete Buttigieg, de voormalige burgemeester van South Bend en Democratische presidentskandidaat.[2] Dat ging als volgt.

Chrisette Hudlin, al tientallen jaren een vriendin van Harris, en haar man, filmmaker Reginald Hudlin, waren bij Emhoff op bezoek geweest om raad te vragen over een ingewikkelde juridische kwestie. Aan het eind van het gesprek vroeg Chrisette aan Emhoff of hij alleenstaand was.

'Waarom vraag je dat?' vroeg Emhoff.

Chrisette had een alleenstaande vriendin die ze al dertig jaar kende, legde ze uit. Emhoff vroeg wie het was.

'Kamala Harris,' antwoordde Chrisette.

'Moet ik die kennen?' vroeg Emhoff.

Chrisette friste zijn geheugen even op: de procureur-generaal van Californië.

'Dus ik zeg: "Mijn god, dat is een lekkere dame,"' zei Emhoff tegen Buttigieg.

Chrisette gaf Harris' telefoonnummer aan Emhoff, waarschuwde hem dat het een geheim nummer was, en zei tegen hem dat hij dit niet moest verpesten, want dan zou ze met haar juridische probleem naar iemand anders gaan. Harris schrijft in haar autobiografie dat Chrisette haar belde om haar te vertellen over een man die ze had ontmoet: 'Hij is aantrekkelijk, hij is directeur van een advocatenkantoor en ik denk dat je hem echt leuk vindt.'[3]

Die avond stuurde Emhoff Harris een tekstbericht terwijl hij in het stadion van de Lakers zat. Dat weekend ging ze naar Los Angeles.

'Ik was gewoon zo'n ventje, zo'n advocaat,' zei Emhoff tegen Buttigieg.[4] 'En toen ontmoette ik Kamala tijdens een blind date die was opgezet door de legendarische filmmaker Reginald Hudlin.' Met andere woorden: het was zo'n typische *LA love story.*

In het geheim bloeide de relatie op. Zelfs een aantal van de goede vrienden van Emhoff wist nergens van. In het kleine wereldje van de zakelijke advocatuur in Los Angeles zagen advocaat Ron Wood en Emhoff elkaar bijvoorbeeld geregeld bij Peet's Coffee in Brentwood en in de lobby van het Century City-gebouw, waar ze werkten. Ze waren allebei gescheiden, alleenstaand en vader. Tijdens de lunch en bij een drankje spraken ze elkaar moed in en hadden het er dan over hoe ingewikkeld de datingwereld in elkaar zat, hoe druk het was in de zakelijke advocatuur en hoe pijnlijk ze het vonden dat ze aan het eind van een werkdag of in het weekend niet naar huis konden om bij hun kinderen te zijn. 'Net als veel andere gescheiden, alleenstaande vaders met een succesvolle carrière nam hij zijn verantwoordelijkheden als vader serieus,' zei Wood.[5]

Op een dag in 2014 stonden Wood en Emhoff in de rij te wachten bij een van hun favoriete lunchzaken, een Chinese grab-and-go, toen Emhoff de ring liet zien die hij van zijn verloofde had gekregen. Hij had haar gevraagd, maar het paar had besloten allebei een ring te dragen. Die van hem was niet echt mooi. Maar de verloving was groot nieuws en het kwam als een donderslag bij heldere hemel, zo goed had Emhoff de verhouding geheim weten te houden. Wood stond helemaal perplex toen hij hoorde wie de verloofde was. Wood, die heeft gestudeerd aan Howard University, is sinds hun tijd op de universiteit bevriend met Harris. In de jaren daarna hadden ze contact met elkaar gehouden en Wood behoorde tot de donateurs van haar campagnes. In de weken daarna, toen de verloving algemeen bekend was, kwam hij Emhoff en Harris tegen als ze naar Peet's Coffee gingen, bezweet nadat ze naar de sportschool waren geweest. 'Hoe zijn die twee elkaar in een wereld met 8 miljard mensen tegengekomen?' vroeg Wood zich af. Maar hoe langer hij erover nadacht, hoe logischer hij het vond. Beiden waren leiders in hun eigen wereld, en ze waren slim, actief en succesvol. 'Het leek helemaal te kloppen.'

Harris stelde Emhoff nog even op de proef voordat de zaak beklonken werd. Ze herinnerde zich dat Mark Buell, de financiële adviseur tijdens haar eerste campagne, ooit had gezegd dat je veel over iemands karakter te weten komt als je met hem gaat golfen. Dus wees ze hem aan om een rondje te gaan golfen met Emhoff. Buell koos voor de golfbaan Mayacama, een exclusieve club in het wijngebied Sonoma County. Emhoff kon wel een balletje slaan. Maar daar ging het niet om. 'Hij was zo'n lieve jongen,' zei Buell.[6] Het was duidelijk: Emhoff was geslaagd voor de test.

Harris en Emhoff trouwden op 22 augustus 2014 tijdens een besloten plechtigheid in het gerechtsgebouw van Santa Barbara, een prachtig gebouw in koloniale stijl dat in zuidelijk Californië vaak als trouwlocatie wordt gebruikt. Maya, Harris' zus, zegende het huwelijk in. Harris schrijft in haar autobiografie dat ze een bloemenkrans rond zijn nek hing, een Indiase traditie. Emhoff, die Joods is, trapte een glas kapot, zoals de Joodse traditie wil.

Ze waren beiden negenenveertig: hij was zeven dagen eerder geboren dan zijn bruid. Na het huwelijk gaven Harris en Emhoff een feest voor hun vrienden in San Francisco in de Presidio's Officers' Club. 'Ze zag er echt heel gelukkig uit,' zei Erin Lehane, een bondgenoot en vriendin, die werkt voor de State Building and Construction Trades Council of California (vakbondsraad voor de bouwsector van Californië).[7]

Emhoff, de man naast Harris, neemt afscheid van zijn advocatenkantoor, DLA Piper. Toen hij daar werkte, lobbyde hij niet. Maar de lobbyvestiging van het kantoor in Washington vertegenwoordigt wapenfabrikanten, zorgverzekeraars, de entertainmentindustrie en nog veel meer.

Vanaf 2014 zag je hem nu en dan tijdens campagnebijeenkomsten van Harris, en ook in 2016 en 2019 was hij daar geregeld te zien. Iemand twitterde een video van hem terwijl hij in een cabriolet staat te dansen tijdens de Pride-optocht in San Francisco, en Harris lacht om wat Emhoff 'van die papa-bewegingen met mijn papa-lichaam' noemt.[8] In 2020 was hij op een veel groter podium te zien, toen hij zich inzette voor de Biden-Harris-campagne. *The Washington Post* omschreef hem als de 'omhooggeklommen echtgenoot' die 'tijdens de campagne van 2020 onverwachts doorbrak – een van de hoofdrolspelers in de onconventionele, door de pandemie geplaagde strijd om het Witte Huis'.[9]

Emhoffs kinderen, Cole en Ella, zijn genoemd naar jazzgrootheden John Coltrane en Ella Fitzgerald. Ella Emhoff leidde Harris in tijdens de Democratische Nationale Conventie. Harris wordt door hen 'Momola' genoemd. Harris, de trotse stiefmoeder, heeft die vertederende naam in de bio van haar Twitteraccount (@KamalaHarris) gezet.

De man met het knotje in zijn haar werd onder begeleiding het Moscone Center uitgezet. Maar aangezien dit in San Francisco gebeurde, was hij beschikbaar voor media-interviews. Ik heb voor de eer bedankt.

Hoofdstuk 20

Vrouw met haast

De vraag luidde niet of Kamala Harris in 2014 de strijd om een tweede termijn als procureur-generaal van Californië zou winnen. De vraag was of ze die tweede termijn zou uitdienen.

'Ik hoop het,' zei ze in augustus 2014 tegen me, met enige tegenzin.[1]

Kamala Harris had haast. Veel mensen waren ervan uitgegaan dat Harris zich in 2018 verkiesbaar zou stellen als gouverneur of in 2016 als Senaatslid als Barbara Boxer ermee op zou houden. Wat ging er gebeuren als er een Senaatszetel vrijkwam? 'Daar heb ik niet over nagedacht.' Ik kan niet zeggen dat ik haar op haar woord geloofde. Ze hield er een flink tempo op na.

In 2014 was er geen enkele Democraat die het aandurfde om het tegen Kamala Harris op te nemen in de strijd om een tweede termijn. Haar Republikeinse tegenstander, de advocaat Ronald Gold uit Los Angeles, bouwde zijn campagne om de belangrijkste wetshandhaver van Californië te worden rond zijn overtuiging dat marihuana gelegaliseerd zou moeten worden. Dat bracht Debra J. Saunders, toen columnist van de *San Francisco Chronicle*, ertoe hem te betitelen als 'Acapulco Gold'.[2] Gold besteedde minder dan 130.000 dollar aan zijn campagne en kreeg geen noemenswaardige steun van de Republikeinse Partij in Californië.

Harris, die al lange tijd voorstander was van medicinale marihuana, wimpelde de vraag van een verslaggever wat haar mening was over het legaliseren van de commerciële verkoop van marihuana af met een enigszins uit de toon vallende lach. Hoewel ze zich later een voorstander toonde van het voorstel, was de commerciële verkoop van marihuana niet het onderwerp dat de strijd in 2014 om de functie van procureur-generaal zou beheersen. Tijdens haar eerste vier jaren had Harris laten zien dat ze er heel goed in was geen standpunten in te nemen als dat politiek gezien niet noodzakelijk was.

Een voorbeeld is het gokken. In Californië zijn openbaar aanklagers verantwoordelijk voor het toezicht op het gokbedrijf. Er zijn 61 Indiaanse stammen in de staat die 63 casino's bezitten die samen 8 miljard dollar per jaar opleveren. Nog eens 88 kaartspelzalen leveren jaarlijks 850 miljoen dollar aan inkomsten op. De staatsloterij brengt 2,5 miljard dollar per jaar op. Alles bij elkaar evenaart Californië bijna de staat Nevada als grootste gokstaat van het land.

Tijdens Harris' ambtsperiode overwogen congresleden internetpoker en sportweddenschappen te legaliseren. Indiaanse stammen, die tot de grootste campagnedonoren van Californië behoren, waren verdeeld over de kwestie. Eigenaren van kaartspelzalen en de belanghebbenden in paardenrennen voelden er wel voor, zolang ze konden meedelen in de winst. Harris zei in 2014 dat ze de zaak bestudeerde. Financiële belangen en potentiële campagnedonoren stonden in die kwestie tegenover elkaar. Ze heeft er nooit een standpunt over ingenomen. De zaak is nog steeds niet opgelost.

Jarenlang had Harris het spijbelen op lagere scholen openlijk afgekeurd en gezegd dat kwetsbare kinderen voor de rest van hun leven zaten opgescheept met de gevolgen als ze geregeld verstek lieten gaan op school. Maar tijdens de campagne van 2014 zei ze in het openbaar niets over een onderwerp dat een grote invloed had op veel kinderen die op moeilijke scholen in Californië les kregen: een vaste aanstelling. De machtige California Teachers Association, die veel aanhangers en campagnedonoren van Harris telde, was een voorstander van het beschermen van leerkrachten met een vaste aanstelling. Maar in 2014 oordeelde een rechter dat de regeling over de vaste aanstelling van leerkrachten in strijd was met de burgerrechten van arme leerlingen: hij betoogde dat jonge leerkrachten worden aangesteld op de scholen waar de meeste arme leerlingen naartoe gaan en als eerste in aanmerking komen voor ontslag.

'Overvloedig bewijs toont aan dat de betwiste bepalingen op onevenredige wijze van invloed zijn op arme leerlingen en leerlingen uit minderheidsgroeperingen,' schreef rechter Rolf M. Treu in een advies dat werd geprezen door de Obama's minister van Onderwijs, Arne Duncan.[3] Harris' medewerkers gingen hier namens de hoofdinspecteur openbaar onderwijs van de staat Californië tegen in beroep en het oordeel van de lagere rechtbank werd vernietigd in 2016, toen Harris streed om een zetel in de Amerikaanse Senaat.

Met andere woorden: Harris koos positie als dat nodig was en als die standpunten haar in politieke zin goed uitkwamen. Maar daarnaast was ze doordrongen van een van de kernpunten van het politieke bedrijf. Als een politicus een standpunt inneemt, loopt zij of hij de kans mensen van zich te vervreemden. Omdat er in 2014 feitelijk geen tegenstand van betekenis was, hoefde Harris geen standpunten in te nemen over kwesties die ze liever uit de weg ging, en dat deed ze dan ook niet.

Harris had meer dan voldoende tot stand gebracht om een tweede termijn te verdienen. Ze had concessies weten te ontlokken aan banken waarmee ze huiseigenaren de helpende hand had toegestoken die met de handen in het haar zaten vanwege de hypotheekcrisis. Ze spande rechtszaken aan om milieuwetten af te dwingen en te eisen dat vervuilende bedrijven zich niet in Californië mochten vestigen, tenzij ze de uitstoot konden beperken die de longen van de omwonenden zou aantasten – steevast mensen uit arme en minderheidsgemeenschappen. Een van die rechtszaken draaide om de bescherming van kinderen op een lagere school in Long Beach tegen de uitstoot van dieseltreinen.

Ze zette zich in voor het invoeren van privacywetgeving, in een staat die wordt gedomineerd door de hightechindustrie, en in haar tweede termijn zou ze daar nog veel meer aandacht aan besteden. Ze zorgde voor een forse uitbreiding van het aantal voor het publiek toegankelijke dossiers op de website van het Californische ministerie van Justitie over sterfgevallen van mensen die door de politie in bewaring waren gesteld.

Binnen de organisatie van het kantoor van de procureur-generaal creëerde ze een aparte afdeling voor de landsadvocaat, die zaken aanhangig kon maken voor het Amerikaanse Hooggerechtshof en het hooggerechtshof van Californië. Dat zorgde voor ontstemming bij een aantal ervaren en deskundige medewerkers, die zich hadden verheugd op de intellectuele uitdaging om hun eigen zaken aanhangig te maken. Maar volgens experts bracht de komst van de landsadvocaat verbetering in de kwaliteit van de beroepszaken die de staat aanspande.

Ze had ongetwijfeld meer kunnen doen. Sommige pleitbezorgers menen dat ze niet hard genoeg is opgetreden tegen politiegeweld. Maar ze was er goed van doordrongen wie ze was: een zwarte vrouw die tegen de doodstraf was en die de politie al eerder tegen zich in het harnas had gejaagd. Ze wist dat ze de steun van de politie nodig had als ze veranderingen wilde doorvoeren die zouden standhouden. Ze deed haar best de tegenwerking van de politie teniet te doen door de begrafenis te bezoeken van een agent die in diensttijd om het leven was gekomen. Ook bezocht ze lokale politiebureaus om onderscheidingen uit te delen voor het heroïsche werk dat ze hadden verricht.

Harris gaf 3,6 miljoen dollar uit aan haar herverkiezingscampagne en had nog 1,3 miljoen dollar over voor een toekomstige kandidatuur. Doordat vooral de verschillen in de Bay Area en Los Angeles County groot waren, won ze met 57,5 procent van de stemmen. Misschien als aanwijzing dat ze er in haar eerste vier jaar als procureur-generaal niet in was geslaagd aansluiting te vinden bij de Republikeinse bastions en de verstedelijkte county's in het zuiden van Californië won Harris slechts 26 van de 58 county's die Californië telde, en dat tegen een vleugellamme tegenkandidaat.[4]

Op 5 januari 2015 legde Tani Cantil-Sakauye, de hoogste rechter van de staat, de ambtseed af bij Harris voor haar tweede termijn.

De rol die Cantil-Sakauye die dag vervulde, was tekenend voor de ontwikkeling van Californië en zijn politieke leiders. Haar moeder emigreerde vanuit de Filipijnen naar Amerika, en de jonge Cantil-Sakauye woonde met haar ouders een poosje naast een bordeel in een steeg in Sacramento. Ze slaagde erin haar studie te betalen door bijbaantjes aan te nemen als serveerster en blackjack-dealer in Reno, werd openbaar aanklager en rechter op een districtsrechtbank en werd door gouverneur Schwarzenegger bevorderd tot opperrechter. Ze was Republikein, maar verliet die partij stilzwijgend toen ze de hoorzittingen van rechter van het Hooggerechtshof Brett Kavanaugh had gezien.[5]

In een toespraak tot een bescheiden gehoor in het Crocker Art Museum in het centrum van Sacramento sprak Harris in ambitieuze termen over haar Californië en de leiders die de staat had voortgebracht: 'Mensen uit het hele land richten hun blik op Californië. Ze kijken naar ons om te zien hoe verandering eruitziet. Ze kijken naar ons om te zien hoe innovatie in zijn werk gaat. Ze kijken naar ons omdat we ons niet laten leiden door het verleden, maar in plaats daarvan geïnspireerd worden door wat er komen gaat.'[6]

Harris somde daarna de prestaties op waar ze het meest trots op was: 'We hebben het opgenomen tegen een compleet leger van de duurste experts die de banken op Wall Street konden inhuren' om 20 miljard dollar veilig te stellen ten bate van huiseigenaren en hielpen daarna bij de totstandkoming van de California Homeowner Bill of Rights. Tijdens haar eerste vier jaar, zei ze, legden agenten van het Californische departement van Justitie beslag op 5400 kilo methamfetamine en namen 12.000 illegale wapens in beslag.

'Ik beloof u dit: in mijn volgende termijn gaan we dat verdubbelen,' zei Harris. 'Ik ga de invloed die van dit ambt uitgaat, inzetten om de volgende generatie Californiërs betere kansen te bieden.'

Ze presenteerde een plan van aanpak dat onder meer was gericht op het beschermen van minderjarigen zonder begeleiding die opduiken aan de zuidgrens nadat ze Midden-Amerika zijn ontvlucht en daar te maken krijgen met de 'vertrouwenscrisis' bij de politie.

Ze beloofde dat ze haar nieuwe eCrime-eenheid zou inzetten 'om internetcriminelen te vervolgen die profiteren van het afpersen, vernederen en kleineren van vrouwen door zonder hun instemming foto's te posten'. Ze was van plan het Bureau of Children's Justice (Bureau voor kinderrechten) op te zetten en beloofde dat ze zich zou blijven inzetten voor het bestrijden van spijbelen op lagere scholen.

'Het wordt tijd om te zeggen dat het in de staat Californië een misdaad is als kinderen geen onderwijs genieten,' verklaarde Harris.

Dat was op 5 januari 2015. Maar Kamala Harris was een vrouw met haast.

Tien dagen later kondigde Harris haar volgende stap aan.

Hoofdstuk 21

Joe Biden steekt Harris de helpende hand toe

Drie dagen nadat Kamala Harris werd beëdigd voor haar tweede termijn als procureur-generaal van Californië, kondigde senator Barbara Boxer aan dat ze zich in 2016 niet opnieuw verkiesbaar zou stellen, waarmee een Senaatszetel vrijkwam die sinds 1992 bezet was geweest. Dat gebeurde op 8 januari 2015, een donderdag.

Op zaterdagochtend arriveerde Kamala Harris al vroeg op het in het centrum van San Francisco gelegen kantoor van haar campagneteam, dat bestond uit Ace Smith, Sean Clegg en Dan Newman. Er stonden belangrijke zaken op de agenda. Ze namen plaats aan de vergadertafel, die in elkaar was gezet met delen van oude eiken stoelen die waren gered uit het Memorial Stadium op de universiteitscampus van Berkeley, toen dat stadion werd gerenoveerd ter bescherming tegen de Hayward-breuklijn, die er vlak achter ligt. De wanden van de vergaderzaal waren versierd met tekeningen van Thomas Nast, en met omslagen van *Harper's Weekly* uit de tijd van de regering-Lincoln en van *Puck*, een eind-negentiende- en begin twintigste-eeuws tijdschrift dat was gewijd aan politieke humor en satire. Het Shakespeareaanse motto: 'Wat een dwazen zijn deze stervelingen!'

Harris had zich verkiesbaar willen stellen als Jerry Brown afscheid nam in 2018. Mensen om haar heen stelden zich haar voor als de eerste vrouw die de gouverneur van de grootste staat van het land zou worden. De ook uit San Francisco afkomstige Gavin Newsom wilde ook gouverneur worden en had gespeeld met de gedachte het in 2010 op te nemen tegen Brown. Eerder die week had Harris de ambtseed afgenomen bij Newsom voor diens tweede termijn als luitenant-gouverneur. Ze dacht dat ze haar '*frenemy*' wel zou kunnen verslaan als hij het ooit tegen haar zou opnemen. Maar nu Boxer ermee ophield, overwoog ze een andere politieke prijs.

Harris wilde weten hoe ver haar invloed zou reiken te midden van honderd andere senatoren. Ze wilde weten hoe ze het best de mensen kon vertegenwoordigen die, zoals zij altijd zei, niet in de vergaderzaal aanwezig zijn, die hulp nodig hebben: immigranten, mensen van kleur. Hoewel Harris de presidentscampagne van Hillary Clinton in 2016 steunde, maakte ze deel uit van de Obamavleugel van de partij, en niet van die van de Clintons, en het Huis en de Senaat waren in Republikeinse handen. Harris probeerde zichzelf voor te stellen als lid van de minderheidspartij, op de onderste treden van de anciënniteitsladder.

De afgelopen decennia waren Jimmy Carter, Ronald Reagan, Bill Clinton en George W. Bush via het gouverneurschap president geworden. Maar senatoren als John Kerry, Barack Obama, John McCain, Hillary Clinton en Bernie Sanders hadden laten zien dat er ook andere manieren waren geweest om hogerop te komen. De Amerikaanse politiek had een landelijk tintje gekregen, een van de vele ongelukkige gevolgen van de inkrimping van regionale en lokale nieuwsorganisaties en de daarmee gepaard gaande verslaggeving vanuit statengebouwen en stadhuizen. Gouverneurs mochten dan veel macht hebben, en zeker die in Californië, maar de media richtten zich op Washington, net als de kiezers.

De adviseurs vertelden haar het verhaal over twee politici uit Massachusetts. Zag Harris zichzelf als een leider zoals senator Elizabeth Warren, die geregeld landelijke discussies entameerde, of zoals gouverneur Deval Patrick, die, ondanks zijn grote talent, nauwelijks bekendheid genoot buiten de Bay State?

Als senator die procureur-generaal en openbaar aanklager was geweest, zou Harris veel invloed hebben op de benoeming van rechters voor het Hooggerechtshof. In 2015 had niemand kunnen vermoeden hoe de presidentsverkiezingen van 2016 zouden verlopen. Maar een slimme en ambitieuze senator van Californië kon beter zo vroeg mogelijk aan het presidentschap ruiken in Iowa en New Hampshire. Harris hoorde het allemaal aan en ging naar huis om de zaak te bespreken met haar man, haar zus en Tony West.

Die zondagavond vertelde Newsom tegen Harris dat hij zich niet verkiesbaar zou stellen voor de Senaat en die beslissing maakte hij bekend op maandag, waarbij hij liet doorschemeren dat hij zich in 2018 beschikbaar zou stellen als gouverneur. De dag daarop, acht dagen nadat ze was beëdigd voor haar tweede termijn als procureur-generaal, maakte Harris het nieuws bekend. Ze stelde zich verkiesbaar voor de Amerikaanse Senaat. En daar gaf ze ruchtbaarheid aan, zoals ze dat altijd deed. Op die eerste dag zamelde ze niet minder dan 92.452 dollar in. Haar team presenteerde haar als iemand die onverslaanbaar was, en dat was geloofwaardig.

'Ze is de vrouwelijke Obama genoemd. Ze houdt van koken. Ze gaat naar de sportschool in een hoody,' schreef de *Guardian*.[1] 'Ze vindt dat advocaten helden zijn en neemt het op tegen hypotheekverstrekkers zoals Elizabeth Warren het opneemt tegen Wall Street.'

Op de dag van Harris' aankondiging gaf senator Warren een verklaring uit waarin ze haar een 'slimme, kordate en ervaren openbaar aanklager' noemde 'die Wall Street consequent het hoofd heeft geboden'.[2] Senator Cory Booker vroeg zijn Twitter-volgers naar een website te gaan waar ze geld konden doneren voor Harris. Senator Kirsten Gillibrand noemde haar 'precies het type leider waar we in de Senaat behoeft aan hebben'.[3] Alle drie zouden ze het tijdens de presidentiële voorverkiezingen tegen haar opnemen. Maar nu vormden ze gezamenlijk een team.

In 1992 stelde Barbara Boxer zich beschikbaar voor de Senaatszetel die vier termijnen lang bezet was gehouden door Alan Cranston, terwijl Dianne Feinstein in de strijd was voor een tweede zetel die werd ingenomen door een Republikein die was aangewezen om de termijn van Pete Wilson af te maken, die op zijn beurt Feinstein in 1990 had verslagen bij de strijd om het gouverneurschap. Boxer en Feinstein hadden beiden geduchte concurrentie ondervonden: tot de Democraten behoorden Gray Davis, die in 1998 gouverneur zou worden, luitenant-gouverneur Leo McCarthy, en Mel Levine, een invloedrijk Congreslid uit Los Angeles. In 2015 verwachtten de kiezers ongetwijfeld dat er veel belangstelling zou bestaan voor de eerste vacante Amerikaanse Senaatszetel voor Californië sinds een generatie. En er was inderdaad geen gebrek aan ambitieuze politici.

Democratische Congresleden uit zuidelijk Californië – Adam Schiff, Xavier Becerra en Loretta Sanchez – overwogen allemaal om zich verkiesbaar te stellen, en dat gold ook voor de uit San Francisco afkomstige hedgefondsmiljardair en klimaatactivist Tom Steyer, een Democraat. Steyer zou de strijd zelf hebben kunnen bekostigen. Maar zoals Meg Whitman en andere rijke kandidaten inmiddels hadden ondervonden, waren de inwoners van Californië niet dol op kandidaten die hun eigen campagne financieren. Steyer koos eieren voor zijn geld. Becerra en Schiff waren buiten Washington nauwelijks bekend.

Ook voormalig burgemeester van Los Angeles Antonio Villaraigosa overwoog zich kandidaat te stellen, en hij zou een stevige concurrent kunnen zijn. Hij is goed in campagne voeren, heeft een stralende glimlach, was een betrouwbare bondgenoot voor Clinton en had standpunten ingenomen die voor veel inwoners van Californië aantrekkelijk waren.

Maar hij en Harris waren ook vrienden. Ze hadden elkaar in 1995 ontmoet, tijdens Villaraigosa's eerste termijn in het parlement. Gedurende een bepaalde periode spraken ze elkaar geregeld. Het trof Villaraigosa dat Harris de gesprekken die ze met hem voerde altijd besloot door op een zusterlijke manier tegen hem te zeggen dat ze van hem hield. Parlementsvoorzitter Willie Brown was in 1995 al bezig met zijn vertrek uit Sacramento, maar in Villaraigosa zag hij iets van zichzelf terug en trad op als zijn mentor. Villaraigosa groeide op in het oosten van Los Angeles en was de zoon van een alleenstaande moeder en een alcoholistische vader die nooit thuis was. De jonge Villaraigosa deed karton in zijn schoenen als de zolen vol gaten zaten. Hij maakte de middelbare school niet af en werd gearresteerd wegens een vechtpartij in een restaurant, maar hij kwam een leraar tegen die in hem geloofde, ging naar de UCLA, studeerde daar rechten en ten slotte kreeg hij een baan bij de lerarenvakbond in Los Angeles. In 1994 werd hij gekozen om een deel van het centrum van Los Angeles te vertegenwoordigen en kwam naar voren als een van de progressiefste leden van het parlement: hij maakte zich sterk voor wapenbeperkende maatregelen en hogere belastingen voor rijke Californiërs in een tijd dat die standpunten niet populair waren.

Hij klom op tot parlementsvoorzitter, en toen zijn termijn erop zat ging hij terug naar Los Angeles, waar hij in 2005 werd verkozen tot de 41ste burgemeester van die stad. Enige tijd omvatten de campagneadviseurs van Villaraigosa dezelfde mensen uit San Francisco die ook Harris terzijde stonden. Toen Villaraigosa overwoog mee te doen aan de strijd om een Senaatszetel, drong Willie Brown er bij hem op aan in plaats daarvan Harris te steunen. 'Zijn loyaliteit aan haar en zijn goede relatie met haar zouden de doorslag moeten geven, en ik ben ervan overtuigd dat hij dit als een kans moet zien om dat te tonen,' zei Brown.[4] En Villaraigosa's voormalige mentor voegde daaraan toe: 'Ik heb er vertrouwen in dat hij op zeker moment beloond zal worden als hij zich kandidaat stelt voor een functie binnen de staat Californië.'

Brown zei tegen Villaraigosa, die toen 62 was, dat hij opzij moest gaan voor Harris en zijn beurt moest afwachten, hoelang dat ook zou duren. Feitelijk was dat een beledigende opmerking, gelet op alles wat Villaraigosa voor elkaar had gekregen in een staat waar de bevolking voor 40 procent uit Latino's bestaat.[5]

Maar Villaraigosa, die burgemeester was geweest van de op een na grootste stad van het land, gaf er de voorkeur aan de lakens uit te delen. Net als Newsom wilde hij gouverneur worden. Voor Villaraigosa en de anderen uit zuidelijk Californië betekende die beslissing dat ze in staat moesten zijn geld in te zamelen, stemmen moesten trekken en doordrongen moesten zijn van een belangrijk gegeven over het electoraat in Californië: hoewel veruit de meeste mensen in het zuiden van de staat wonen, hebben Democraten uit het noorden een voorsprong, omdat er in de Bay Area veel meer mensen naar de stembus gaan. (Villaraigosa stelde zich in 2018 verkiesbaar als gouverneur en nam het op tegen Newsom, maar kreeg geen steun van Harris.) Vermeende tegenstanders zagen ervan af het op te nemen tegen Harris, op één uitzondering na.

Op 14 mei 2015, vijf maanden nadat Harris zich verkiesbaar had gesteld, kondigde Loretta Sanchez, die al tien termijnen lid was van het Congres en afkomstig was uit Orange County, aan dat ze zich beschikbaar stelde voor de Senaatszetel. Op papier had Sanchez een sterke kandidaat kunnen zijn. Haar verhaal was fascinerend. Ze is een van de zeven kinderen uit een immigrantengezin en de zus van een ander lid van het Congres, Linda Sanchez.[6] Ze ging naar Head Start [onderwijsprogramma voor kinderen van ouders met een laag inkomen, vert.]. Sanchez hoopte dat de latino-kiezers en het feit dat ze afkomstig was uit het dichtbevolkte zuiden van Californië haar een Senaatszetel zouden opleveren. Maar als kandidaat maakte ze nogal eens een uitglijder.[7]

Aan het begin van haar campagne liet Sanchez een stereotiepe strijdkreet horen toen ze het verschil uitlegde tussen Indianen en mensen wier familie uit India kwam. Ze bood haar verontschuldigingen aan beledigde Indiaanse leiders aan. Tijdens een kandidatendebat stal Sanchez volgens zichzelf de show door een raar dansje uit te voeren, de 'dab', dat destijds populair was door Cam Newton, quarterback van de Carolina Panthers.[8]

Harris reageerde door haar even strak aan te kijken.

Op een aantal belangrijke beleidslijnen liep Sanchez niet in de pas met de Democraten in Californië. In het Congres koos ze de zijde van de wapenfabrikanten en president George W. Bush door ermee in te stemmen dat wapenfabrikanten niet konden worden aangeklaagd vanwege de producten die ze maken. Die wet werd gesteund door de NRA. Het gevolg was dat fabrikanten van wapens die waren gebruikt bij massaslachtingen niet konden worden aangeklaagd door de nabestaanden van die slachtpartijen.

Vanaf het moment dat Harris op 13 januari 2015 haar kandidatuur had aangekondigd, was ze druk bezig geweest met het verwerven van steunbetuigingen en het binnenhalen van dollars. Half mei, toen Sanchez aankondigde dat ze zich in de strijd zou werpen, had Harris 3,977 miljoen dollar opgehaald, een aanzienlijk bedrag gezien het federale maximum van 2700 dollar dat men per verkiezing mag doneren. Dat geld was afkomstig van oude vrienden uit San Francisco, zoals Mark en Susie Buell, van de Wall Street-miljardairs George Soros en Ronald Perelman en van Hollywood-sterren, onder wie Barbra Streisand, Rob Reiner, Sean Penn, Kate Capshaw en Don Cheadle, maar ook van advocaten, durfkapitalisten uit Silicon Valley, vakbonden en talloze kleinere donoren. De 3,977 miljoen dollar kwam in de buurt van de 4,2 miljoen dollar die Sanchez in haar hele campagne zou ophalen. Het campagneteam van Harris verbaasde zich over de onoverwinnelijkheid die hun kandidaat leek uit te stralen. Maar dat zou niet lang duren.

Omdat Harris natuurlijk niet veel kon zeggen over de kwesties die er speelden, ontliep ze de pers aan het begin van 2015 zo veel mogelijk. In april, drie maanden na haar aankondiging, volgde een daverende campagnestart in San Francisco. Tot de aanwezigen behoorden voormalig gouverneur van Michigan Jennifer M. Granholm, senator Cory Brooker van New Jersey, diverse leden van het Congres en hoge gemeenteambtenaren. Maar de pers kreeg geen toegang, zoals Carla Marinucci meldde, toen verslaggever van de *San Francisco Chronicle*.[9] Het was een merkwaardige manier om een campagne van start te laten gaan.

Hoewel Harris zich kandidaat stelde voor de Amerikaanse Senaat, nam ze geen standpunten in over internationale kwesties zoals de Russische invasie van Oekraïne, het NAVO-bondgenootschap of het

Midden-Oosten, laat staan over federale kwesties over milieu en water die ook Californië betroffen. Door interviews te weigeren versterkte ze bij de pers en bij haar rivalen de indruk dat ze al te voorzichtig te werk ging. De situatie zou later dat jaar nog verergeren.

De campagneadviseurs van Harris in Californië waren eraan gewend dat staatsverkiezingen gewonnen werden. Tot hun stal van winnende kandidaten in Californië behoorden onder meer Jerry Brown, Gavin Newsom en Harris. Het was hun bedoeling met Harris miljoenen binnen te halen en de uitgaven in 2015 zo gering mogelijk te houden, zodat er veel geld beschikbaar zou zijn om reclamezendtijd in te kopen als de verkiezingen naderden en de kiezers langzaam maar zeker belangstelling kregen voor de strijd.

Het Democratic Senatorial Campaign Committee, dat werd geleid door experts in Washington en werkte via Maya Harris, had geheel andere ideeën over de campagneaanpak van een topkandidaat in Californië. De commissie kwam met een organisatieschema waarbij tientallen mensen betrokken waren en dat bakken met geld kostte. Er werd gezegd dat Harris' campagneteam te veel geld uitgaf. In oktober 2015 meldde *The Sacramento Bee* dat Harris' campagne evenveel geld uitgaf als er binnenkwam en dat er 'honderdduizenden dollars werden uitgegeven aan fondsenwervingsacties per e-mail, een uitgebreid campagneteam dat zetelde in Los Angeles en prominente fondsenwervers verspreid over het land'.[10] In november meldde de *Los Angeles Times* dat de campagne ingrijpend gereorganiseerd zou worden.[11] Juan Rodriguez, een Californiër, werd aangesteld als campagneleider en diverse campagnemedewerkers uit Washington mochten hun koffers pakken. Vervolgens kreeg de campagne een enorme klap te verduren in de vorm van een in december in *The Atlantic* gepubliceerd artikel waarin uit de doeken werd gedaan hoe Harris' campagneteam 'zich te buiten was gegaan aan luxeauto's, vliegtuigtickets en chique hotels'.[12] Het tijdschrift maakte melding van rekeningen van in totaal 18.000 dollar van luxehotels als St. Regis in Washington, het Waldorf Astoria in Chicago en W in Los Angeles. In het stuk werd gerept van 'zielloze fondsenwerving die haar onaantastbare uitstraling heeft ondermijnd'. Donoren waren onthutst dat hun geld over de balk werd gesmeten en Harris' team was bang dat hun kandidaat, die in april de winst voor het grijpen had gehad, nu misschien zelfs zou kunnen verliezen. Rodriguez begon meteen met het benadrukken van discipline, het bezuinigen op salariskosten en het beteugelen van de uitgaven. In Harris' voordeel sprak op dat moment dat de concurrentie, in de persoon van Rodriguez, niet sterk was.

In 2016 waren de Republikeinen bijzaak. Om in Californië ook maar een beetje kans te maken op de overwinning zou een Republikeinse kandidaat de sterrenstatus van Schwarzenegger of Reagan moeten hebben en de beschikking moeten krijgen over de bankrekening van een miljardair die bereid was om 100 miljoen dollar uit te geven.[13] De landelijke Republikeinse partij was niet van plan om ook maar een cent uit te geven in Californië, wetend dat het geld veel beter kon worden gebruikt in kleinere staten, waar men de strijd om een Senaatszetel met een paar miljoen dollar kon doen kantelen.

Volgens het voorverkiezingssysteem in Californië nemen de twee kandidaten met de meeste stemmen in de voorverkiezingen het tegen elkaar op bij de algemene verkiezingen, ongeacht hun partij. De onfortuinlijke Republikeinen verdeelden tijdens de voorverkiezingen in 2016 de stemmen van hun kleine en afnemende electoraat, waarmee ze Sanchez in staat stelden de tweede plaats te behalen achter de duidelijke favoriet, Harris.

Om bij de beslissende verkiezing serieus mee te kunnen doen was het voor Sanchez, de Democraat met de minst progressieve signatuur, zaak om aantrekkelijk te zijn voor Republikeinen zonder zo ver op te schuiven naar rechts dat ze zich van de Democraten zou vervreemden. Sanchez kreeg Republikeinse steun in de persoon van Richard Riordan, de voormalige burgemeester van Los Angeles. Sinds 2001 had hij geen functie meer bekleed. Ook Hugh Hewitt, een radiopresentator van de conservatieve Salem Media Group, sprak zijn steun voor haar uit. Dat gold ook voor Congreslid Darrell Issa, de Republikein uit San Diego County die de Democraten tegen zich in het harnas had gejaagd met zijn felle uithalen naar de regering-Obama en zijn overdreven onderzoek naar de dood van vier Amerikanen, onder wie ambassadeur Chris Stevens, op het Amerikaanse diplomatieke complex in Benghazi.

Harris richtte haar pijlen op het verwerven van de steun van de Democratische Partij van Californië. Om dat voor elkaar te krijgen belde ze vicepresident Biden en vroeg hem in februari 2016 naar de partijvergadering in San Jose te komen. Dat deed hij. Aan het begin van zijn toespraak sprak hij over Harris en herinnerde zijn gehoor eraan dat ze bevriend was geweest met zijn zoon Beau, die het jaar daarvoor was overleden aan kanker. Toen hij drie kwartier aan het praten was, in een toespraak die in totaal een uur zou duren, bracht Biden zijn centrale thema aan de orde. Het was hetzelfde thema dat hij aanstipte tijdens de presidentscampagne in 2020: 'Onze mensen zijn niet het probleem. Onze politiek is het probleem. De politiek is zo kleingeestig geworden, zo persoonlijk, zo grimmig, zo afzichtelijk.'[14] Nu Biden zijn zegen aan Harris had gegeven, besloot de Democratische Partij van Californië haar ook te steunen. Ook Obama sprak zijn steun voor Harris uit. Sanchez vergaloppeerde zich nog door zich geringschattend uit te laten over Obama's steunbetuiging en in een interview met een Spaanstalig televisiestation te suggereren dat hij zijn steun voor Harris had uitgesproken omdat ze allebei zwart zijn.[15] Er was en is in Californië geen Democratische politicus die populairder is dan Obama. Maar haar opmerking was geheel in lijn met haar door uitglijders gekenmerkte campagne – tot vreugde van Harris.

Aan het begin van 2016 bestond er weinig twijfel over de vraag welke kandidaat zou winnen. Harris wijdde zich inmiddels aan een veeleisende baan: ze moest leidinggeven aan het departement van Justitie van Californië.

Hoofdstuk 22

Kies je speerpunten met zorg

Corinthian Colleges, ooit een van de grootste commerciële universiteiten van het land, neemt een bijzondere plaats in in de beschamende geschiedenis van geld verdienende instellingen die zich richten op mensen die een opleiding willen volgen om zichzelf te verbeteren.

Ook Trump University, het commerciële bedrijf dat Donald Trump opzette om geld te verdienen met zijn merknaam en zijn televisieshow *The Apprentice*, had een slechte naam. Als procureur-generaal klaagde Kamala Harris Corinthian Colleges aan, maar Trump University niet. Dit soort beslissingen bieden een kijkje in de manier waarop Harris haar beleid voerde.

Politici reizen geregeld naar New York als ze op zoek zijn naar geld voor hun campagne, zoals politici uit New York en uit andere staten voor financiële steun naar Californië komen.

Harris, die geld wilde inzamelen en een landelijk profiel wilde opbouwen, maakte in september 2011 een pelgrimstocht naar Manhattan. Procureur-generaal van New York Eric Schneiderman bracht haar toen in contact met belangstellenden en werd bijgestaan door een jurist uit New York die cliënten vertegenwoordigde met kwesties die speelden bij procureurs-generaal. Het was een politiek reisje zoals ze dat gewend was, tenminste, zo leek het. Trump was een van de New Yorkers die doneerde tijdens haar bezoek: op 26 september 2011 gaf hij 5000 dollar. Trump doneerde nog eens 1000 dollar op 20 februari 2013. Zijn dochter Ivanka Trump gaf op 3 juni 2014 2000 dollar. De Trump Organization deed zaken in een groot aantal staten, waaronder Californië, en het leek logisch de belangrijkste juridische ambtenaar van die staat wat stroop om de mond te smeren. Dat was het soort donaties dat Trump en zijn familie verstrekte als ze zakendeden.

In mei 2011 verschenen de eerste verhalen over een onderzoek dat Schneiderman instelde naar de in New York gevestigde 'universiteit' die Trumps naam droeg, waarbij het draaide om beschuldigingen dat het bedrijf veel te dure cursussen aan de man bracht die vrijwel niets voorstelden voor mensen die rijk wilden worden in vastgoed. In augustus 2013 klaagde Schneiderman Trump aan vanwege de praktijken op de school.

Trump reageerde met een aanval op Schneiderman, die hij ervan beschuldigde hem te bestoken met verzoeken om campagnedonaties. Als reactie op Trumps bewering dat Schneidermans smeekbedes om geld infaam waren, volgde een onderzoek van de Joint Commission on Public Ethics, een ethische commissie van toezicht in de staat New York. De zaak eindigde zonder dat er iemand in staat van beschuldiging werd gesteld in 2015, toen Trump op 16 juni de vergulde lift van Trump Tower uit stapte en volkomen onverwacht zijn kandidatuur voor het presidentschap aankondigde. Trump en diens zogenaamde universiteit schikten de zaak die was aangespannen door New York en door particuliere aanklagers voor 25 miljoen dollar in november 2016, nadat hij de verkiezingen had gewonnen.

In haar moeizame, in 2016 gevoerde campagne voor een zetel in de Amerikaanse Senaat dacht Congreslid Loretta Sanchez dat ze een zaak bij de hand had waarmee ze Harris, de favoriet, in diskrediet kon brengen. Politiek gezien had Sanchez wel een punt. In 2016 was er in Californië geen politicus die zo impopulair was als Trump. Presidentskandidaat Trump stookte inmiddels het vuurtje op met zijn bewering dat politici corrupt waren en zei op partijbijeenkomsten tegen zijn aanhangers dat campagnedonaties onderhandelbaar waren. In ruil voor donaties, zei hij, verleenden politici gunsten. 'Stel, je hebt een kandidaat die zegt dat hij geld heeft gedoneerd aan politieke kandidaten vanwege een bepaalde gunst, dan moet je je echt afvragen waarom Trump tweemaal geld heeft gedoneerd aan Harris toen Trump University onder vuur kwam te liggen, en dan moet je je afvragen waarom Harris die donaties van Trump heeft geaccepteerd,' zei de campagnewoordvoerder van Sanchez destijds.[1]

Dat Sanchez hiermee zou komen was begrijpelijk. Ze had een onderwerp nodig. Harris heeft de zaak nooit publiekelijk aangekaart. Maar de beschuldiging dat Harris besloot Trump University niet aan te klagen in ruil voor campagnedonaties ter waarde van 6000 dollar was nauwelijks geloofwaardig. Tussen 2002 (toen ze zich voor het eerst verkiesbaar stelde) en 2016 heeft Harris meer dan 32 miljoen dollar opgehaald voor haar campagnes. Een ambitieuze politicus – en zeker een openbaar aanklager – die hogerop wilde komen, zou het er bij zo'n zaak niet bij hebben laten zitten. En bovendien: als er een levensvatbare zaak had kunnen worden aangespannen, had Harris landelijk de aandacht getrokken door Trump tijdens de presidentscampagne van 2016 aan te klagen.

De veel waarschijnlijker verklaring om Trump niet aan te klagen ligt voor de hand. Relatief weinig inwoners van Californië waren het slachtoffer van de zwendel van Trump University. Mensen die het slachtoffer waren van Trumps gebral hadden misschien wat geld verloren, maar berooid waren ze niet. In 2015 handelde Harris de zaak op handige wijze af voordat Sanchez erover kon beginnen: ze vond een passende bestemming voor de 6000 dollar die Trump had gedoneerd. De beheerder van de campagnekas stortte 6000 dollar op de rekening van het Central American Resource Center of Los Angeles, een non-profitorganisatie die steun biedt aan vluchtelingen en immigranten.

Intussen had Harris haar pijlen gericht op een veel groter doelwit dan Trumps gekonkel met universitaire graden, een doelwit dat de inwoners van Californië schade berokkende. Corinthian Colleges was gevestigd in Santa Ana, in Orange County. De aandelen werden verhandeld op Nasdaq en de koers varieerde naar gelang de winstgevendheid van het bedrijf. Die winst was afhankelijk van het vermogen van het bedrijf om studenten aan te trekken en hún vermogen om federaal gesubsidieerde leningen te krijgen waarmee ze het torenhoge collegegeld van Corinthian konden betalen. Het maakte de aandeelhouders van Corinthian verder weinig uit of die studenten later een baan zouden krijgen of in staat waren die leningen terug te betalen.

In 2007 onttrok de toenmalige procureur-generaal Jerry Brown 6,6 miljoen dollar aan Corinthian om schadevergoedingen te betalen aan mensen die zeiden dat studenten misleid werden. Corinthian beloofde zijn zaakjes op orde te brengen. Toen sloeg de financiële crisis toe. Onder verschillende namen maakte Corinthian uitgebreid reclame tijdens *The Jerry Springer Show* en *The Maury Povich Show* en richtte zich op mensen die tijd genoeg hadden om te gaan studeren. Uit interne documenten van Corinthian blijkt dat men zich richtte op cursusdeelnemers die 'eenzaam' en 'ongeduldig' waren, die over 'weinig eigenwaarde' beschikten, die 'weinig mensen om zich heen hadden die om hen gaven' en die 'niet in staat waren een goede toekomst voor zichzelf uit te stippelen'.[2] De *Los Angeles Times* meldde dat Corinthian een van de grote profiteurs was van de crisis, aangezien werkloze werknemers die op zoek waren naar een opleiding en een beter leven zich lieten verleiden door de beloften van Corinthian. Van het begin van de crisis in 2007 tot 2011 vond er bijna een verdubbeling plaats van de inkomsten van het bedrijf, tot 1,75 miljard dollar.[3]

Op een bepaald moment telde Corinthian 27.000 studenten in Californië en bracht hun 39.000 dollar in rekening voor het behalen van een *associate degree*, een graad die ze bijna gratis konden halen op de openbare universiteiten van Californië. Studenten van Corinthian moesten minstens 68.800 dollar betalen voor een bachelor van twijfelachtige waarde. Voor een fractie van dat geld konden ze zo'n graad halen op een openbare universiteit. Daarom spande Harris op 10 oktober 2013 een omvattende rechtszaak aan tegen Corinthian. Het werd een van de grootste rechtszaken die ooit werden gevoerd tegen een commerciële universiteit: de instelling raakte er ernstig door geschaad en uiteindelijk betekende het de genadeklap voor Corinthian. Daarnaast trok de zaak de aandacht van machtige Democraten in Washington, die hadden geprobeerd een halt toe te roepen aan federale subsidies in de vorm van studentenleningen die de commerciële onderwijsinstellingen voedden. Een van die Democraten was senator Elizabeth Warren, een van de eerste landelijke politici die Harris steunden in haar strijd om een Senaatszetel. Corinthian werd een van de eerste instellingen die werden onderzocht door het Consumer Finance Protection Bureau (Bureau voor de bescherming van financiële consumentenbelangen), dat mede door Warren was opgericht toen ze voor de regering-Obama werkte. Warren was ook een van de twaalf senatoren die een brief schreven aan de minister van Onderwijs van Obama, Arne Duncan, waarin hij werd opgeroepen streng op te treden tegen commerciële universiteiten.[4] In die brief kwam Corinthian uitgebreid aan de orde. 'Corinthian Colleges Incorporated vormt een dermate groot risico voor studenten dat het huidige systeem van steun en vangnetvoorzieningen voor studenten erdoor in gevaar dreigt te komen,' stond er in de brief. 'Corinthian blijkt tot de groep commerciële universiteiten te behoren die zich het kwalijkst opstellen [...].'

Net als bijna alle andere commerciële universiteiten was Corinthian afhankelijk van studenten die gesubsidieerde leningen kregen om de exorbitant hoge collegeleden te kunnen betalen. Of ze na hun studie nu wel of geen baan kregen, de studenten moesten die leningen terugbetalen. Twee derde van de studenten van Corinthian kreeg geen baan, en drie kwart van de voormalige studenten kon die schulden niet afbetalen, wat allemaal bijdroeg aan Harris' aanklacht, waarin ze stelde dat Corinthian zijn studenten het vel over de oren haalde en hun weinig positiefs bood.

Op 23 maart 2016, toen de verkiezingen in aantocht waren,

maakte Harris bekend dat ze een boete eiste van 1,1 miljard dollar. Dat was inclusief 800 miljoen dollar die moest worden terugbetaald aan de studenten. Maar op dat moment had Corinthian zijn universiteiten al gesloten en was het bedrijf failliet gegaan. Men kon niets betalen. Harris en een aantal andere procureurs-generaal riepen de regering-Obama op om federale leningen die aan studenten van Corinthian waren verstrekt kwijt te schelden. Het ministerie van Onderwijs van de regering-Obama ging daarmee akkoord. De regering-Trump koos de tegengestelde koers en wilde dat de leningen werden terugbetaald, al waren er weinig studenten die aan die verplichting konden voldoen.

De reden waarom Harris Corinthian aanklaagde was duidelijk: mensen in mooie pakken en in fraai ingerichte kantoren maakten misbruik van machteloze slachtoffers, onder wie veel alleenstaande ouders, oud-militairen en mensen van kleur die weinig bezaten. Die mensen zaten niet in de zaaltjes waar de knopen werden doorgehakt, zoals Harris altijd zei.

Critici en ook sommige vrienden zeggen dat Harris al te voorzichtig was in de periode waarin ze procureur-generaal was. Er zijn inderdaad bewijzen voor die stelling. Maar in het te snel dagvaarden of strafrechtelijk vervolgen schuilt een groot gevaar. Openbaar aanklagers hebben de macht om mensen van hun vrijheid te beroven, hun reputatie te schaden en hun bezittingen te confisqueren. Ze moeten er zeker van zijn dat ze het bij het rechte eind hebben voordat ze iemand of een instelling ervan beschuldigen iets verkeerds te hebben gedaan. Kamala Harris ging niet over één nacht ijs bij het uitoefenen van die macht. Maar als ze besloot die macht wel in te zetten en een zaak aanhangig te maken, was het vrijwel altijd raak.

Hoofdstuk 23

De eeuwige oorlog

Op de website van Planned Parenthood noemt de afdeling Politieke Belangenbehartiging 'negen redenen om van Kamala Harris te houden'.[1]

Een paar voorbeelden: met ongekende kracht verdedigt ze de toegang tot voorbehoedsmiddelen en reproductieve gezondheidszorg. Ze wist rechter van het Hooggerechtshof Brett Kavanaugh het vuur na aan de schenen te leggen tijdens diens hoorzitting voor de commissie Juridische Zaken. En, met een knipoog: 'Dansen. En drumorkesten. Dat zegt genoeg.'

Dat Harris een voorstander is van abortusrechten sluit aan bij de opvattingen van een grote kiezersmeerderheid in Californië. Maar in een staat met 40 miljoen inwoners zijn er altijd mensen die er anders over denken. Een van die mensen is David Daleiden. Deze Daleiden strijdt in elk geval al sinds zijn middelbareschooljaren in het progressieve universiteitsstadje Davis, in de staat Californië, op eigenzinnige wijze tegen abortus. Als twintiger maakten hij en een medestander tussen oktober 2013 en juli 2015 gebruik van een valse identiteit om toegang te krijgen tot abortusconferenties en ze maakten in het geheim video-opnamen van gesprekken met artsen en anderen van Planned Parenthood. In juli 2015 trokken hij en een vereniging die hij had opgericht, het Center for Medical Progress, landelijke aandacht door bewerkte en misleidende versies van die video's te openbaren waarin het lijkt alsof medewerkers van Planned Parenthood instemmen met de verkoop van foetussen.[2]

Daleiden werkte zichzelf juridisch in de nesten. Volgens de Californische wet is het verboden om gesprekken in het geheim op te nemen. Beide partijen moeten ermee instemmen dat het gesprek wordt vastgelegd. Maar Daleiden gelooft dat de wet op hem niet van toepassing is, omdat hij een journalist is die illegale praktijken aan het licht wilde brengen.

In de zomer van 2015 beleefde de eeuwige oorlog over abortusrechten een nieuw dieptepunt. Het werk van Planned Parenthood – een organisatie die reproductieve gezondheidszorg bood aan vrouwen, waaronder voorbehoedsmiddelen, het beperken van tienerzwangerschappen, het bestrijden van seksueel overdraagbare ziekten en het informeren over pesticiden die geboorteafwijkingen kunnen veroorzaken – werd steeds ingewikkelder na de publicatie van de video's van Daleiden. De kwestie leidde tot onderzoeken door het door de Republikeinen gecontroleerde Congres en tot hernieuwde eisen dat Planned Parenthood bestraft moest worden. De daaropvolgende maanden werden gekenmerkt door een golf van dreigementen en geweld tegen Planned Parenthood. Klinieken werden bestookt met brandbommen. Artsen en verpleegkundigen die in de klinieken medische zorg boden aan vrouwen waren bang om vermoord te worden. Een man uit Washington werd gearresteerd nadat hij een geldbedrag had geboden voor de moord op de directeur van een biotechnologisch bedrijf in Californië dat in de video's werd genoemd. Bij een kliniek van Planned Parenthood in Colorado Springs doodde een schutter die iets onsamenhangends riep over lichaamsdelen drie mensen: een politieagent, een oorlogsveteraan uit Irak en een moeder van twee kinderen.[3] Later schijnt hij tegen de politie te hebben gezegd dat foetussen in de hemel hem na zijn dood dankbaar zouden zijn dat hij abortussen had afgewend.

Daleiden hield vol dat het geweld geen verband hield met zijn video's. 'Ik geloof niet dat de anti-abortusbeweging of mijn video's daar iets mee te maken hebben. Mijn video's worden juist gekenmerkt door geweldloosheid,' zei hij in april 2016 tegen Shawn Hubler, die toen voor *The Sacramento Bee* werkte.

Democraten in het Congres, onder wie Jerrold 'Jerry' Nadler uit New York en Zoe Lofgren uit San Jose, namen het op voor Planned Parenthood: ze drongen er bij Harris op aan een onderzoek in te stellen naar de wettigheid van Daleidens handelen en de daaropvolgende aanvallen op Planned Parenthood.

'Planned Parenthood is een gerespecteerde en belangrijke organisatie in mijn omgeving,' schreef Lofgren in juli 2015.[4] Ze riep Harris op om een onderzoek in te stellen: 'De onlangs openbaar gemaakte, heimelijk opgenomen video is het meest recente voorbeeld van pesterijen en vooringenomen agressie tegen Planned Parenthood die inmiddels tot de orde van de dag behoren, wat wettelijk gezien belangrijke vragen opwerpt en een onderzoek vergt naar de kwestie of het zogenoemde "Center for Medical Progress" de wet heeft overtreden.'

Kathy Kneer, de vierentwintig jaar leidinggaf aan de politieke organisatie van Planned Parenthood in Californië, was ook van mening dat de procureur-generaal van Californië een onderzoek moest instellen. Er bestond immers een strafrechtelijk verbod op het heimelijk opnemen van gesprekken.

Op 24 juli 2015 ging Harris in op de oproep van Lofgren en Nadler door een verklaring uit te geven waarin ze aangaf dat ze zich over de kwestie zou buigen. Hoewel ze intern tegen haar stafleden zei dat ze zich zorgen maakte om de levens van mensen die in de klinieken werkten en om de patiënten die zorg nodig hadden, deed ze er in het openbaar, behalve het uitgeven van de verklaring, het zwijgen toe. Er werd geen persconferentie gegeven.

Planned Parenthood behoorde tot de instellingen die Harris' campagne hadden gesteund en geld hadden gedoneerd. Daardoor had het gekund dat de organisatie een zeker mate van toegang tot Harris had. Maar dat was niet zo, tenminste, aanvankelijk niet. Kathy Kneer beschikte niet over Harris' mobiele nummer of haar persoonlijke e-mailadres. Via de reguliere kanalen maakte Kneer een afspraak met de medewerkers van het departement van Justitie van Californië en had uiteindelijk een ontmoeting met een aantal advocaten, maar Harris was daar niet bij. Het bleef stil. 'Ze werkten in hun gebruikelijke, lage ambtenarentempo,' zei Kneer.[5]

Maar de dreigingen met geweld hielden aan. Kneer en andere leidinggevenden van Planned Parenthood waren bezorgd over de veiligheid van hun personeel en waren bang dat de plaatselijke politie de zaak niet serieus nam. Dus gingen ze opnieuw naar het departement van Justitie. In maart 2016 kregen ze het voor elkaar een aantal vergaderingen te beleggen met topambtenaren van het departement.

Uit e-mails uit die tijd blijkt dat een van de juristen van het departement van Justitie van Californië naar aanleiding van die vergaderingen zou spreken op een algemene vergadering van de leiding van Planned Parenthood, die op 7 april 2016 zou plaatsvinden in het Sheraton Grand Hotel in het centrum van Sacramento.

Op 5 april 2016, twee dagen voor die bijeenkomst, bevestigde jurist Jill E. Habig van het departement van Justitie van Californië waar ze het over wilde hebben: 'Voortdurende verzoeken en/of behoefte aan beveiliging (zowel voor artsen als voor de klinieken zelf) van uw vestigingen en de vraag of wij voor de benodigde assistentie kunnen zorgen van de plaatselijke politie.'[6] Ze was bereid er twintig minuten over te praten, met een paar minuten voor de beantwoording van vragen. Het was een klein onderdeel van de totale agenda van die dag.

Het toeval wilde dat 5 april 2016 een gedenkwaardige dag was in het leven van David Daleiden. Zoals hij later telkens weer vertelde, was hij bezig rommel uit de keuken van zijn flat in Huntington Beach naar de vuilnisbak te brengen toen agenten van het departement van Justitie van Californië uit een witte bestelbus zonder merktekens stapten en hem een huiszoekingsbevel overhandigden. Die dag, negen maanden nadat Harris had beloofd een onderzoek in te stellen, namen ze Daleidens computers, harde schijven en documenten in beslag.[7] De agenten van het departement van Justitie die de flat doorzochten, worden beschermd door een krachtig ambtenarenapparaat en door hun vakbond. Procureurs-generaal komen en gaan, maar zij blijven en doen hun werk. Het zijn agenten en geen politici, hoewel Daleiden en diens advocaten beweren dat de huiszoeking werd verricht in opdracht van de top van het departement, van Harris.

De leidinggevenden van Planned Parenthood en topambtenaren van het departement van Justitie van Californië hadden in de dagen die voorafgingen aan de huiszoeking e-mailcontact gehad. In elk geval een aantal van de ambtenaren van het departement wist dat de huiszoeking ophanden was. Maar er lekte niets uit. Kneer en andere leidinggevenden van Planned Parenthood hoorden pas van de huiszoeking toen dat algemeen bekend werd. 'We hadden er van tevoren niets over gehoord. Zelfs geen tipje van de sluier,' zei Kneer.[8]

Kneer was uiteraard dolblij met de gang van zaken. De openbaarmaking van de video's van Daleiden was een 'traumatische ervaring' geweest, als 'olie op het vuur', zei Kneer. Nu, negen maanden nadat de video's openbaar waren gemaakt, kon de wet misschien worden toegepast om Planned Parenthood de nodige bescherming te bieden.

De op 7 april geplande vergadering van Planned Parenthood in Sacramento ging gewoon door. De jurist van het departement van Justitie die het woord voerde zei niets over de huiszoeking of het onderzoek. Harris verscheen niet op de bijeenkomst en ze hield geen persconferentie om haar verheuging uit te spreken over de huiszoeking. In plaats daarvan volgde meer stilte. In de zomer en het najaar werd het onderzoek voortgezet. Tijdens Harris' ambtsperiode als procureur-generaal werden er geen aanklachten ingediend tegen Daleiden.

Terwijl Daleidens video's de abortusoorlog in 2015 deden opvlammen, werd Kamala Harris een van de belangrijkste initiatiefnemers van wetgeving die was gericht tegen crisiscentra voor zwangere vrouwen, samen met voor abortusrechten strijdende groeperingen als Black Women for Wellness en NARAL Pro-Choice California. Die centra, die actief zijn in Californië en in de rest van het land, worden geleid door conservatieve christelijke organisaties. De medewerkers, die veelal niet medisch onderlegd zijn, dringen er bij vrouwen op aan hun zwangerschap niet te beëindigen. In die wet, de Freedom, Accountability, Comprehensive Care, and Transparency (FACT) Act (Wet voor vrijheid, aansprakelijkheid, uitgebreide zorg en transparantie), werd vereist dat de tegen abortus gerichte crisiscentra borden zou ophangen waarop de vrouwen informatie krijgen over hun mogelijkheden. In Californië is een van die mogelijkheden dat vrouwen een gesubsidieerde abortus kunnen krijgen.

Op de borden stond: 'Californië beschikt over publieke programma's die voorzien in onmiddellijke en gratis of goedkope toegang tot uitgebreide zwangerschapsregelingen, waaronder alle door de FDA (Voedsel- en medicijnagentschap) goedgekeurde anticonceptiemethoden, prenatale zorg en abortus voor vrouwen die daarvoor in aanmerking komen.'[9]

Het doel van de wet was 'ervoor te zorgen dat de inwoners van Californië zelf beslissen over hun reproductieve gezondheidszorg en dat ze op de hoogte zijn van hun rechten en van de zorgdiensten die hun ten dienste staan'.

Tot de tegenstanders behoorden het National Institute of Family and Life Advocates (NIFLA), een organisatie uit Virginia die 'bestaat om de levensbeschermende zwangerschapscentra te steunen, die vrouwen en gezinnen die ontvankelijk zijn voor abortus helpen om hun ongeboren kinderen het leven te gunnen'.[10] 'Het opdringen van de vrije meningsuiting is niet de oplossing,' luidde de in een brief tegen de wet verwoorde reactie van NIFLA, dat meer dan 100 crisiscentra voor zwangere vrouwen in Californië beheert.[11]

Advocaten die werken voor het parlement van Californië en parlementsleden adviseren, begrepen dat de wet grondwettelijke problemen zou kunnen opleveren. Maar zij waren ervan overtuigd dat al langer bestaande wetgeving de overheid de mogelijkheid bood om commerciële meningsuiting te reguleren en verkeerde, bedrieglijke of misleidende verklaringen te voorkomen, zeker als het de volksgezondheid betrof.

De video's van Daleiden maakten deel uit van de argumenten van de Republikeinse parlementsleden in Sacramento toen die vruchteloos probeerden de FACT Act ongedaan te maken. 'Wat we nu zien, is dat een belangrijke reden voor abortus er misschien niet uit bestaat om mensen te helpen, [...] maar om organen te oogsten. Er is misschien sprake geweest van een enorme belangenverstrengeling en het land wordt langzaam wakker,' aldus senator John Moorlach, een Republikein uit Orange County, in zijn toespraak waarin hij de wet bestreed.[12]

Nu ze verzwakt waren, bleken de Republikeinen in Californië niet in staat om wetgeving tegen te houden. De wet werd volgens de partijlijnen moeiteloos aangenomen, waarbij de meeste Democraten voor stemden en de Republikeinen tegen.

Harris werd vaak verweten dat ze voorzichtig was, maar niet in dit geval. Harris was uitgelaten toen gouverneur Jerry Brown de wet op 9 oktober 2015 ondertekende: 'Ik ben er trots op dat ik heb meegeholpen aan de totstandkoming van de Reproductive FACT Act, die garandeert dat alle vrouwen toegang hebben tot uitgebreide reproductieve gezondheidszorg en dat ze beschikken over de gegevens waarmee ze een weloverwogen beslissing kunnen nemen over hun gezondheid en hun leven.'[13]

Als procureur-generaal Harris in de toekomst had kunnen kijken, of als ze had gedacht aan de samenstelling van het Amerikaanse Hooggerechtshof, was ze misschien niet zo enthousiast geweest.

NIFLA ging in hoger beroep en beweerde dat de wet de vrije meningsuiting van de centra schond door te eisen dat er borden geplaatst moesten worden met mededelingen die indruisten tegen hun eigen overtuiging. De lagere rechtbanken gaven de staat gelijk. Maar nadat de anti-abortusgroeperingen hun zaak in de lagere rechtbanken hadden verloren, gingen ze in beroep bij het Amerikaanse Hooggerechtshof. Een van de advocaten die NIFLA vertegenwoordigde was John Eastman, de voormalige griffier van rechter Clarence Thomas, die zich als Republikein verkiesbaar had gesteld voor het ambt van procureur-generaal in 2010, het jaar waarin Harris werd gekozen. Op 18 juni 2018 koos het Hooggerechtshof in een door rechter Thomas opgestelde uitspraak met vijf tegen vier stemmen de zijde van NIFLA.

'Geautoriseerde klinieken moeten voorzien in een door de overheid opgestelde verklaring over de beschikbaarheid van door de staat gesubsidieerde diensten en in contactgegevens om een beroep op die diensten te doen,' schreef Thomas.[14] 'Een van die diensten betreft abortus – precies die praktijk waar de eisers zich tegen verzetten.'

Daarmee was de zaak nog niet afgedaan.

Volgens de wet heeft de winnende partij in civielrechtelijke zaken recht op advocaatkosten. In 2019 kwam procureur-generaal Xavier Becerra tegemoet aan die eis door in te stemmen met de betaling van 2 miljoen dollar aan advocaten van de anti-abortusorganisaties die in beroep waren gegaan tegen de FACT Act. En in 2019 stonden sommige van diezelfde advocaten in de rechtszaal van districtsrechter William Orrick in San Francisco.

Daar vertegenwoordigden ze niemand minder dan David Daleiden. De cause célèbre van de anti-abortusbeweging verweerde zich tegen een aanklacht van Planned Parenthood, die hem ervan beschuldigde dat hij de persoonlijke levenssfeer had geschonden en inbreuk had gemaakt op privacyrechten toen hij zijn geheime opnamen maakte. Zijn juridische team bestond uit niet minder dan zestien advocaten en hun assistenten, die allemaal gratis voor hem werkten.[15]

Op 15 november 2019 kende de jury van een federale rechtbank in San Francisco Planned Parenthood een bedrag van 2,2 miljoen dollar toe en oordeelde dat Daleiden en diens medewerkers wetten hadden overtreden tegen privacyschending, oplichting, het heimelijk maken van opnamen en intimidatie. Daleiden is in hoger beroep gegaan. Daarnaast heeft hij Harris en de staat Californië aangeklaagd, die hij ervan beschuldigt dat ze zijn rechten op grond van het Eerste Amendement hebben geschonden.

In de periode dat Kamala Harris zich in 2016 kandidaat stelde voor de Amerikaanse Senaat, hield ze nooit een persconferentie om haar waardering uit te spreken over de zaak tegen Daleiden. Ook heeft ze geen strafklacht tegen hem ingediend, hoewel zo'n rechtszaak in Californië in politiek opzicht in haar voordeel zou werken, gezien de steun onder de bevolking voor het recht van vrouwen om zelf te bepalen wat er met hun lichaam gebeurt. Dat liet ze over aan haar opvolger.

Op 28 maart 2017, toen Harris zitting had in de Senaat, diende procureur-generaal Becerra een strafklacht in tegen Daleiden en een medestander wegens het heimelijk opnemen van gesprekken.[16] De strafzaak tegen Daleiden is in behandeling. Hij heeft gezegd dat hij onschuldig is en beweert dat hij handelde als journalist die op zoek was naar de waarheid. Daleiden beschikt over een uitstekend team van strafadvocaten. Daartoe behoort Steve Cooley, de voormalige openbaar aanklager van Los Angeles County die in 2010 de strijd aanbond met Harris. Cooley beweert dat Harris' handelingen immoreel waren omdat ze verplicht was aan Planned Parenthood. Ook Daleiden laat van zich horen. 'Het is vrij duidelijk dat de reden waarom alleen ik onder vuur werd genomen door Kamala Harris is dat ik kritiek durfde te hebben op Planned Parenthood en op de abortusindustrie,' zegt Daleiden in een fraai gemaakte video.[17]

Kathy Kneer ging in juli 2017 weg bij Planned Parenthood. Wat vindt zij van de rol die Harris heeft gespeeld?

'Ik denk dat ze voorzichtig was. Zelfs als je haar ontmoette, zei ze niet: "Ik sta aan jouw kant." Ze was neutraal.'

Met trots steunt Harris het recht van de vrouw om zelf te kiezen. Maar volgens Kneer was Harris een professionele jurist. Zo deed ze dat nu eenmaal.

Hoofdstuk 24

'Pak ze maar aan!'

Kamala Harris was tijdens haar werk als openbaar aanklager in Oakland en San Francisco in aanraking gekomen met de seksuele uitbuiting van kinderen. Ze maakte van haar positie als procureur-generaal van Californië gebruik om aandacht te vragen voor dit probleem. Die inspanningen vonden uiteindelijk ook weerklank op nationaal niveau.

'Mensenhandel is een moderne vorm van slavernij,' zei Harris in een rapport dat in 2012 uitkwam, tijdens haar tweede jaar als procureur-generaal. 'Daarbij hebben daders door middel van geweld, fraude of dwang zeggenschap over iemands leven, om het slachtoffer uit te buiten voor dwangarbeid, seksuele uitbuiting of beide.'[1]

Het rapport gaf aan dat sekshandel in het internettijdperk 'nu vooral online plaatsvindt'. En het noemde specifiek 'gewetenloze websites als Backpage.com'.

Backpage was in de ogen van Harris en anderen niets anders dan een online souteneur. Het platform was de belangrijkste plaats gaan innemen binnen de online sekshandel. Iedereen die een smartphone bezat, kon toegang krijgen tot geheime lijsten en een prostituee bestellen. De website was actief op 943 locaties en in 97 landen, met een winst van meer dan 100 miljoen dollar per jaar.

Backpage was voortgekomen uit de alternatieve tabloidkranten van de jaren zestig en zeventig. Net als de reguliere kranten waren deze kranten voor hun inkomsten afhankelijk van advertentierubrieken. In 2004 week Craig Newmark van dat businessmodel af door gratis advertentieruimte aan te bieden via zijn website Craigslist.

Michael Lacey en James Larkin gaven samen *Phoenix New Times* en andere publicaties uit die deel uitmaakten van hun Village Voice Media Holdings. Als reactie op de concurrentie van Craigslist zetten zij Backpage.com op. Die was genoemd naar de achterpagina (*backpage*) waarop de advertenties stonden in alternatieve kranten en het was feitelijk een weinig verhuld 'marktplein' voor prostitutie. Onder druk van rechtshandhavers en actiegroepen stopte Craigslist in 2010 met zijn rubriek met seksadvertenties.[2] Maar Backpage kon meteen de leeggekomen plek innemen.

Toen de winst toenam, leidden Larkin en Lacey luxe leventjes met veel internationale reizen en de aankoop van exclusieve panden. Een boven op een heuvel staande villa met uitzicht op de Golden Gate Bridge van San Francisco werd onlangs getaxeerd op bijna 14 miljoen dollar. Een zeskamerwoning in St. Helena, midden in de wijnstreek Napa Valley, werd getaxeerd op 3,4 miljoen dollar.

In augustus 2011, acht maanden nadat Harris haar ambt was gaan bekleden, ondertekende ze samen met 44 andere procureurs-generaal van een groot aantal staten een brief die aan de advocaat van Backpage was gericht. Daarin stond dat ze 'zich steeds meer zorgen maakten over mensenhandel, met name de handel in minderjarigen'. Backpage.com vormde volgens de wethandhavers 'een spil voor dergelijke activiteiten'.[3] De brief had kennelijk weinig of geen invloed. Backpage bleef doorgaan als voorheen.

In juli 2013 was Harris een van de 49 staatsprocureurs-generaal die een brief ondertekenden aan belangrijke leden van het Amerikaanse Congres, waarin erop werd gewezen dat het door de federale Communications Decency Act (de Wet op fatsoenlijke communicatie) voor wetshandhavers van de staten onmogelijk was om hun plicht te vervullen 'om onderzoek te doen naar, en vervolging in te stellen tegen degenen die prostitutie bevorderen en een gevaar vormen voor onze kinderen'.[4] Deze wet, die in 1995 door president Clinton was ondertekend, moest ervoor zorgen dat kinderen op internet geen pornografie zouden tegenkomen, maar slaagde daar niet in. Dat kwam doordat deze wet Facebook, Twitter, Google, Reddit en andere bedrijven die een dominante rol op internet spelen beschermde tegen strafrechtelijke en civiele aansprakelijkheid voor alles wat er op hun websites wordt geplaatst. Die immuniteit is van cruciaal belang voor hun businessmodel.

Backpage verschool zich achter diezelfde immuniteit. De eigenaren van Backpage stelden dat ze niet verantwoordelijk konden worden gehouden voor de inhoud van de advertenties op hun website. In hun brief aan het Congres van 2013 kwamen de procureurs-generaal van de diverse staten met bewijs dat de website gebruikt werd om kinderen te verhandelen voor het seksuele genot van mannen, en voor de financiële winst van souteneurs en Backpage zelf. Eén souteneur uit Florida, zo vertelde de brief, had zijn naam op de oogleden van een dertienjarig meisje getatoeëerd om aan te geven dat ze zijn eigendom was.

In de jaren daarna kwamen meer details naar boven over slachtoffers. Een meisje dat via Backpage aan de Amerikaanse oostkust was verkocht, moest onder bedreiging van een wapen gedwongen orale seks uitvoeren, haar keel werd dichtgeknepen en ze werd het slachtoffer van een groepsverkrachting. In 2013 en 2014 werd een vijftienjarig meisje, dat door haar oom en zijn vrienden voor 200 dollar per uur voor seks was verkocht via Backpage, verkracht in hotelkamers. Op 20 juni 2015 werd een meisje dat in Texas werd verhandeld door een klant vermoord. Hij probeerde dat te verhullen door haar lichaam te verbranden.

'Federale wetshandhaving op zich blijkt onvoldoende om de groei van via internet geregelde seksuele uitbuiting van kinderen een halt toe te roepen. Zij die vooraan staan in de strijd tegen seksuele uitbuiting van kinderen – plaatselijke en staatsrechthandhavers – moeten het gezag krijgen om onderzoek te doen naar degenen die dergelijke vreselijke misdaden faciliteren en om hen te vervolgen,' zeiden de procureurs-generaal in die brief aan het Congres in 2013.

Het Congres kwam niet in actie in 2013. En ook niet in het jaar daarna, of het jaar daarna, of zelfs het jaar dáárna. Maar procureur-generaal Harris had een plan.

Maggy Krell studeerde in 2003 af in de rechten aan de UC Davis School of Law. Ze ging aan de slag als plaatsvervangend openbaar aanklager in San Joaquin County, een van de welvarendste landbouwcounty's in de rijkste landbouwstaat van Amerika. Het was echter ook een county waar veel landbouwgrond omgeploegd was voor woningbouw en winkelcentra. Als lagere plaatsvervangend openbaar aanklager was het Krells verantwoordelijkheid om prostitutiezaken te vervolgen. Ze moest aanklachten indienen tegen jonge vrouwen die van prostitutie werden beschuldigd. Die leken zo kwetsbaar. Door hun verhalen, zei ze, 'voelde ik me heel beroerd.'[5] Er moest een betere manier zijn.

Krell stapte in 2005 over naar het Californische ministerie van Justitie, waar ze promotie maakte tot ze deel ging uitmaken van een eenheid die complexe misdaden vervolgde die over countygrenzen heen plaatsvonden. Veelal betrof dat zaken waarbij sprake was van hypotheekfraude. Die waren interessant en belangrijk, maar waar ze zich vooral voor inzette waren gevallen van mensenhandel, en met name sekshandel. In de jaren waarin ze bij het Californische ministerie van Justitie werkte, hielp ze mensen vervolgen die bordelen runden die zich voordeden als een massagesalon. Ze bracht aanklachten in tegen leden van families en internationale bendes die dachten dat ze vrouwen en meisjes konden verhandelen in plaats van wapens en drugs die maar één keer verkocht konden worden. De vrouwen en meisjes hadden weinig of niets te zeggen over hun eigen leven. 'Er was één gemene deler: Backpage,' zei Krell.

In juli 2016 was Maggy Krell met haar achtjarige zoontje aan het kajakken op Donner Lake, een mooi schilderachtig meer. Het was genoemd naar de Donner Party, een groep pioniers die tijdens de vreselijke winter van 1846-1847 vast waren komen te zitten in het

Sierra-gebergte en het enkel overleefden door hun overleden reisgenoten op te eten. Haar mobieltje ging, maar het was een anoniem nummer, en daarom negeerde Krell de oproep.

Een paar minuten later stuurde Nathan Barankin, de stafchef van procureur-generaal Harris, haar een berichtje dat ze haar telefoon moest opnemen.

De telefoon ging opnieuw.

Harris was aan de lijn.

Krell peddelde terug naar de aanlegsteiger en stapte op blote voeten uit de kajak. De ontvangst was slecht en daarom klom ze een heuvel op voor een beter bereik. Harris wilde details over een zaak waar Krell al drie jaar aan werkte. Hoeveel slachtoffers waren er? Waren het minderjarigen? Zouden ze willen getuigen? En hoe zat het met de wet die in dit geval met name een belemmering zou vormen? Krell was buiten adem van het klimmen, maar gaf zo goed mogelijk antwoord. 'Ik sprak met een andere openbaar aanklager. Ze begreep het,' antwoordde Krell. Aan het eind van het gesprek zei Harris: 'Pak ze maar aan!'

Met steun van procureur-generaal Kamala Harris zette Krell een zaak op die de grenzen van de Californische staatswet zou opzoeken. Ze zou de eigenaren van Backpage.com aanklagen, een bedrijf dat 600 miljoen dollar waard was en dat geavanceerde technologie gebruikte en wereldwijd actief was, vanwege die eeuwenoude verdorven misdaad: als souteneur prostituees aanbieden.

Krell was in 2013 aan de zaak begonnen op grond van berichten in het nieuws over Backpage en rapporten van het National Center for Missing & Exploited Children dat honderden gevallen had genoemd waarbij vermoedens rezen dat er in Californië kinderen verkocht werden met behulp van advertenties op Backpage.

Er was niet veel voor nodig om te bewijzen dat Backpage voor prostitutie werd gebruikt. Samen met rechercheurs plaatste ze twee advertenties op Backpage: een voor een sofa en een voor een 'escort'. Eén lezer van Backpage vroeg informatie over de sofa. Binnen 48 uur kwamen er 803 telefoontjes van mannen die gebruik wilden maken van de escortservice.

Onder leiding van Krell nodigden rechercheurs ook vrouwen en meisjes uit die op Backpage adverteerden om naar een motelkamer te komen langs de snelweg Interstate 80, in Rocklin, een buitenwijk ten noordoosten van Sacramento. Vier vrouwen die reageerden waren in de twintig. Twee meisjes die kwamen opdagen waren vijftien, één was zestien en een ander meisje zeventien. Een van die meisjes vertelde over een vijfde meisje, dat in het openbaar alleen bekend was met de initialen E.V. Zij was dertien jaar oud en haar foto stond op Backpage. Krell kon zich zo voorstellen dat dat meisje in een normale wereld op haar verjaardagsfeestje samen met haar vriendinnetjes op een piñata zou slaan. Maar in de wereld van Backpage volgde E.V. de aanwijzingen van haar zeventienjarige mentor en verdiende ze geld voor hun pooier. Op een dag, zo vertelde het zeventienjarige meisje aan Krell, gingen ze met hun pooier naar een kledingzaak. Het dertienjarige meisje was zo klein dat ze kleding moesten uitzoeken op de kinderafdeling.

'We hebben haar nooit kunnen opsporen,' zei Krell. 'Ik moet de hele tijd aan haar denken.'

Krell diende namens de staat Californië onder geheimhouding de aanklacht in eind september 2016 en ze beschuldigde de CEO van Backpage, Carl Ferrer, en de eigenaren van het platform Lacey en Larkin van meerdere gevallen van faciliteren van prostitutie. Ze vaardigde ook een arrestatiebevel uit voor Ferrer, Larkin en Lacey. De autoriteiten stonden hem op te wachten toen Ferrer in oktober met een vliegtuig vanuit Amsterdam aankwam op George Bush Intercontinental Airport van Houston. Toen Ferrer eenmaal achter slot en grendel zat, doorzochten ze de kantoren van Backpage in Dallas.

Op 6 oktober 2016, ruim een maand voor de verkiezingsdag, maakte Californië de aanklacht openbaar.[6] Ken Paxton, de procureur-generaal van Texas wiens agenten de Californische overheid hielpen, hield een persconferentie waarin hij de arrestatie bekendmaakte. Harris liet een persverklaring uitgaan, maar hield geen persconferentie. Harris was ook niet in de rechtszaal aanwezig op 12 oktober 2016 in Sacramento, waar alle drie de verdachten officieel werden aangeklaagd en waarbij talloze verslaggevers aanwezig waren, onder wie ikzelf. Ze belegde zelden een persconferentie na arrestaties en ze liet verdachten ook niet voor de camera's van de pers verschijnen.

Die dag werden verschillende rijen stoelen van de rechtszaal bezet door ouders van uitgebuite kinderen en mensen die namens hen actievoerden. Ze hadden er jaren op gewacht dat de leidinggevenden van Backpage voor de rechter verschenen. Harris had iets voor elkaar gekregen wat niemand anders was gelukt. Toen ze de aanklacht voorlas, richtte Harris zich specifiek tot Carissa Phelps en ze complimenteerde haar omdat ze kinderen die hier het slachtoffer van waren geworden opspoorde en begeleiding gaf. Phelps, een advocaat, vertelt in haar boek *Runaway Girl* hoe ze zelf als kind ook slachtoffer van sekshandel was geworden. 'Iemand moest hiermee beginnen,' zei Phelps over Harris. 'Het getuigt van moed om dit te doen als je de link met Californië hebt. Dat is de thuisbasis van de grote techbedrijven.'[7]

Verdedigers van Backpage uitten meteen kritiek op Harris en ze beschuldigden haar ervan dat ze deze aanklacht precies op dit moment indiende, rond de verkiezingen van 8 november. Hoewel Harris een zetel in de landelijke Senaat probeerde te bemachtigen, lag de uitkomst van de verkiezingen eigenlijk al vast. Een peiling twee weken voor de rechtszaak gaf aan dat Harris 22 procent meer stemmen zou krijgen dan Sanchez.

De leidinggevenden van Backpage voerden in de rechtszaal aan dat zij niet verantwoordelijk konden worden gehouden voor de inhoud van hun website. Op grond van de Communications Decency Act waren ze onschendbaar voor de souteneurswetten van de staat. Om hun verdediging kracht bij te zetten, gebruikten de advocaten van Backpage Harris' eigen woorden uit de brief van juli 2013 die zij en de andere procureurs-generaal van diverse staten hadden ondertekend. In die brief hadden ze er namelijk bij het Congres op aangedrongen om de Community Decency Act aan te passen zodat staten websites konden vervolgen waarop kinderen werden aangeboden voor seks.

Op 9 december 2016 gaf een Californische rechter de advocaten van Backpage gelijk en verklaarde de zaak niet-ontvankelijk. Dat betekende echter niet dat het nu voorbij was. Bij de doorzoeking van de kantoren van Backpage hadden agenten een enorm aantal documenten verzameld met alle details van de financiële transacties van Backpage. Met behulp van die documenten konden ze aantonen dat Backpage, toen de grote creditcardmaatschappijen hun betalingen niet langer verwerkten, klanten vroeg om cheques naar postbussen te sturen, cryptocurrency te gebruiken of betalingen naar brievenbusfirma's te sturen. Backpage probeerde geld wit te wassen via banken in IJsland, Hongarije en Liechtenstein, stelde de staat.

Harris was al verkozen voor de landelijke Senaat toen Krell op 23 december 2016, met goedkeuring van de vertrekkende procureur-generaal, een nieuwe aanklacht indiende waarin ze alle drie de leidinggevenden van Backpage ervan beschuldigde dat ze staatswetten tegen witwassen hadden overtreden. Het Backpage-imperium stond op wankelen.

Het besluit van Harris om Backpage aan te pakken was niet zonder politieke risico's. Hoewel Backpage een crimineel bedrijf was, viel Harris wel een internetbedrijf aan in een staat die meer dan welke andere staat ook aan de wieg van internet had gestaan en vocht ze de bescherming aan die de Community Decency Act bood. Een aantal van de grootste bedrijven in Californië en veel van de grootste belastingbetalers in de staat waren afhankelijk van de bescherming waarvoor die wet zorgde. 'Dit is een beangstigend misbruik van macht om een bedrijf lastig te vallen enkel omdat het Harris niet aanstaat hoe mensen dat bedrijf gebruiken,' schreef een verslaggever, 'en omdat zij en haar medewerkers niet de moeite willen nemen om het echte wetshandhavingswerk uit te voeren om met behulp van die informatie de daadwerkelijke wetsovertreders aan te pakken. Het is een schande.'[8]

Harris was op 23 augustus 2017 al lid van de Amerikaanse Senaat toen rechter Lawrence G. Brown van het Hooggerechtshof in Sacramento haar besluit bekrachtigde en oordeelde dat Californië Larkin, Lacey en Ferrer kon vervolgen voor witwassen.[9]

In april 2018 bekende Ferrer schuld aan het ten laste gelegde witwassen en hij beloofde tegen zijn voormalige bazen Larkin en Lacey te getuigen.

Op 9 april 2018 maakte het kantoor van de federale procureur-generaal in Phoenix een aanklacht met 93 onderdelen bekend tegen zeven directeuren van Backpage. Ze werden beschuldigd van samenzwering, het faciliteren van prostitutie binnen en buiten hun eigen staat, en van witwassen.[10] Deze rechtszaak heeft ook nog niet plaatsgevonden en ieder van de zeven personen verklaarde onschuldig te zijn. Ferrer werkt met de federale rechters samen. Dat dit een federale zaak is geworden, is deels te danken aan het onderzoek dat in Californië is verricht.[11] 'Het was altijd al een nationale zaak,' zei Krell. 'We moesten hem in Californië indienen omdat niemand anders het deed.'

De federale overheid verbood Backpage in april 2018. Nieuwe websites hebben de lege plaats ingenomen, maar die zullen minder schaamteloos moeten zijn dan Backpage. In april 2018 heeft president Trump een wet ondertekend die stelt dat de Communications Decency Act geen immuniteit biedt aan websites die kinderen voor seks aanbieden en dat slachtoffers en procureurs-generaal dergelijke websites op staatsniveau kunnen vervolgen.

Hoofdstuk 25

'Ik ben van plan om te strijden'

In oktober 2016 was de strijd om de Senaatszetel tussen Kamala Harris en Loretta Sanchez maar bijzaak. Harris liep al meer dan een jaar voorop in de peilingen. Hoewel ze het eigenlijk niet nodig had, gaf vertrekkend president Barack Obama haar in de laatste weken voor de verkiezingen nog een duwtje in de rug door namens haar in een televisiespotje te verschijnen dat in de hele staat werd uitgezonden.

'Kamala Harris zal als uw senator elke dag onbevreesd strijden voor de bevolking van Californië,' zei Obama tegen de kiezers.

De Californische kiezers hadden veel meer aandacht voor Donald Trump en zijn grove opmerkingen die vastgelegd waren bij de opnamen van *Access Hollywood*, waarin hij sprak over het aanranden van vrouwen. En voor de brief van FBI-directeur James Comey, waarin hij aankondigde dat hij opnieuw onderzoek ging instellen naar de e-mails van Hillary Clinton.

Wat lokale kwesties betreft, kon er in Californië gestemd worden over tal van initiatieven die stof deden opwaaien. Een ervan wilde de verkoop van cannabis legaliseren. Een ander initiatief wilde de belasting op sigaretten verhogen met 2 dollar per pakje. Een derde wilde het kopen van munitie verbieden voor mensen die geen wapenvergunning hadden. Twee anderen wilden óf een einde maken aan de doodstraf, óf de executies sneller later uitvoeren.

De politiek commentator van de *Los Angeles Times*, George

Skelton, die sinds Pat Brown gouverneur was verslag had gedaan van Californische verkiezingscampagnes, schreef een maand voor de verkiezingen dat de verkiezingsstrijd tussen Harris en Sanchez 'evenveel aandacht trok als de verkiezingen voor een zetel in het muggenbestrijdingsbestuur van de staat. Californië had in het verleden heel veel spannende races om de Senaatszetel gehad: Boxer versus Carly Fiorina. Dianne Feinstein versus Mike Huffington. Jerry Brown versus Pete Wilson. Alan Cranston versus Max Rafferty. Maar Kamala Harris versus Loretta Sanchez? Gaap.'[1]

Als Harris ervan overtuigd was geweest dat ze zou winnen, had het haar vergeven kunnen worden dat ze een geldinzamelingslunch organiseerde in Boulevard, een van de luxere restaurants in het centrum van San Francisco, op 20 oktober 2016, haar 52ste verjaardag. Een van haar vrienden, Cory Booker, de Democratische senator van New Jersey, was een speciale gast. Harris stond op om de aanwezigen toe te spreken. Zoals ze zo vaak deed, sprak ze over wapenbezit, wapengeweld en schietpartijen op scholen.

San Francisco is als vrijwel geen andere stad gewend aan wapengeweld. In 1978 had Dan White de bewaking van een gebouw van de gemeente omzeild door via een zijraam naar binnen te klimmen. Hij was een voormalige politieagent en brandweerman uit San Francisco, die gestopt was met zijn baan als lid van de San Francisco Board of Supervisors. In het gebouw liep hij het kantoor van burgemeester George Moscone binnen en eiste dat die hem zijn baan teruggaf. Toen Moscone dat weigerde, haalde White een pistool tevoorschijn en schoot hem dood met vier kogels. Vervolgens sloop hij naar Harvey Milk toe, het eerste homoseksuele lid van de Board of Supervisors. White stapte Milks kantoor binnen en schoot vijf keer op hem. Dianne Feinstein, ook een lid van de Board of Supervisors, hoorde de schoten en rook de kruitdampen. Ze rende naar Milk toe en voelde zijn pols. Hij was dood. Volgens het geldende opvolgingsplan werd Feinstein de burgemeester van een geschokte stad.

Feinstein was op 1 juli 1993 zes maanden senator toen een mislukte zakenman op de 33ste verdieping van een flatgebouw in het centrum van de stad, op nog geen tien minuten lopen van Boulevard, gewapend met twee semiautomatische DC9-pistolen, een .45 kaliber semiautomatisch pistool en honderden kogels een koptelefoon opzette om het geluid te dempen en om onverklaarbare redenen het vuur opende in een advocatenkantoor en acht mensen doodde.[2] Na dat bloedbad slaagde senator Feinstein erin om er een federale wet door te krijgen die het bezit van aanvalswapens verbood, hoewel die wet tien jaar later afliep.

Tijdens de lunch in Boulevard sprak Harris tot de aanwezigen over politierapporten die ze gelezen had met gedetailleerde beschrijvingen van het afslachten van 'Kinderen. Kleine kinderen'.

Plotseling zweeg ze.

'Erin, het spijt me zo erg. Ik had er niet bij stilgestaan dat jij hier ook was.'

Erin Lehane, een van de supporters van Harris die er die dag bij was, had haar dochtertje Rose van zeven meegebracht. Zij was het enige kind in de zaal.

Harris kende Rose al van kleins af aan, ze keek het meisje aan en beloofde dat ze na afloop met haar zou praten. Toen de gasten eenmaal begonnen te vertrekken, schoof Harris twee stoelen dicht bij elkaar en boog zich naar Rose toe. Ze vroeg haar of ze bang geworden was van de dingen die Harris had gezegd.

Erin Lehane kon niet alles horen wat Harris zei. Rose vertelde haar moeder later dat Harris gezegd had dat ze niet bang hoefde te zijn. Dat er zoveel mensen waren die haar zouden beschermen: haar moeder, haar leerkrachten op school, de politie.

'Ze probeerde haar gerust te stellen,' zei Lehane. 'Ze vroeg of Rose nog iets wilde vragen. Ze nam er heel veel tijd voor. Er was geen camera bij. Er waren geen verslaggevers. Niemand wist ervan. Ze was op dat moment heel meelevend en wilde dat Rose zich veilig zou voelen.'[3]

Lehane zag dat Harris haar medewerkers liet wachten en dat die ongeduldig leken. Ze had nog andere afspraken die dag.

'Het was een heel medemenselijk moment voor iemand die niet veel tijd had om medemenselijk te zijn,' vertelde Lehane.

Kamala Harris, die kort voor de verkiezingen al zeker van haar overwinning was, begon campagne te voeren voor andere kandidaten die zich beschikbaar stelden voor wetgevende en Congreszetels. Ze beloofde samen te werken met bepaalde mensen, regelde steun in ruil voor gunsten in de wetenschap dat ze die op een dag zou opeisen. Zelfs nog voor alle stemmen geteld waren, werd er al gespeculeerd over haar volgende stap.

'Insiders wijzen op een kandidatuur voor het Witte Huis,' schreven de columnisten Phil Matier en Andy Ross van de *San Francisco Chronicle* op 6 november 2016, twee dagen voor de rampzalige dag van de presidentsverkiezingen.[4]

Toen de stembureaus in het oosten van het land sloten op de dag van de presidentsverkiezingen van 2016, bestelde het campagneteam van Harris guacamole, tortillachips en tapas in een restaurant vlak bij het ministerie van Justitie van Californië, in het centrum van Los Angeles. Ze keken de hele tijd naar hun telefoon, hielden bij wat *The New York Times* aangaf over de verwachte uitkomst, verversten die website voortdurend en konden niet geloven wat ze zagen, herinnerde Nathan Click, Harris' perssecretaris, zich.

'*Holy fuck*,' zei Sean Clegg, een van de belangrijkste strategen van Harris.

Clegg was de eerste die uiting gaf aan wat ze allemaal dachten. Verward en beseffend dat het onmogelijke was gebeurd, haastte Clegg zich naar de locatie waar Harris die avond een bijeenkomst zou houden: de Exchange LA, de gerenoveerde evenementenruimte in art-decostijl, waar ooit de Pacific Stock Exchange had gezeten.

Harris had de avond doorgebracht in een ander restaurant, met haar gezin en haar goede vrienden Chrisette en Reginald Hudlin en hun kinderen. Toen de waarheid tot iedereen doordrong, zo schreef Harris in haar autobiografie, keek Alexander, het zoontje van de

Hudlins van nog geen tien jaar oud, de toekomstige verkozen senator aan met tranen in zijn ogen.

'Tante Kamala, die man kan niet winnen. Hij gaat toch niet winnen, hè?'[5]

De angst van het jongetje raakte Harris diep. Snel vertrok ze naar Exchange LA, ging in een hoek apart zitten met Clegg en Juan Rodriguez en verscheurde de hoopvolle toespraak die ze had geschreven ervan uitgaand dat Hillary Clinton zou winnen.

Die avond boden sommige Democratische leiders elders in het land bereidwillig aan om met de verkozen president Trump samen te werken. Harris echter niet; niet die avond. Ze droeg geen ketting met afgehakte hoofden, zoals de mythologische oorlogsgodin Kali, toen ze sprak over haar eerste verkiezingsstrijd dertien jaar daarvoor, maar haar woorden – met de hand geschreven op stukjes papier – duidden er wel op dat ze op Kali begon te lijken. De politicus die zo vaak de kritiek gekregen had dat ze geen standpunten innam, gooide alle voorzichtigheid overboord.

Om ongeveer tien uur 's avonds stapte Harris het podium op, met haar man naast zich, terwijl er wel zo'n duizend aanwezigen toekeken. Velen waren in tranen en iedereen was vol ongeloof. Ze herhaalde het woord 'strijden' wel 26 keer in een toespraak die acht minuten duurde. Er was geen autocue.[6]

> 'Trekken we ons terug of gaan we strijden? Ik zeg dat we moeten gaan strijden. En ik ben dan ook van plan om te strijden. Ik ben van plan om voor onze idealen te strijden.
> Ik ben van plan om voor een staat te strijden die het grootste aantal legale en illegale immigranten van alle staten in ons land heeft. En ik wil er alles aan doen om te streven naar gerechtigheid en waardigheid van hen, en een eerlijke behandeling volgens de wet, en uitgebreide immigratiehervormingen doorvoeren. Ik wil hen uit de schaduw halen en strijden voor wie we zijn. Ik ben van plan om te strijden.
> Ik ben van plan om te strijden voor Black Lives Matter.

Ik ben van plan om te strijden voor waarheid en transparantie en vertrouwen. Ik ben van plan om te strijden.
Ik ben van plan om ervoor te strijden dat vrouwen toegang hebben tot gezondheidszorg en voor hun seksuele en reproductieve gezondheidsrechten.
Ik ben van plan om tegen die ontkenners te strijden die zeggen dat klimaatverandering niet bestaat.'

Harris beloofde om voor de burgerrechten van alle mensen te strijden, en voor gelijkheid tussen man en vrouw binnen het huwelijk. Ze beloofde om namens studenten tegen de studieschuld te strijden, om tegen Big Oil en ontkenners van de wetenschap te strijden, en voor de rechten van arbeiders op collectieve onderhandelingen en voor veilige wapenwetten.

'Dus hier draait het om: onze idealen staan nu op het spel. We moeten allemaal strijden voor wie we zijn.'

Harris had die avond een gemakkelijke overwinning behaald: ze won met 61,6 procent tegen 38,4 procent. Ze kreeg 7,5 miljoen stemmen en won op vier na alle 58 county's van Californië. Ze kreeg 3,1 miljoen stemmen meer dan Trump in Californië, hoewel 1,2 miljoen minder dan Hillary Clinton met haar 8,7 miljoen stemmen.

Aan het eind van Harris' toespraak lieten de campagnemedewerkers de verplichte ballonnenregen neerdalen, maar dat was een vergissing. Niemand was in de stemming om feest te vieren. Iedereen vertrok al snel. Harris en haar campagneteam spraken af om de volgende ochtend bij elkaar te komen in het campagnekantoor aan Wilshire Boulevard.

Die dag belde ze wat supporters op om hen te bedanken en ze begon erover na te denken van welke commissies ze deel moest gaan uitmaken om de grootste invloed te kunnen hebben. Samen met haar team nam ze ook beslissingen over haar eerste publiekelijke optreden als verkozen senator. Dat zou plaatsvinden op het hoofdkwartier van de Coalition for Humane Immigrant Rights of Los Angeles, een organisatie die zich inzet voor immigranten. Het viel journalisten die verslag deden van de bijeenkomsten op dat ze een brok in haar keel kreeg toen ze aan de kinderen terugdacht die haar hadden gevraagd of ze uitgezet zouden worden.

'Je staat niet alleen,' zei ze tegen de aanwezigen, 'je doet ertoe en we staan achter je.'[7]

Senator Kamala Harris had laten zien met welke standpunten ze naar Washington zou gaan. Ze besprak haar volgende campagne niet die avond of de dag erna. Maar het team van adviseurs moest onwillekeurig vooruitdenken en overwegen wat er tijdens de campagne van 2020 zou gaan gebeuren.

Hoofdstuk 26

Op het nationale toneel

Toen de verkiezingsdag van 2016 aanbrak, waren Kamala Harris en haar medewerkers al maanden bezig om de basis te leggen voor de start van een Senaatsloopbaan waardoor ze ineens in het hele land in de schijnwerpers zou staan.

Maar die plannen waren niet haar idee: ze werden haar opgedrongen door haar medewerkers. Dat kwam doordat Harris te bijgelovig was en pas aan een mogelijke overwinning wilde denken als de stembureaus dichtgingen. Als je je op iets anders richtte, dacht ze, al was het maar één minuut, kon dat een kandidaat laten struikelen of een politieke loopbaan beschadigen. Maar half september had ze een ruime voorsprong op Sanchez. Dus toen haar hogere adviseurs met een bredere kring van supporters spraken, kwam regelmatig ter sprake wat er na de verkiezingen zou gebeuren. Tijdens een van die gesprekken zei een hogere functionaris van de regering-Obama tegen Harris dat het een grote fout was om niet verder te kijken dan de verkiezingsdag. En dat ze nu al een aanvraag moest indienen om van specifieke commissies lid te mogen worden. Harris antwoordde dat ze die verzoeken niet had ingediend omdat ze nog niet had gewonnen. De functionaris probeerde uit te leggen hoe alles werkte in Washington: als Harris zou wachten, zou ze achteraan in de rij moeten aansluiten.

Bijgelovig of niet, Harris nam de wijze raad ter harte en vroeg haar campagnemedewerkers om met transitiezaken te gaan beginnen, waarop die onmiddellijk aan de slag gingen. Ze moesten ook uit zien te vogelen hoe ze Harris konden helpen om in de commissies te komen die ze uitgekozen had, met name commissies waardoor ze voldoende in de nationale spotlights kwam te staan om de ambitieuze beloften van haar campagne te kunnen nakomen.

Om te beginnen wilde ze lid worden van de Environment and Public Works Committee (de Commissie Milieu en Openbare Werken). Die commissie had zeggenschap over het water- en bosbouwbeheer, wat heel belangrijk was nu het klimaat veranderde, en dat was van cruciaal belang voor Californië. De perioden van droogte waren langer geworden, en de bosbranden in het Sierra-gebergte en de branden van de eiken en struiken in de heuvels dichter bij de kust waren heviger dan ooit tevoren. Obama was van die commissie deel gaan uitmaken toen hij in 2005 als senator begon en hij had het erg naar zijn zin gehad. Harris was ook geïnteresseerd in de Veterans' Affairs Committee (de Commissie voor Veteranenzaken) aangezien er in Californië 2 miljoen veteranen wonen.

Maar ze wilde vooral deel gaan uitmaken van de commissie Juridische Zaken, omdat dat precies aansloot bij haar kwalificaties en ervaring als openbaar aanklager en haar belangstelling voor hervorming van het strafrecht. Het was ook een van de meest zichtbare commissies van de Senaat. De hoorzittingen werden vaak op televisie uitgezonden. Helaas was er ook een berucht lange lijst van senatoren die tot die commissie wilden toetreden.

In 2016 leek het op grond van gezond verstand, de peilingen en elk ander signaal duidelijk dat Hillary Clinton de volgende president zou worden. Daarom moesten er niet enkel plannen gemaakt worden voor de Senaattransitie, maar ook voor de manier waarop Harris deel kon uitmaken van de nieuwe regering-Clinton, en de invloed die die regering zou hebben op heel Washington.

Harris had pluspunten die de meeste andere nieuwe senatoren niet hadden, en een heel grote daarvan was dat 'Obamaworld' achter haar stond. Hoge functionarissen van de regering-Obama en andere prominente adviseurs hadden haar niet enkel geholpen om verstandige transitiebesluiten te nemen, maar gaven haar ook aanzien. Misschien dat ze ook voor een paar kruiwagens konden zorgen, en dat ze haar konden laten opvallen tussen de nieuwe Congresleden.

Harris was op het nationale toneel al geen onbekende meer en ze had steun van enkele van de prominentste Democraten. Ron Wyden van de staat Oregon was een van de senatoren die haar met haar Senaatscampagne hadden geholpen. De senatoren Elizabeth Warren van Massachusetts, Cory Booker van New Jersey en Kirsten Gillibrand van New York hadden op de dag dat ze haar kandidatuur aankondigde bekendgemaakt dat ze achter haar stonden.

Dan was er ook nog de kwestie van het geld. Campagneadviseurs uit Washington hadden Harris verteld dat ze 40 miljoen dollar bijeen moest zien te krijgen om met succes campagne te kunnen voeren. Dat was ruwweg hetzelfde bedrag als Warren had opgehaald voor haar verkiezingsstrijd in 2012.[1] Haar Californië-team wist dat ze niet zoveel nodig had. Bovendien was Harris geen fanatieke fondsenwerver en vond ze het nooit erg prettig om kennissen om geld te vragen. Uiteindelijk haalde ze 15 miljoen dollar op voor de verkiezingsstrijd van 2016, en gaf ze 14,1 miljoen dollar uit aan de campagne. Maar omdat ze uit een staat kwam die bekendstond als een geldautomaat voor Democraten, kon ze het geld dat over was aan de Democratische Senaatscampagne Commissie schenken om voor andere verkiezingscampagnes in het land te gebruiken. Door haar bereidheid om collega-Democraten te helpen, kwam ze op goede voet te staan met senator Chuck Schumer van New York, die rechtstreeks profiteerde van Harris' ruimhartigheid omdat hij de leiding had van de nationale Senaatscampagne van de Democraten. Er werd alom verwacht dat Schumer gemakkelijk herkozen zou worden en dat hij de minderheidsleider Harry Reid van Nevada, die met pensioen ging, zou vervangen als de hoogste Democraat in de Senaat.

Het is een ingewikkeld en duister proces om te bepalen wie van welke Senaatscommissie deel gaat uitmaken. Er is geen duidelijk voorgeschreven procedure. En als die er wel was, bepaalde de traditie dat vrijwel alle beslissingen door Schumer genomen zouden worden. En dat gaf Harris reden genoeg tot optimisme.

De commissies waren niet het enige mijnenveld dat Harris zou moeten oversteken. In een wetgevend lichaam dat gebaseerd is op anciënniteit en onderlinge samenwerkingsafspraken waren er andere belangrijke relaties waaraan Harris zou moeten werken. Een van de belangrijkste was die met Dianne Feinstein, de senator van Californië met meer anciënniteit. Omdat ze al zo'n tijd in de Senaat zat, had Feinstein daarbinnen een aanzienlijke macht gekregen. Zij kon Harris helpen, of niet. Tot samenwerking komen met Feinstein zou een lastige zaak zijn. De wrijving dateerde nog van de begrafenis van agent Isaac Espinoza in 2004, toen Feinstein Harris in het openbaar had verweten dat ze niet de doodstraf had geëist voor de moordenaar van Espinoza. Harris zou op het slappe koord moeten balanceren om zich niet te veel te conformeren aan Feinstein, maar zich ook niet te voortvarend of te onafhankelijk op te stellen. Er zat verbetering in de ongelijke relatie tussen Harris en Feinstein, maar Harris moest ook gevoelig en voorzichtig zijn, omdat zij degene was die de wereld van Feinstein binnentrad. Harris zou, net als de rest van het land, de situatie moeten herijken en herbeoordelen terwijl Donald Trump, de grote onbekende, zich voorbereidde op zijn presidentschap.

Zoals in de Senaat traditie is, moesten nieuwe Senaatsleden eerder dan de anderen naar Washington komen. Op maandag 14 november begon er een introductieweek die in de volksmond het 'Bootcamp van de Senaat' wordt genoemd.

Harris vertelde haar medewerkers dat er twee dingen waren die ze graag wilde. Het ene kwam voort uit het oorspronkelijke plan: ze zouden een zo divers mogelijke groep medewerkers inhuren. Ze hadden bijvoorbeeld gehoord dat er maar weinig of zelfs geen zwarte stafchefs waren op dat moment en de enige die er wel was,

was een wetgevende directeur, die ook een sleutelpositie had.

Haar tweede besluit was iets nieuws: ze zouden ervoor zorgen dat er voor iedereen die van plan was geweest om voor de regering-Clinton te gaan werken en die nu geen baan had aandacht zou zijn in de vorm van een gesprek of ontmoeting, indien mogelijk.

Dat hield in dat er honderden telefoontjes en e-mails beantwoord moesten worden en dat er tientallen ontmoetingen ingepland moesten worden met Harris of hogere medewerkers. Twee van haar naaste assistenten, Debbie Mesloh, die al bij haar was nog voordat ze ooit verkozen was, en Michael Troncoso, die een medewerker van haar was geweest in het procureur-generaalskantoor van Californië, waren naar Washington verhuisd om met de hele onderneming te beginnen en ervoor te zorgen dat iedereen een passend antwoord kreeg. Zij zouden daar allebei een aantal maanden blijven.

Een gouden randje rond de wolk van de verkiezingen van 2016 was dat er zich drie vrouwen van kleur bij de voornamelijk witte, mannelijke Senaat zouden voegen.[2] Toen Harris zich meldde in de kelderverdieping van het Hart Senate Office Building, ontdekte ze dat haar kantoorruimte aan dezelfde gang lag als die van de andere twee dames. Catherine Cortez Masto van de staat Nevada, een bondgenoot bij hun gevecht tegen de banken in de nasleep van de kredietcrisis, zou de eerste Latijns-Amerikaanse senator van het land worden. Tammy Duckworth, de gehandicapte oorlogsheld uit Illinois, was de eerste Thais-Amerikaanse vrouw die tot de Senaat verkozen was. Ze hadden meteen een band.

Tot grote vreugde van Harris betoonde Feinstein zich vanaf het begin een belangrijke partner en bondgenoot. De grote ruimhartigheid verbaasde – en choqueerde – sommige van haar medewerkers, die op het beste hadden gehoopt maar zich op het ergste hadden voorbereid. Feinstein en vertrekkend senator Barbara Boxer hielpen Harris met de vele onverwachte logistieke kwesties, zoals het gekonkel over het verkrijgen van kantoorruimte. Feinstein hielp Harris ook met personeel aannemen en bood aan dat haar eigen medewerkers bij alles zouden helpen waar ze maar hulp bij nodig had.

En Feinstein gaf Harris wat goede adviezen die niet alleen zouden helpen om haar Senaatsperiode vorm te geven, maar die haar ook politiek in de schijnwerpers zouden zetten. Ze zei dat Harris moest overwegen om deel te gaan uitmaken van Senate Intel, de speciale Inlichtingencommissie van de Senaat.

Feinstein, die een van de langst zittende commissieleden was, waarschuwde dat het een heel zware baan was, met slopende werktijden, lange commissiehoorzittingen en veel besloten vergaderingen waarin een aantal van de gevoeligste en dringendste zaken van het land in het geheim besproken worden. Omdat senatoren geen eigen medewerkers in dienst kunnen nemen om met de dagelijkse stroom aan supergeheime informatie te helpen, komt veel van het werk op henzelf terecht en de werklast is dus enorm. Feinstein waarschuwde Harris dat ze ervan moest uitgaan dat ze, als ze in die commissie kwam, een reusachtig pak geheime inlichtingenrapporten en memoranda zou krijgen om 's avonds laat en 's nachts door te lezen zodat ze de volgende ochtend op de stortvloed aan besluiten en vergaderingen voorbereid zou zijn.

Feinstein waarschuwde Harris ook dat het lidmaatschap van die commissie nog meer nadelen had. Doordat alle inspanningen vanwege de aard van het werk geheim waren, is het grotendeels een ondankbare taak die in de schaduw wordt uitgevoerd. En zolang Harris van de commissie deel uitmaakte, had ze geen enkele mogelijkheid om naam te maken in de Senaat of om een nationaal profiel op te bouwen en verder te komen in haar politieke loopbaan. En daarom richtten veel senatoren, met name de nieuwkomers en degenen die een hoger ambt ambieerden, zich traditiegetrouw op andere commissies als ze aangaven waar ze graag zitting in wilden nemen. Harris diende toch een verzoek in voor deze commissie.

Het was een drukke tijd. Harris dacht na over elk aanbod dat ze kreeg van verschillende vooraanstaande Democraten die in cruciale commissies zaten. Onder meer het aanbod van Wyden, van de staat Oregon, die de Republikeinen woest maakte met zijn ijverige manier van doorvragen als belangrijk lid van de Finance Committee (de Commissie Financiën). Een van de eerste vragen die Wyden na de verkiezingen aan Harris stelde was: 'Hé, Kamala, heb je interesse in de Commissie Financiën?'[3] Wyden zou Harris ook graag als lid zien van de Environment and Public Works Committee (de Commissie Milieu en Openbare Werken), gelet op hun gedeelde belangstelling voor het beschermen van de westelijke staten tegen enorme bosbranden. En Wyden wist dat haar reputatie als een vasthoudende ondervrager goed van pas zou komen.

Iedereen wilde Harris in zijn of haar commissie hebben, 'omdat ze zoveel talent heeft en zo waardevol is als senator,' herinnert Wyden zich tegen haar te hebben gezegd. 'Ze weet dar er wachtlijsten zijn en zo, maar ik denk dat ik wel eerlijk kan zeggen dat er heel wat vooraanstaande leden zijn die hoopten dat zij in hun commissie zou komen.' Harris vertelde Wyden over haar eigen plannen en wat ze wilde bereiken.

'Ik kreeg ergens het gevoel dat ze, als ze haar gang kon gaan,' zei Wyden, 'deel zou gaan uitmaken van heel wat commissies.'

Toen Schumer op 20 december 2016 bekendmaakte wie aan welke commissies werd toegevoegd, won Harris als het ware de politieke jackpot.[4] Ze kreeg geen zitting in de Commissie voor Justitie, gezien de lange rij senatoren die al vele jaren eerder dan zij in het Congres zaten, maar ze ging wel deel uitmaken van vier andere commissies, allemaal belangrijke. Een daarvan was de Inlichtingencommissie. Een andere was de Milieu en Openbare Werkencommissie. Ook nam ze zitting in de Budgetcommissie, een van de cruciale commissies met rechtsbevoegdheid over de Affordable Care Act. En ze kreeg nog een aanstelling die er zonder meer voor zou zorgen dat ze in de nationale schijnwerpers kwam te staan: een zetel in de Commissie Binnenlandse Veiligheid en Regeringszaken. Harris verspilde geen seconde en maakte bekend welke nieuwe aanstellingen ze had gekregen. Ze zei dat ze daardoor de volmaakte positie had gekregen om de regering-Trump en de verkozen president zelf aan te pakken.

'Deze vier commissies zullen cruciale gevechtsterreinen zijn in de strijd om de toekomst van ons land,' zei Harris. 'In een tijd waarin zoveel Californiërs en Amerikanen onzeker zijn over onze toekomst, zal ik fel strijden voor onze gezinnen en de idealen van ons land.'[5]

Het was geen verrassing voor iedere Californiër die haar had leren kennen dat Harris goed op weg was om naam te maken op het nationale toneel. Maar ze paste haar aanpak aan. Misschien was het omdat ze niet langer in gedachten hoefde te houden dat ze de staat Californië vertegenwoordigde bij rechtszaken en haar mening vrijer kon uiten. Het was duidelijk dat de verkiezing van Trump – en die van haarzelf – invloed op haar had. Gezien haar status bereidde Harris zich erop voor om het verzet te leiden tegen die heel onwaarschijnlijke, onorthodoxe, verdeeldheid zaaiende en – zoals zij tegen hem aan ging kijken – racistische president.

Hoofdstuk 27

Het verzet

Vicepresident Joe Biden nam Kamala Harris op 3 januari 2017 de ambtseed af, waarmee ze de 45ste senator van Californië werd. De dochter van Shyamala Gopalan en Donald Harris, immigranten uit India en Jamaica die naar de Verenigde Staten waren gekomen voor een hogere opleiding en hopelijk een beter leven, was de tweede zwarte vrouw die plaatsnam in deze zeer exclusieve groep mensen, en de eerste vrouw met een Indiase achtergrond.

Harris was er van tevoren door de beste politieke figuren in Washington en Californië van op de hoogte gebracht hoe ze haar werk in de Senaat het best kon aanpakken. Ze moest vooral goede medewerkers in dienst nemen en zich goed voorbereiden. Dat deed ze inderdaad, en nog zoveel meer. Maar niets kon Harris – noch de rest van de Senaat – voorbereiden op het turbulente begin van de 115ste zittingsperiode van het Congres.

In tegenstelling tot wat heel Washington had verwacht – een vriendelijke machtsoverdracht van president Obama aan Hillary Clinton, vroegere vijanden die op één lijn waren komen te staan – kwam Donald J. Trump het feestje verstoren. Trump was van plan om zo veel mogelijk zaken ongedaan te maken die Obama en de Democraten in het Congres hadden bereikt.

Trumps kandidaten voor posities die toezicht moesten houden op dat afbraakproces moesten meteen in hoorzittingen verschijnen, in een Senaat die sterker langs partijlijnen verdeeld was dan ooit tevoren.

De Republikeinen, die de Senaat en het Huis van Afgevaardigden in handen hadden, drukten alles erdoor wat de nieuwe regering maar wilde, waaronder cruciale kwesties als immigratie, het milieu, ziektekostenverzekeringen, belastingen en de benoeming van rechters voor het Hooggerechtshof. Het enige wat de Democraten eigenlijk konden doen was protesteren.

In de dagen voor Trumps inauguratie maakten vertrekkende functionarissen van de regering-Obama zich grote zorgen over inlichtingen die erop duidden dat Trumps campagneteam, en wellicht de verkozen president zelf, met Rusland samengewerkt had om Hillary Clinton te kunnen verslaan. Obama's nationale veiligheidsteam deed in het geheim onderzoek naar deze mogelijke banden voordat Trump de macht in handen kreeg op 20 januari. De regering-Obama wilde belastende informatie verzamelen en veiligstellen voor het geval Trump zou proberen om de kwestie te verbloemen. Dat alles zorgde ervoor dat het een spannende periode was tussen het begin van het Congres en de inauguratie van Trump.

In de ogen van de Democraten was Harris iemand met vaardigheden die heel erg van pas zouden komen. Ze had immers 26 jaar binnen de rechtspraak gewerkt en voor een groot deel daarvan als openbaar aanklager. Hoewel ze al ruim tien jaar niet meer bij een rechtszaak betrokken was geweest, kon ze niettemin haar ervaring gebruiken om onwelwillende functionarissen van de regering-Trump te ondervragen op manieren zoals weinig anderen dat konden.

Dat was ongetwijfeld een van de redenen waarom Chuck Schumer, de leider van de Democraten in de Senaat, haar in zoveel belangrijke commissies plaatste, waaronder een commissie waarin doorgaans geen nieuwkomers werden opgenomen: de Inlichtingencommissie van de Senaat.

Een van de langst dienende leden van die commissie, Ron Wyden, kon zich niet herinneren wanneer er voor het laatst een nieuwe senator zitting in had genomen. Maar het werd steeds duidelijker in de periode na Harris' beëdiging dat haar verkiezing tot de Senaat niet op een beter tijdstip had kunnen komen: voor haarzelf en haar politieke ambities, en voor een Democratische partij die zo goed als verslagen was.

In alle vier de commissies waarin Harris een zetel had, de Inlichtingencommissie, de Binnenlandse Veiligheidscommissie, de Milieu en Openbare Werkencommissie en de Budgetcommissie, werd ze iemand die vooraan stond om de Democratische partijlijn te verdedigen tegen veel, zo niet alle, zaken die boven aan Trumps lijstje stonden. Haar rol bij die verdediging, of de tegenaanval, zou alleen maar groter worden en zou Harris' ambtstermijn in de Senaat helpen vormen en definiëren. Het zou later kenmerkend zijn voor haar verkiezingsstrijd voor het Witte Huis.

De zesde dag dat senator Kamala Harris in functie was, op 10 januari 2017, was een voorbode van de ruzieachtige en uitputtend drukke tijden die eraan kwamen. 's Ochtends hield de Binnenlandse Veiligheidscommissie een benoemingshoorzitting van generaal b.d. van het Amerikaanse marinierskorps John F. Kelly. Als hoofd van het Amerikaanse Zuidelijke Commando had Kelly van november 2012 tot januari 2016 de leiding gehad over alle Amerikaanse militaire operaties in Centraal-Amerika, Zuid-Amerika en het Caribisch gebied. Als Trumps kandidaat voor de belangrijke functie van minister van Binnenlandse Veiligheid zou Kelly de leiding krijgen over veel zaken die van groot belang waren voor de grensstaat Californië en voor het hele land. De viersterrengeneraal was zo'n graag geziene persoon dat de enorme steun vanuit beide partijen en de vleiende complimenten van de senatoren opmerkelijk waren, zelfs voor het Congres.

'Dit is een bijzondere functionaris,' zei Heidi Heitkamp, de Democraat van North Dakota, dwepend tijdens Kelly's hoorzitting. 'Maar een van de redenen waarom Binnenlandse Veiligheid volgens mij een lot uit de loterij heeft gewonnen met u – en dat is wel te merken aan het grote respect waarmee u vandaag bejegend wordt – is dat u zo'n brede ervaring hebt in een gebied dat een enorme uitdaging vormt voor onze zuidgrens en feitelijk de hele grensbeveiliging.'[1]

Harris was lang niet zo opgetogen toen het haar beurt was om vragen te stellen.

Nadat ze Kelly voor zijn dienst aan het land had bedankt, begon ze hem te vragen of hij Trumps aangekondigde plannen zou uitvoeren om een grensmuur te bouwen, om duizenden mensen uit te zetten, om de federale handhavingsinstanties uit te breiden en om het aantal detentiecentra in het hele land te verhogen. Dergelijke kwesties waren niet erg belangrijk in North en South Dakota, maar ze waren wel van heel groot belang in Californië. Daar bestond de bevolking voor 40 procent uit latino's, voor het grootste deel met wortels in Centraal-Amerika, en was 27 procent van de bevolking in het buitenland geboren.[2]

Harris zoomde onmiddellijk in op het DACA-programma (Deferred Action for Childhood Arrivals, het programma voor illegalen die als kind naar de Verenigde Staten zijn gekomen). Het was een van Obama's kenmerkende programma's geweest en bood bescherming aan veel jonge mensen, vaak 'Dreamers' genoemd, van wie de ouders op zoek naar een beter leven voor zichzelf en hun kinderen illegaal Amerika waren binnengekomen. Hoewel de Dreamers geen Amerikaanse staatsburgers waren, had het merendeel van hen geen band met het thuisland van hun ouders. Er woonden veel meer Dreamers in Californië dan in welke andere staat ook: 183.000 personen, van wie een groot deel studeerde en veel anderen een baan hadden. Hen het land uitzetten zou een van Trumps eerste initiatieven worden, werd er gezegd. Harris wilde met recht weten hoe Kelly hier tegenover stond.

'Bent u ervan op de hoogte dat onder uw voorgangers de directeur van het ministerie van Binnenlandse Veiligheid het besluit nam en het bevel aan het leger uitvaardigde?' vroeg Harris. 'Het was niet de president zelf die dat deed. Bent u daarvan op de hoogte?'

'Ja, mevrouw,' antwoordde Kelly.

'Goed. En bent u ervan op de hoogte dat veel van deze jonge

mensen hier als kind naartoe zijn gekomen en dat ze enkel Amerika kennen als hun thuisland?' vroeg Harris.

'Velen van hen vallen in die categorie,' was Kelly's antwoord.

'En bent u ervan op de hoogte,' ging Harris verder, 'dat ze nu studeren aan colleges, universiteiten en hogescholen in heel het land, dat sommigen bij bedrijven werken die in de Fortune 100-lijst staan, of bij grote en kleinere instellingen en ondernemingen?'

'Daar ben ik inderdaad van op de hoogte,' zei Kelly.

'En bent u van plan om de beperkte rechtshandhavingsmiddelen van Binnenlandse Veiligheid in te zetten om hen het land uit te zetten?'

'Ik zal me aan de wet houden,' zei Kelly.

Harris was bij haar ondervraging beleefd maar rechtdoorzee: tijdens de gehele hoorzitting kwam ze meer over als een beschaafde wetgever dan als een beangstigende buldog van een aanklager, wat sommige van haar collega's hadden verwacht. Maar in dit specifieke geval kreeg ze antwoord op haar vraag. Kelly liet doorschemeren, zonder het ronduit te zeggen, dat hij leiding zou geven aan een beleid dat tot de uitzetting van Dreamers zou leiden. Het was een rechtstreekse bedreiging voor meer dan 150.000 kinderen en jongeren in de thuisstaat van Harris.

Harris zou haar vonnis over Kelly bewaren tot negen dagen later, toen ze bekendmaakte dat ze tegen zijn benoeming zou stemmen.

'Helaas kan ik de Dreamers niet persoonlijk in de ogen kijken en enige garantie bieden dat generaal John Kelly hen niet zal uitzetten,' zei ze. 'En zonder die garantie kan ik zijn aanstelling als minister van Binnenlandse Veiligheid niet steunen. Om ethische en morele redenen moeten we ons houden aan de belofte die de regering van de Verenigde Staten aan deze jongeren heeft gedaan.'[3]

Kelly's benoeming werd de volgende dag, 20 januari, goedgekeurd met 88 tegen 11 Senaatsstemmen en een paar uur later werd hij beëdigd: op de dag van Trumps inauguratie. Harris was een van de elf personen die tegen stemde. Feinstein stemde voor.

Ongeveer een uur na Kelly's hoorzitting nam Harris deel aan haar eerste openbare hoorzitting van de Inlichtingencommissie van de Senaat.

Op de lijst van getuigen stonden vier van de hoogste nationale veiligheidsfunctionarissen van de regering, die de senatoren op de hoogte moesten brengen van een net vrijgegeven inlichtingenrapport over de veelzijdige poging van Rusland om de presidentsverkiezingen in Trumps voordeel te laten uitpakken.

Op dat moment hadden de publiekelijke speculaties – en de grote bezorgdheid – over de mogelijke steun van Rusland aan de presidentscampagne van Trump het kookpunt bereikt en de aankomende president deed weinig om het te weerleggen. Behalve dan dat hij het afdeed als *fake news*, oftewel nepnieuws.

President Obama had in december 2016, nog voor zijn aftreden, het hoofd van de Nationale Inlichtingendiensten, de FBI, de CIA, en de NSA opdracht gegeven om een zeer geheim rapport samen te stellen met de titel *Assessing Russian Activities and Intentions in Recent US Elections* ('Inschatting van de Russische activiteiten en bedoelingen bij recente Amerikaanse verkiezingen').[4] Een zwaar geredigeerde, openbaar te maken versie ervan was een paar dagen voor de hoorzitting uitgekomen en de conclusies die erin stonden waren huiveringwekkend.

Het rapport vertelde dat Rusland inderdaad een uitgebreide cybercampagne had uitgevoerd om de presidentiële verkiezingen te ondermijnen en Trump te helpen, en dat de Russische president Vladimir Poetin daar persoonlijk opdracht toe had gegeven.

'Russische pogingen om de Amerikaanse presidentsverkiezingen van 2016 te beïnvloeden, waren het meest recente voorbeeld van de al lang bestaande wens van Moskou om de door Amerika geleide progressief-democratische orde te ondermijnen,' stond er in het rapport. 'Deze activiteiten tonen echter ook aan dat er vergeleken met eerdere operaties een aanzienlijke toename is wat betreft de directheid, de mate van activiteit en de omvang van de pogingen.'

Trump en Obama werden beiden op de hoogte gebracht van het rapport en ontvingen er een kopie van.

Na afloop kwam Trump met een verklaring naar buiten waarin hij de schuld bij een bredere groep probeerde te leggen: hij stelde dat niet alleen Rusland, maar ook China en andere landen en groepen geprobeerd hadden om de Democratische en Republikeinse computersystemen te hacken. En, voegde hij eraan toe, 'het had absoluut geen invloed gehad op de resultaten van de verkiezingen'.[5]

Het openbare rapport had echter niets gezegd over de uitkomst van de verkiezingen. En hoewel de zeer geheime versie van het rapport dezelfde conclusies bevatte, was het veel gedetailleerder over wat 'de cruciale elementen van de beïnvloedingscampagne' werden genoemd. Die details waren zo explosief dat ze de Senaat en de rest van Washington op hun grondvesten konden laten wankelen.

Die bevindingen waren onder andere, volgens de *The Washington Post*, dat Amerikaanse spionageorganisaties over onbevestigde maar geloofwaardige inlichtingen beschikten dat Moskou *kompromat*, oftewel gênante en compromitterende informatie, bezat over Trumps persoonlijke leven en financiën.[6] Dat betekende dat de aanstaande beëdigde bewoner van het Witte Huis en de machtigste man ter wereld mogelijk het slachtoffer kon worden van chantage en onder druk gezet kon worden door een van Amerika's felste vijanden nadat die hem geholpen had om verkozen te worden.

Die conclusies stonden kennelijk in een twee pagina's lange samenvatting die aan het volledige rapport was toegevoegd. Dat addendum bevatte, volgens de *The Washington Post*, ook beschuldigingen van een nog vóórtdurend contact tussen leden van Trumps kring van vertrouwelingen en vertegenwoordigers van het Kremlin.

Harris had als procureur-generaal van Californië toegang gehad tot gevoelige rechtshandhavingsinformatie over internationale bendes, terroristische bedreigingen en meer van dat soort zaken. De Inlichtingencommissie van de Senaat opereert op een ander niveau, met een veel grotere mate van geheimhouding. De hele staf werkt vanuit een bunkerachtige SCIF (Sensitive Compartemented Information Facility) in een kelder zonder ramen onder het kantorencomplex van de Senaat. Het was verbazingwekkend voor Harris, die pas een paar dagen eerder in de Senaat was gekomen, dat ze toegang kreeg tot kwesties die zo van cruciaal belang waren voor de nationale veiligheid.

De Inlichtingen-hoorzitting was een heel spektakel. Het werd live uitgezonden door de grote kabelzenders, en met meer dan 150 camera's op de senatoren gericht leek het wel op een van de hoorzittingen van het Watergate-impeachmentproces. Toen het uiteindelijk Harris' beurt was, waren veel van de cruciale vragen al aan de orde gekomen.

Harris stelde daarom het hoofd van de Nationale Inlichtingendiensten James Clapper een reeks vragen waaruit bleek dat ze goed op de hoogte was. Ze vroeg of Amerikaanse inlichtingendiensten zich ervan verzekerden dat de computernetwerken en persoonlijke apparaten van de aankomende president en zijn transitieteam beschermd waren tegen de voortdurende cyberaanvallen van Rusland.

'We hebben er alles aan gedaan om het transitieteam uit te leggen wat de risico's zijn van het gebruik van mobiele apparaten in beveiligde gebieden en dergelijke,' zei Clapper.[7]

'Bent u ervan overtuigd dat uw pogingen om hun dat duidelijk te maken succesvol zijn geweest?' vroeg Harris.

'Dat moet u denk ik aan hen vragen,' antwoordde Clapper raadselachtig.

In de maanden daarna stond in het ene na het andere rapport precies het soort zorgeloze veiligheidsovertredingen waarover Harris vragen had gesteld. Onder andere over hoe hoge functionarissen van Trump hun privételefoons en -computers gebruikten voor hun werk voor het Witte Huis. Harris stelde nog een paar vragen aan James Comey, de FBI-directeur, voordat iedereen zich in een gesloten vergadering terugtrok, maar dat betrof geen heikele punten.

Twee dagen later ging Harris echter in de aanval, in de hoorzitting van Trumps kandidaat voor de post van CIA-directeur, Congreslid Mike Pompeo, een Republikein uit Kansas.

Harris kwam meteen ter zake en begon met de bevindingen van het net uitgekomen inlichtingenrapport.[8]

'Aanvaardt u volledig de bevindingen van dit rapport, ja of nee?' vroeg Harris aan Pompeo.

'Ik heb niets gezien op grond waarvan ik moet twijfelen aan de bevindingen van het rapport,' antwoordde Pompeo.

Harris betrad ook even een zijspoor naar wat grotendeels nog een onbekend terrein voor de commissie was. Daarmee liet ze haar medesenatoren zien dat ze goed voorbereid was op hoorzittingen en dat ze bereid is om een progressieve aanpak te gebruiken bij inlichtingenkwesties.

Ze ondervroeg Pompeo langdurig over zijn beruchte sceptische houding tegenover klimaatverandering, ondanks een vrijwel unanieme consensus van de Amerikaanse overheidswetenschappers. Ze wilde erachter komen hoe sceptisch hij precies was. En belangrijker nog: Harris vroeg Pompeo of zijn persoonlijke overtuigingen een negatieve invloed zouden hebben op de voortdurende inspanningen van de CIA om inlichtingen te vergaren over hoe er door de opwarming van de aarde wereldwijd al steeds meer instabiliteit en conflicten waren.

Toen Pompeo ontwijkend antwoordde, ging Harris er tegen het eind van de hoorzitting opnieuw op in, om een duidelijk antwoord van hem te krijgen.

'Meneer Pompeo, ten aanzien van klimaatverandering bent u, voor zover ik het begrijp geen wetenschapper. Wat ik graag wil weten en wat ik graag van u wil horen, is dat ik hier een aanstaande CIA-directeur voor me heb die bereid is om het overweldigende bewijs te aanvaarden als dat aangedragen wordt, ook als blijkt dat dat politiek nadelig is, of als dat vereist dat u een eerder ingenomen standpunt herziet.'

Harris kreeg Pompeo zo ver dat hij zei dat hij daartoe bereid was.

Vervolgens vertelde ze de kandidaat voor de functie van CIA-directeur dat ze er bezorgd over was dat de regering-Trump discriminerende praktijken zou gebruiken om tegen te werken dat de CIA LGBTQ'ers en Amerikaanse moslims in dienst nam 'die de organisatie vaak heel uitmuntend dienen' en waarbij ze zelf vaak grote risico's lopen.[9]

Tijdens een reeks vragen over de specifieke wetten die van toepassing zijn, wist Harris van Pompeo de geruststelling te krijgen dat alle werknemers op gelijke wijze beschermd zouden worden. Die hoorzittingen aan het begin van haar ambtsperiode, en andere, lieten zien dat Harris niet de plotselinge sensatie was, zoals de media haar later noemden. Ze was ook geen persoon die graag in de schijnwerpers stond om de aandacht op zichzelf te vestigen. Ze wilde enkel haar werk goed uitvoeren.

Kamala Harris kwam goed voorbereid naar de hoorzittingen; ze spreidde dan haar opengeslagen dikke documentmappen en aantekeningen voor zich uit, en noteerde haar vragen al gaande op kleine witte post-its. Harris leerde ook al snel rekening te houden met alle mysterieuze procedure- en protocolregels. Ze ging respectvol met haar collega's om en was zich bewust van haar plaats binnen de Senaatshiërarchie.

Zoals ze vanaf het begin van plan was, nam ze een intelligente, diverse groep medewerkers aan en bracht zelf vanuit Californië haar hoogste plaatsvervanger uit Sacramento mee: Nathan Barankin, die haar stafchef werd. De ervaren Capitol Hill-medewerkers die voor haar gingen werken waren Rohini Kosoglu, die haar plaatsvervangend stafchef werd, Clint Odom, die de enige zwarte wetgevende directeur van de Senaat werd, en Tyrone Gayle, een 29-jarige zwarte perssecretaris die aan Hillary Clintons campagne had meegewerkt. Harris nam Lily Adams aan om leiding te geven aan haar nationale mediastrategie. Zij was de kleindochter van de inmiddels overleden gouverneur van Texas, Ann Richards, en had een soortgelijke rol vervuld voor Hillary Clinton. Lily Adams werd al snel een graag geziene persoon onder de medewerkers van de Senaat en het was bekend dat ze een grote rol speelde bij Harris' voorbereidingen op belangrijke gebeurtenissen, zoals het ondervragen van hoge Trump-functionarissen. Harris' vaste politieke adviseurs in San Francisco bleven haar ook van advies dienen: Ace Smith, Sean Clegg en Dan Newman.

Harris probeerde met zowel Democraten als Republikeinen samen te werken bij kwesties die voor beide partijen van belang waren. Een van die personen was Rand Paul, de Republikeinse senator van Kentucky. Ze waren allebei geïnteresseerd in het hervormen van het borgtochtsysteem, waarbij mensen vaak geld moesten lenen om hun borg te kunnen betalen. Ze wilden ook samen de wetgeving steunen die illegale jongeren zou beschermen onder DACA. En ze nodigde John McCain, de Republikeinse senator van Arizona, uit om koffie met haar te gaan drinken. Hij deelde met haar de wijze lessen die hij in het Congres en tijdens campagnes had geleerd.

De hele tijd draaide de publiciteitsmachine van Harris op volle toeren om via Twitter en andere social media haar standpunten over voor haar belangrijke kwesties te verspreiden. Ook bracht ze zo naar buiten dat ze zich steeds meer zorgen maakte over Trump, het beleid van zijn regering en hun vermeende fouten en cover-ups.

Harris bouwde een groep trouwe nationale Twitter-volgers op en richtte zich vaak op Trumps optreden tegen immigranten, arbeidersgezinnen en zwarte Amerikanen. Toen de winter overging in de lente, werd Harris feller bij haar ondervragingen in een nietaflatende stroom hoorzittingen van de Inlichtingencommissie, Binnenlandse Veiligheidscommissie, de Commissie Milieu en de Budgetzakencommissie. Ze verscheen steeds vaker op de meest bekeken nieuwsprogramma's op nationale televisie en stond op de pagina's van de prominentste nationale kranten. Haar mondiale profiel groeide, dankzij het enorme leger van buitenlandse correspondenten in Washington die voor hun thuisfront de regering-Trump volgden.

Aan het begin van de zomer was duidelijk geworden dat Harris een van de felste en meest op de voorgrond tredende critici van de regering-Trump was. Getrouw aan haar toespraak op de verkiezingsavond in 2016 was Kamala Harris al snel een leider geworden in het Democratische verzet tegen Trump in de Senaat. Breder gezien werd ze als een voorbeeld beschouwd van een nieuwe generatie in Washington.

Met de komst van Harris was er een tijd van verandering aangebroken in de Senaat. En hier bleef het niet bij, er zou nog meer volgen.

Hoofdstuk 28

'Ik ben hier degene die de vragen stelt'

Op 29 januari 2017 trad senator Kamala Harris in de voetsporen van haar ouders die in de jaren zestig meeliepen in de burgerrechtendemonstraties. Harris sloot zich aan bij demonstranten die voor het Witte Huis protesteerden tegen president Trumps inreisverbod voor reizigers uit zeven grote moslimlanden. Het was een verbod dat onwettelijk zou blijken te zijn.

In Washington veroordeelden de Republikeinse senatoren John McCain en Lindsey Graham het verbod en ze waarschuwden dat 'we onszelf daarmee in de vingers snijden in de strijd tegen het terrorisme'.[1] In Californië werd met het inreisverbod voor moslims de ergste vrees van het anti-Trump-verzet bewaarheid. Luitenant-gouverneur Gavin Newsom, de op een na hoogste man van de staat die toen al meedeed aan de verkiezingsstrijd om het gouverneurschap, sloot zich aan bij ongeveer duizend mensen voor een geïmproviseerde protestactie op San Francisco International Airport. Ze zongen het protestlied van Woody Guthrie: 'This Land is Your Land'.

Die avond belde Harris de minister van Binnenlandse Veiligheid John Kelly thuis op, om haar zorgen en die van de inwoners van haar staat te uiten, en om details te vragen van de plannen van de regering.

'Waarom belt u me hier thuis voor op?' antwoordde Kelly nors. Harris was verbaasd over de reactie en probeerde het uit te leggen.

Het telefoontje werd al snel beëindigd en Kelly beloofde dat hij senator Harris terug zou bellen. Dat heeft hij echter nooit gedaan, schrijft ze in haar autobiografie.[2]

In de maanden daarna voerde Harris geleidelijk aan de druk op bij haar ondervragingen van functionarissen van de regering-Trump. Ze werd zelfs nog feller op 6 juni 2017, toen Kelly voor de Binnenlandse Veiligheidscommissie moest verschijnen. Harris kon haast niet wachten tot het zover was.

Ze ondervroeg Kelly over dreigementen van de regering-Trump om het federale antiterrorismebudget stop te zetten voor steden die weigerden de onbarmhartige bevelen voor nieuwe immigratiecentra uit te voeren. Dat vormde een rechtstreekse bedreiging voor de grote steden van Californië, ook toen de juristen van die steden concludeerden dat ze daardoor civielrechtelijk aansprakelijk waren.

Harris vuurde de vragen achter elkaar op Kelly af en ze kapte hem regelmatig af in een poging om duidelijke antwoorden van hem te krijgen. Zichtbaar geërgerd begon de doorgaans onverstoorbare ex-generaal te protesteren dat hij er geen woord tussen kon krijgen.

Uiteindelijk zei een wanhopige Kelly: ‘Mag ik alstublieft een keer mijn zin afmaken?’[3]

‘Pardon?’ reageerde Harris. ‘Ík ben hier degene die de vragen stelt.’

En zo ging het maar door. De Republikeinse leden van de commissie waren er niet blij mee. Het leek Harris niets te kunnen schelen dat ze hen tegen de haren in streek.

Op 7 juni 2017 verscheen staatssecretaris van Justitie Rod Rosenstein voor de Inlichtingencommissie. De senatoren wilden meer weten over zijn rol bij Trumps besluit een maand daarvoor om FBI-directeur James Comey te ontslaan. Ze wilden Rosenstein ook vragen stellen over zijn besluit Robert Mueller aan te stellen als speciale gezant om leiding te geven aan het onderzoek van het ministerie van Justitie naar mogelijke banden tussen Rusland en Trumps campagneteam voor de presidentsverkiezingen.

Toen Harris aan de beurt was, vuurde ze ja/nee-vragen op Rosenstein af en net als bij Kelly onderbrak ze hem als hij een ontwijkend antwoord gaf. Harris wilde Rosenstein zo ver krijgen dat hij beloofde een brief te schrijven waarin hij Mueller de volledige onafhankelijkheid schonk als bescherming tegen ingrijpen van het Witte Huis of tegen wraak.

Terwijl ze sprak wees ze naar Rosenstein met een pen in de hand. Geagiteerd legde hij uit dat de kwestie ingewikkeld was en dat hij als antwoord op de vraag een 'heel lang gesprek' zou moeten voeren met Harris.

'Kunt u met ja of nee antwoorden?' vroeg Harris.[4]

'Er is geen kort antwoord, senator,' zei Rosenstein.

'Dat is er wel,' reageerde ze meteen. 'Óf u bent bereid om dat te geven, óf u bent dat niet.'

Toen de ondervraging van Harris steeds feller werd, kapte commissievoorzitter Richard Burr, een Republikein uit North Carolina, haar af. Hij keek in haar richting en zei: 'Wil de senator alstublieft het doorvragen staken? De voorzitter maakt van zijn recht gebruik om getuigen de gelegenheid te geven om de vraag te beantwoorden...'

Harris, die vol ongeloof was, was er niet aan gewend dat iemand haar in feite opdracht gaf haar mond te houden. Resoluut keek ze om naar Burr. Met afkeurend toegeknepen ogen luisterde ze naar hem, terwijl hij maar doorging met zijn reprimande ten aanschouwen van miljoenen mensen die live meekeken. Burr zei tegen Harris dat hij van zijn rechten als voorzitter gebruikmaakte door Rosenstein 'hoffelijk te behandelen, wat niet de hele tijd is gebeurd' en de ruimte te geven om te kunnen reageren zoals Rosenstein dat zelf graag wilde. Toen Harris probeerde uit te leggen wat de opbouw van haar ondervraging was, onderbrak Burr haar opnieuw. De Democraten zwegen, sommigen keken naar hun aantekeningen. Kamala Harris liet inderdaad een indruk achter.

De ondervraging ging meteen viraal: oude witte mannelijke senatoren hadden Harris, de enige zwarte vrouw in de commissie, 'de mond gesnoerd'. Toen dit overal rondging op Twitter, verergerde het wraakzuchtige partijgebonden gehakketak tussen de Democratische en Republikeinse senatoren, en tussen de Democraten en de regering-Trump.

Binnen nog geen paar uur hadden Harris en haar medewerkers sluw gebruikgemaakt van het incident door via internet met een pakkende leus te komen:

'*Courage, Not Courtesy.*' ('Moed, niet hoffelijkheid.')

Die ging ook viraal, en eveneens de merchandise ervan 'Retweet dit als je de "Courage, Not Courtesy"-sticker hebt besteld en je wilt dat je vrienden en familie er ook een krijgen', twitterde Harris.[5] Sommige tweets, die geen relatie met Harris hadden, voegden eraan toe: HARRIS 2020. Zes dagen erna zorgde Harris zelf voor haar meest virale moment.

De getuige die op die dag, 13 juni 2017, voor de Inlichtingencommissie moest verschijnen was Jeff Sessions, de minister van Justitie. (Sommige medewerkers van Harris vonden het belangrijk om zijn volledige naam te gebruiken: Jefferson Beauregard Sessions III, als erkenning van het feit dat hij net als zijn vader en grootvader vernoemd was naar de Confederatiepresident en een Confederatiegeneraal.) Sessions was als senator van Alabama de eerste Republikein geweest die zich in februari 2016 achter Trumps verkiezingsrace voor het presidentschap had geschaard. Maar als minister van Justitie hield hij zich aan de richtlijnen van zijn ministerie en bemoeide zich niet met het onderzoek naar de banden tussen het Trump-team en Rusland. Daarbij verwees hij naar een belangenverstrengeling vanwege zijn functie als het hoofd van de nationale veiligheidsadviesraad van de Trump-campagne. Trump was woest over het besluit van Sessions, omdat nu een ambtenaar, namelijk Rosenstein, de leiding van het onderzoek kreeg. Om deze en andere redenen was Sessions' getuigenis een gebeuren dat niemand mocht missen en dus via de televisie moest volgen. Sommigen stemden af omdat ze wilden zien hoe Harris hem aan een kruisverhoor onderwierp. Ze waren benieuwd of zij hem kon laten vertellen wat hij wist over mogelijke banden tussen Trump en Rusland tijdens en na de campagne. En over de reden waarom Trump James Comey had ontslagen. En over Trumps pogingen om het onderzoek te dwarsbomen.

‘Rijg Jeff Sessions maar aan het spit donderdag,’ schreef Jim Spears (een kiezer uit Louisiana, een docent aan een college die af en toe twitterde) in een tweet aan Harris. ‘Ik zie uit naar het resultaat.’[6] Spears was een Democratische kiezer die vond dat Harris het beste wapen van de Democraten was tegen Sessions. Dat ze gewoon ‘door de onzin en het racisme van Jeff Sessions heen zou prikken om de antwoorden te krijgen die ze nodig had’.[7]

Harris’ spervuur aan vragen stak schril af bij Sessions voorkomen: een schijnbaar rustige man van 1 meter 65 die in de zeventig was, met een zuidelijk accent. Ongeacht zijn vriendelijke karakter had hij wel de hardst mogelijke standpunten ingenomen ten aanzien van immigratie toen hij in de Senaat zat. Een groot deel van de tijd ontweek Sessions vragen tijdens de hoorzitting.

‘Ik kan het me niet herinneren,’ zei hij steeds maar weer.

Harris vroeg Sessions of hij in 2016 contact had gehad met Russische ondernemers of personen van de Inlichtingendienst tijdens de Republikeinse Nationale Conventie in Cleveland, Ohio, waar de operaties van het Kremlin, zoals later bleek, hun focus op hadden gericht. Hij zei dat het niet zo was. Vervolgens voegde hij eraan toe dat hij zijn antwoord wilde verduidelijken, omdat hij zovéél mensen had ontmoet in Cleveland. Harris bleef maar aandringen en een zichtbaar onthutste Sessions smeekte haar om het rustiger aan te doen.

‘Ik kan niet antwoorden als ik zo opgejaagd word,’ stamelde Sessions. ‘Ik word er nerveus van.’[8]

Veel van haar huidige en vroegere medewerkers kunnen ervan getuigen dat Harris zo’n invloed op mensen kan hebben. Ze bleef maar doorgaan, eiste meer details van Sessions en wilde weten op welke wet of welk beleid hij een beroep deed als hij zei dat hij cruciale kwesties niet kon bespreken en geen documenten met de commissie kon delen. Sessions antwoordde: 'Ik kan die vraag niet beantwoorden.'[9] Harris accepteerde het niet.

'U steunt op dat beleid. Hebt u uw medewerkers dan niet gevraagd om u het beleidspunt te laten zien dat de basis vormt voor uw weigering om het merendeel van de vragen die u gesteld worden te beantwoorden?'

Toen ze opnieuw aandrong, werd Harris de mond gesnoerd.

'Senator Harris, laat hem antwoord geven,' zei een van de hogere Republikeinse leden van de commissie tegen haar.

Na afloop beschuldigden Republikeinse senatoren en conservatieve commentatoren Harris ervan dat ze geen respect had getoond en dat ze zich niet aan het reglement van orde van de Senaat had gehouden. De ervaren rotten van Washington, met name oude mannen, hadden moeite met Harris' onbevreesdheid en vasthoudendheid. Maar niemand die haar in Californië kende twijfelde er ook maar enigszins aan dat dit de manier was waarop Kamala Harris te werk ging.

Hoofdstuk 29

'Ja of nee'

De ster van Kamala Harris was rijzend na de hoorzittingen van juni 2017, waarin ze hoge functionarissen van de regering-Trump, John Kelly, Jeff Sessions en Rod Rosenstein aan een meedogenloos verhoor onderwierp.

Het was niet verwonderlijk dat Republikeinen kritiek op Harris' stijl hadden. Ze irriteerde ook een aantal van haar collega-Democraten, en ambtenaren van Binnenlandse Veiligheid die zelf politiek niets in te brengen hadden maar zich wel beledigd voelden door haar.

Sommige Democraten waren er diep vanbinnen van overtuigd dat haar strijdlustige toon grotendeels voor de bühne was. Anderen vermoedden dat haar honger om in de schijnwerpers te staan deel uitmaakte van een langetermijnplan om Obama te imiteren. Die was net lang genoeg in de Senaat gebleven om voldoende krediet op te bouwen om aan de race voor het presidentschap mee te kunnen doen. Om dat idee nog verder te voeden, maakte Harris halverwege april bekend dat ze net terug was van een reis van een week door het Midden-Oosten. Dat was voor een senator die zich een plek wilde veroveren op het nationale toneel een belangrijke manier om haar geschiktheid voor het buitenlandbeleid nog eens te onderstrepen. Ze had in Irak een ontmoeting gehad met Californisch personeel van de ondersteuningsafdelingen van het leger, die de plaatselijke troepen steunden bij de strijd tegen IS. Ze vroeg hun of ze daar alle steun kregen die ze nodig hadden en ook thuis, na afloop van hun inzet. Ze reisde naar Jordanië om met eigen ogen de verwoestende gevolgen te zien van de Syrische vluchtelingencrisis die veroorzaakt was door het regime van president Bashar al-Assad.

'Het is van cruciaal belang dat we voor de lange termijn een goede, gedetailleerde nationale veiligheidsstrategie hebben om het terrorisme te bestrijden in het Midden-Oosten, en een immigratiebeleid dat een veilige haven biedt voor diegenen die vluchten voor geweld en onderdrukking,' zei Harris na terugkeer in een persbericht.[1]

Bij deze reis maakte ze geen deel uit van een officiële delegatie van het Congres, maar ze ging erheen vanwege haar zetels in de Inlichtingencommissie en de Binnenlandse Veiligheidscommissie van de Senaat. Harris zat echter niet in commissies die rechtstreeks toezicht moesten houden op het leger, zoals de Krijgsmachtcommissie of de Buitenlandse Relatiescommissie. Dat was niet onopgemerkt gebleven op Capitol Hill, waar sommige veteranen zich herinnerden dat senator Barack Obama een door velen geambieerde plek kreeg in de Buitenlandse Relatiescommissie om zijn geschiktheid voor het buitenlandbeleid te onderstrepen voordat hij zich kandidaat stelde voor het presidentschap.

Er was veel wrok binnen de Binnenlandse Veiligheidscommissie, zei een voormalige hogere ambtenaar van het ministerie van Binnenlandse Veiligheid, die in de zomer van 2020 bij dat ministerie wegging en enkel wat wilde zeggen als hij anoniem kon blijven. Sommige senatoren en commissiemedewerkers geloofden dat Harris haar deel van de eentonige taken waaruit het werk van de commissie grotendeels bestaat omzeilde. En dat was aanstootgevend gedrag voor iemand die nog maar kort in de Senaat zat. Erger nog: sommige ambtenaren raakten ervan overtuigd dat haar bitse, tegendraadse stijl een gevaar vormde voor de partij-overstijgende inspanningen ten aanzien van cruciale veiligheidskwesties waaraan al jaren werd gewerkt.

'De indruk die ik heb, is dat de meeste mensen met wie ze te maken heeft in de Commissie Binnenlandse Veiligheidscommissie haar niet sympathiek vinden,' zei de voormalige hogere ambtenaar van het ministerie van Binnenlandse Veiligheid, die te maken had met senatoren en commissiemedewerkers.

Harris kon soms weinig respectvol omgaan met hoge functionarissen van het ministerie van Binnenlandse Veiligheid die door de Senaat gehoord werden, ongeacht de zaken waarover zij de leiding hadden. Dat zou misschien te begrijpen zijn als ze het immigratiebeleid van Trump uitvoerden dat een rechtstreekse invloed had op inwoners van Californië. Maar er werken 240.000 mensen bij het ministerie van Binnenlandse Veiligheid, die verantwoordelijk zijn voor veel apolitieke zaken en zich volledig willen inzetten om ervoor te zorgen dat Amerikanen veilig kunnen leven.

De wrevel daarover was zo groot bij het ministerie van Binnenlandse Veiligheid dat minstens vier hogere functionarissen die eerst publiekelijk Joe Biden hadden gesteund hun steun introkken toen hij Harris tot zijn running mate benoemde, zei de voormalige ambtenaar van Binnenlandse Veiligheid. Hij had tijdens Republikeinse en Democratische regeringen voor dat ministerie gewerkt, maar was er weggegaan om zich openlijk tegen Trump te kunnen uitspreken. 'Ze zeiden iets van "sorry, maar dat kan ik niet doen".' De voormalige ambtenaar voegde er verder aan toe: 'Deze personen stoorden zich aan de manier waarop Harris te werk ging. In hun ogen leek het alsof het haar altijd om de politiek ging en niet om de taak zelf.'

Een kwestie die sommige functionarissen tegen de haren in streek was dat Harris weigerde om een persoonlijk gesprek te voeren met veel mensen die door Trump genomineerd waren voor de hoogste posities binnen het ministerie van Binnenlandse Veiligheid. Ze wilde hun liever een meedogenloos verhoor afnemen in openbare hoorzittingen met ja/nee-vragen over complexe onderwerpen die niet op een simpele manier beantwoord konden worden. Het waren mooie soundbites als Trumps kandidaten bepaalde vragen niet konden of wilden beantwoorden, maar het zorgde er niet voor dat het publiek antwoorden kreeg op de belangrijkste actuele beleidsvragen. Het bevorderde ook niet het soort goed bestuur dat de Senaat nodig had om zijn toezichttaak goed te kunnen uitvoeren. Het belangrijkst nog was dat het ook geen productieve relaties kweekte tussen hoge ambtenaren van ministeries en een van de senatoren, Harris, die toezicht op hen hield.

Traditioneel wordt het soort beladen onderwerpen waarover Harris graag vragen stelde tijdens openbare hoorzittingen allereerst in persoonlijke gesprekken doorgenomen. Die gesprekken, die *courtesy calls* ('beleefdheidsbezoeken') werden genoemd, volgen aan het eind van een uitputtend proces voor de paar speciale politieke kandidaten die als zo belangrijk worden gezien voor de taak van het betreffende ministerie dat hun aanstelling bevestigd moet worden door de volledige Senaat.

Deze kandidaten moeten enorme hoeveelheden persoonlijke en professionele achtergrondinformatie naar de toezichtcommissie sturen. Als de commissie die informatie doorgenomen heeft, krijgt de kandidaat een lange rij beleidsvragen toegestuurd. Als hij of zij daarop heeft geantwoord, volgt een gesprek met de medewerkers van de commissie, wat doorgaans uren kan duren. De laatste stap is het 'beleefdheidsbezoek' aan de senatoren. Dat is het belangrijkste: zo kunnen senatoren en hogere functionarissen een idee krijgen van wie de kandidaat is en hoe zijn of haar managementstijl is. De gesprekken zijn te vergelijken met een sollicitatiegesprek voor een belangrijke baan. In tijden waarin de partijen minder ver uit elkaar stonden, kon het gesprek het verschil uitmaken tussen bevestiging en afwijzing. Zelfs als ze het erover eens zijn dat ze het oneens zijn met elkaar, kunnen de senator en de kandidaat wel tot een goede verstandhouding en wat vertrouwen komen.

In het voorjaar van 2017 vroeg Elaine Duke, Trumps kandidaat voor de op een na hoogste functie binnen het ministerie van Binnenlandse Veiligheid, een gesprek aan met alle leden van de Binnenlandse Veiligheidscommissie. Ze wilde met name een gesprek met de Democraten, zodat ze hun gedetailleerd antwoord kon geven op vragen over kwesties die in de actualiteit stonden en die te ingewikkeld leken voor de structuur van een openbare hoorzitting. Duke werkte al 28 jaar als ambtenaar voor de overheid, onder andere binnen de regeringen-Obama en George W. Bush. Vrijwel alle Democratische Senaatsleden hadden een persoonlijk gesprek met haar, behalve Harris. Harris stelde haar vragen in het openbaar.

'Ik weet dat ik niet de enige ben met wie ze geen persoonlijk gesprek wilde,' zei Duke, die alom gezien wordt als een apolitieke gematigde ambtenaar. 'Ik heb begrepen dat ze alles bij elkaar genomen met geen enkele Republikeinse kandidaat een persoonlijk gesprek heeft gehad.'[2]

Duke zei dat de aanklager-achtige vragen van Harris er meer op gericht leken te zijn de koppen van de kranten te halen dan om gezamenlijk te bepalen wat de beste stap vooruit was. Daardoor vroeg Duke zich af: 'Probeer je nu informatie te vergaren om goed toezicht te kunnen houden, of probeer je me aan te klagen?'

Dukes aanstelling werd bevestigd met 85 tegen 14 stemmen in 2017, waarbij Harris tegen haar benoeming stemde en Feinstein voor. Ze bleef tot april 2018 in functie en was in die periode ook vijf maanden plaatsvervangend minister van Binnenlandse Veiligheid. Ze gaf geen commentaar toen haar gevraagd werd of Bidens keuze voor Harris als zijn running mate invloed had op haar besluit om niet in het openbaar haar steun uit te spreken voor de Democratische presidentskandidaat.

'Als je naar haar publieke reputatie kijkt, de hoorzittingen en de campagne, dan zie je toch de woede die daarachter ligt?' vroeg Duke. 'En zal dat helpen, of zal het de verdeeldheid van het land alleen maar groter maken als er een verschuiving van compassie naar woede plaatsvindt?'

De leiderschapsstijl van Donald Trump als president was nog net zo als tijdens zijn campagne. Hij speelde als het ware een rol in een realityshow, met genoeg interessante hoofdpersonen en verhaallijnen om het publiek enthousiast en aan hun scherm gekluisterd te houden. Of ze het nu bewust deed of niet, Harris was een van de weinige Democraten die Trumps eigen spelletje meespeelde. Ze werd zelf een opvallend figuur. Dat deed ze ook op de manier van Trump, door de schijnwerpers op zich gericht te houden om haar boodschap uit te dragen en het politieke narratief te veranderen.

Onder normale omstandigheden ontvangen wetgevers kritiek als ze zich als partijpolitici gedragen en in de schijnwerpers proberen te komen. Misschien is het vanuit jaloezie of wedijver, maar in de ogen van velen is het een slechte eigenschap, en niet iets lovenswaardigs, als je jezelf in de spotlights probeert te plaatsen. Toen Trump echter in Washington aan de macht kwam, steeg Harris daarboven uit. Door haar talent om met pakkende soundbites, virale video's en opvallende koppen te komen, wist ze van een bijrolacteur in de show op te klimmen tot een ster. Hoe meer Republikeinen haar tot het gezicht van het Democratische verzet maakten, hoe meer de Republikeinen ervoor zorgden dat Harris' ster nog hoger steeg. Verslaggevers hielpen er ook aan mee, door af te komen op het narratief dat Harris hielp schrijven dat zij verwikkeld was in een 'David tegen Goliat'-gevecht wat haar strijd tegen Trump en zijn regering betrof.

Die verhaallijn was met name populair bij de journalisten die massaal naar Washington waren gekomen om voor hun achterban thuis verslag te doen van het Trump-toneelstuk. Wat degenen die met dat verhaal komen vaak over het hoofd zien, is dat Harris bij lange na niet de enige Democraat was die tegen Trump streed en overwinningen behaalde. Veel andere Democratische wetgevers waren er ook goed in om regeringsfunctionarissen uitspraken te laten doen over uiteenlopende kwesties en ze daagden Trump wel zo zeer uit dat hij zijn pijlen op hen richtte.

Een van die Democraten was Adam Schiff, een lid van het Huis van Afgevaardigden uit Burbank, een buitenwijk van Los Angeles. Hij had in het verleden overwogen om zich verkiesbaar te stellen voor de Senaatszetel die Harris had gewonnen en leidde nu het onderzoek dat door het Huis van Afgevaardigden was ingesteld naar Trump en zijn banden met Rusland. Een andere persoon was een nieuw vrouwelijk Congreslid uit New York, Alexandria Ocasio-Cortez.

De Senaat zat vol mensen die ook tegen Trump waren, onder wie minstens twee voormalige openbaar aanklagers die lang niet zoveel nadruk op hun achtergrond hadden gelegd als Harris. Senator Sheldon Whitehouse had de leiding over tal van openbaar aanklagers gehad in zijn functie van federale aanklager voor Rhode Island. Richard Blumenthal van Connecticut was al meer jaren procureur-generaal van de staat geweest dan Harris als California's procureur-generaal had gewerkt. De zes andere Democraten in de Inlichtingencommissie waren er ook heel bedreven in om antwoorden los te krijgen van zelfs de meest vijandige getuigen. De hoogste Democraat van de commissie, senator Mark Warner, was daar met name goed in.

Sommige senatoren die tot de oude garde behoorden, zoals Feinstein, stonden erom bekend dat ze zich grondig voorbereidden, deskundige vragen stelden en de antwoorden kregen die ze nodig hadden. Maar in tegenstelling tot Harris, die vertrouwde op een rechtstreekse confrontatie, ging Feinstein intuïtiever te werk.

Feinstein onthulde tijdens haar ondervraging van voormalig FBI-directeur James Comey misschien wel het grootste geldbedrag dat genoemd werd tijdens de Trump-Rusland-hoorzittingen. De hoorzitting van Comey, een dag na die van Rosenstein, vond plaats terwijl er in de media volop berichten rondgingen dat Trump hem had uitgenodigde voor een persoonlijk etentje voor hen beiden in het Witte Huis. Daar had Trump geëist dat Comey loyaal aan hem zou zijn. Vervolgens, toen Comey dat weigerde, ontsloeg hij hem zonder opgaaf van redenen. Omdat Comey direct na het gesprek gedetailleerde – juridisch rechtsgeldige – aantekeningen had gemaakt van alles wat hij en Trump hadden gezegd, was zijn ondervraging echt van groot belang.

Maar van even groot belang was het feit dat Trump, in reactie op die aantekeningen, in een tweet insinueerde dat er wellicht door het Witte Huis opnamen gemaakt waren die zouden bewijzen dat Comey geen gelijk had.

Comey getuigde urenlang, gaf vaak lange en soms breedvoerige antwoorden op vriendelijke vragen van Democratische commissieleden, onder wie Harris. Midden in zijn antwoord op een vraag van Feinstein zei hij: 'Kijk, ik heb die tweet over geluidsopnamen ook gelezen. Tjonge, ik hoop echt dat er inderdaad opnamen van zijn,' voor hij weer met het onderwerp verderging waarover hij het had.[3] Een videoclip van die uitspraken kwam op internet te staan en werd diezelfde dag nog door miljoenen mensen bekeken.

Normaal gesproken zou het drieste zelfvertrouwen en de onbeschaamde ambitie van Harris voor meer frictie hebben gezorgd binnen de zeer competitieve Senaat. Het moment waarop Harris in de Senaat kwam, bleek een voor haar zeer gunstig tijdstip. Vanaf het begin van het 115ste Congres beseften de Democraten in de Senaat al snel dat er een veel grotere dreiging van de regering-Trump uitging dan van welke andere regering ook. De meesten sloten de rijen aaneen om daarop te reageren.

Veel van de medewerkers die voor de praktische zaken van de Senaat zorgen, vonden dat Harris veel gemakkelijker te benaderen was dan de meeste van haar collega's. En dat op z'n beurt leverde haar voordeel op.

'In mijn contacten met haar ontdekte ik dat ze heel aardig en grappig is in de omgang met medewerkers,' zei een van de hogere medewerkers tegen een Democratische senator van de Inlichtingencommissie. 'Veel senatoren hebben een enigszins hooghartige houding tegenover de medewerkers, maar dat is zeker niet het geval bij senator Harris.'[4]

Wyden en Harris kregen een speciale band. De twee liepen vaak al pratend door de gangen van de Senaat, waarbij de 1 meter 93 lange Wyden hoog boven Harris uittorende, die maar 1 meter 57 was. Wyden, die gestudeerd had met een beurs die hij had gekregen als basketballer, en Harris spraken tijdens hun werk veel over hun basketbalteams: haar Golden State Warriors uit San Francisco en zijn Portland Trailblazers.

'Kamala Harris speelt elke dag mee. En ik bedoel echt elke dag. Ze is goed voorbereid, ze is geconcentreerd, ze is slim, ze is efficiënt. Ze doet haar huiswerk,' zei Wyden. 'En dat is echt wat het verschil maakt binnen de Senaat: het verschil tussen degene die zijn huiswerk doet en degene die gewoon persberichten uitstrooit voor een tien seconden durend moment van aandacht en dat niet zo serieus neemt.'[5]

Wyden had jarenlang ijverig ondervragingsstrategieën gebruikt die de bevolking bewust maakte van belangrijke kwesties en zorgen. Hij had bijvoorbeeld meer dan zestien jaar geprotesteerd tegen een te grote overheidsinvloed op surveillance, marteling, droneaanvallen en andere Amerikaanse juridische en inlichtingenkwesties bij het uitvoeren van de strijd tegen terreur. Maar vaak werd hij weggestemd met 13 tegen 2, of zelfs 14 tegen 1. Nu Harris in de commissie zat, had hij zijn bondgenoot gevonden. Ze stemde vaak hetzelfde als hij over de belangrijkste kwesties waarover de commissie vergaderde, nadat ze haar eigen onderzoek had gedaan.

Hoewel de stem van Harris meestal niet de doorslag gaf, maakte haar steun een groot verschil voor Wyden als hij een amendement indiende dat het gebruik van Sectie 215 van de Patriot Act (de antiterrorismewet) verbood om het internetgebruik en de zoekgeschiedenis van Amerikanen te verzamelen. Ze verloren en hadden maar één stem te weinig. In januari 2017, nadat Wyden voor zijn vierde termijn was herkozen, nam hij zijn dochtertje Scarlett mee naar zijn beëdiging in de Old Senate Chamber. Toen het roodharige vierjarige meisje Biden, die de senatoren de eed afnam, met een vreemde sceptische blik aankeek moesten sommigen daarom lachen.

'Ik liet de foto aan een paar mensen in de Senaatszaal zien omdat ze me ernaar hadden gevraagd,' zei Wyden. 'En daar stonden we met een groepje bij elkaar en iedereen vroeg: "Wat doet zij daar nou?" En Kamala antwoordde ad rem: "Scarlett werpt de vicepresident van de Verenigde Staten een afkeurende blik toe, jongens! Dat is wat ze doet!"'

Toen Wyden daar later aan terugdacht, concludeerde hij dat Harris echt een vernieuwende verrijking is voor de Senaat. Ze deelt recepten met anderen. Ze draagt Chuck Taylor-basketbalschoenen. Ze nodigt senatoren uit voor etentjes. Ze heeft een interessante familie. Ze houdt van basketbal.

'Ze is gewoon een heel interessante persoon om mee om te gaan.'

Hoofdstuk 30

Harris versus Kavanaugh

Op 9 oktober 2017 kondigde senator Dianne Feinstein via Twitter aan dat ze zich opnieuw verkiesbaar stelde voor een zetel in de Senaat in 2018, hoewel ze niet helemaal uitgevogeld had hoe de nieuwe wereld van Twitter werkte. Ze had toen 7557 volgers. Kamala Harris, die veel ervaring had met de niet meer zo nieuwe communicatiemiddelen, had er 6,9 miljoen. Dat zou goed van pas komen.

Veel Democraten in Californië en Washington hadden gehoopt dat Feinstein haar zetel zou opgeven na een veelbewogen Senaatscarrière die al in 1992 was begonnen. Aan het eind van de volgende ambtsperiode van zes jaar zou ze 91 jaar zijn. Maar Feinstein was ervan overtuigd dat ze nog heel veel bij te dragen had. Als de meest vooraanstaande Democraat in de Senaatscommissie voor Justitie was ze heel erg betrokken bij de bevestiging en soms afwijzing van president Trumps kandidaten voor de levenslange aanstellingen voor de federale rechtspraak. Binnen een paar minuten na Feinsteins bekendmaking dat ze zich weer verkiesbaar stelde, stuurde Harris een fondsenwervingsbrief uit naar haar eigen achterban waarin ze om geld vroeg voor Feinsteins herverkiezingscampagne.

'Sinds ik in januari in de Senaat ben gekomen, heb ik maar weinig betere bondgenoten dan Dianne gevonden in onze strijd om de radicale agenda van Donald Trump tegen te houden,' schreef Harris. 'Ze heeft zich bij ons aangesloten voor elke belangrijke strijd.'

Maar dat samenwerkingsverband zou op de proef gesteld worden.

Kamala Harris slaagde er niet in om de benoeming van Brett Kavanaugh tot rechter van het Hooggerechtshof tegen te houden in september 2018, al had ze dat wel geprobeerd. Tijdens die hoorzitting liet Harris een breder publiek zien dat ze niet bang was om machtige mannen aan te pakken, dat ze een strijder was, en dat ze begreep hoe noodzakelijk het was om vrouwen die iets aangedaan was troost te schenken.

De Democraten waren zich ervan bewust dat ze een minderheid vormden. Nu de Republikeinen 51 van de 100 Senaatszetels in handen hadden, had Senaatsleider Mitch McConnell voldoende stemmen om de aanstelling van Kavanaugh goed te keuren. De Democraten konden echter wel dwarsliggen tijdens dat proces. En daar hielp Harris een handje aan mee.

Toen de hoorzitting begon op dinsdag 4 september 2018 was Chuck Grassley, de senator van Iowa en de voorzitter van de Commissie voor Justitie, al 84 jaar. Hij was het op één na oudste lid van de Senaat, een jaar jonger dan Feinstein, de meest vooraanstaande Democraat in de commissie. Toen Grassley de vergadering met een klap van zijn hamer voor geopend verklaarde, onderbraken de Democraten hem, te beginnen met Harris. Dat was natuurlijk afgesproken werk.

'We kunnen onmogelijk verdergaan met deze hoorzitting, meneer de voorzitter,' zei Harris nog geen paar seconden nadat Grassley de vergadering had geopend. Harris wees er, net als de andere Democraten, op dat ze pas vijftien uur daarvoor 42.000 pagina's informatie hadden ontvangen over Kavanaughs achtergrond en dat ze dus niet de kans hadden gekregen om alles door te lezen.[1]

Terwijl er buiten gedemonstreerd werd, onder meer door vrouwen die in de donkerrode mantels van *Het verhaal van de dienstmaagd* rondliepen, vroeg de Democraat Cory Booker van New Jersey luid: 'Meneer de voorzitter, waarom zo'n haast? Wat proberen we te verhullen door ons niet de kans te geven om de documenten te lezen?'

Grassley verklaarde, op zijn gemoedelijke toon, herhaaldelijk dat het verzoek tot uitstel niet binnen het reglement van orde paste en dus ging de hoorzitting gewoon door. Senatoren, juristen en karaktergetuigen spraken bijna zeven uur lang, met oneindige openingsverklaringen en hun mening, positief of negatief, over Kavanaugh.

In de dagen daarna probeerden de Democraten informatie uit Kavanaugh los te krijgen, maar hij ontweek hun vragen en gaf geen antwoorden. Harris zat er middenin, hoewel zij, in een hoorzitting vol uitbarstingen en venijn, feitelijk een van de rustigere strijders was, waarschijnlijk omdat ze nog pas kort in de commissie zat. In de commissie zaten verder ook Cory Booker en Amy Klobuchar van Minnesota, die aan de presidentsverkiezingen wilden gaan meedoen, en politieke commentatoren konden het niet laten om grapjes te maken over hoe het drietal de hoorzitting als een springplank naar een hoger ambt gebruikten. Republikeinse senatoren leken minder blij te zijn met dat idee. Ze beschuldigden de Democraten ervan dat ze op een oneerlijke wijze op Kavanaugh inhakten om punten te scoren bij hun eigen partij en kiezers, alsof de Republikeinen niet hetzelfde zouden doen als de situatie andersom was geweest.

Harris' beurt om tegenover Kavanaugh te staan kwam later op de eerste volledige dag van de hoorzitting, toen senatoren de gelegenheid kregen om de kandidaat vragen te stellen. Haar ondervraging zorgde voor verwarring: 'Rechter, hebt u ooit met iemand gesproken over speciaal aanklager Mueller of zijn (Trump-Rusland) onderzoek?'[2]

'Jazeker,' antwoordde hij. Hij had met andere rechters gesproken over het onderzoek van Mueller. Vervolgens vroeg Harris of hij het ooit besproken had met iemand van het advocatenkantoor van Trumps persoonlijke advocaat, Marc Kasowitz. Óf Kavanaugh herinnerde het zich echt niet, óf hij slaagde er heel goed in om net te doen alsof. Terwijl hij vage, onduidelijke antwoorden gaf, bleef Harris maar doorgaan. Heel theatraal zei ze tegen hem: 'Zorg ervoor dat u zeker bent van uw antwoord, edelachtbare.'

Republikeinse senatoren grepen in. Senator Mike Lee van Utah onderbrak haar en zei dat er zoveel juristen bij advocatenkantoren werken, die zo vaak van baan veranderen, dat niet van Kavanaugh verwacht mocht worden dat hij zich dat nog herinnerde.

'Het worden er steeds meer,' zei Lee. 'Ze splitsen zich af en vormen nieuwe advocatenkantoren. Het is bij de konijnen af. Ze zetten voortdurend nieuwe kantoren op. We kunnen onmogelijk van deze getuige verwachten dat hij weet wie er allemaal bij welk advocatenkantoor werken.'

Na een korte discussie door andere senatoren over de vraag wie het recht heeft de verhoring te onderbreken en op welk moment, kwam Harris op hetzelfde punt terug: had Kavanaugh met iemand van het kantoor van Trumps persoonlijke advocaat gesproken?

'Ik denk dat u die vraag wel kunt beantwoorden zonder me een lijst te geven van alle werknemers van dat advocatenkantoor,' zei ze tegen hem.

Uiteindelijk concludeerde Harris dat Kavanaugh niet ontkend had dat hij met iemand van dat kantoor had gesproken, en ze ging door. Dit onderdeel van haar ondervraging werd later het meest besproken deel van de hele hoorzitting. Maar het was hoogstens een steeds herhaalde vraag die niets opleverde. Kasowitz en anderen beweerden dat zo'n gesprek nooit had plaatsgevonden. Harris werd in de media en door de conservatieve politici gehekeld omdat ze te theatraal te werk was gegaan, waardoor haar pogingen op niets uitliepen. Hoewel haar assistenten zeiden dat ze over specifieke informatie beschikte, werd die informatie nooit naar buiten gebracht. Ze leek een vraag gesteld te hebben zonder dat ze het antwoord wist, iets wat een openbaar aanklager in de praktijk nooit zou doen. Maar hoewel deze ondervragingsstrategie mislukt was, ontdekte ze al snel iets om dat te boven te komen.

Harris had een opiniestuk ontdekt dat Kavanaugh in 1999 voor *The Wall Street Journal* had geschreven over een duistere rechtszaak. Daarin gebruikte hij tweemaal de term '*racial spoils system*', oftewel een raciaal patronagesysteem. (Dat is een term waarmee Amerikaanse witte racisten het systeem omschrijven waarbij mensen van minderheidsgroepen de voorkeur krijgen bij overheidscontracten of banen.) 'Wat betekende die term?' vroeg ze Kavanaugh. Hij probeerde een ontwijkend antwoord te geven en ze herhaalde haar vraag. En weer ontweek hij het antwoord. Dat gebeurde nog vier keer, en uiteindelijk stopte Harris ermee, maar niet voordat ze de federale rechter terechtwees.

'U zou moeten weten dat er in hetzelfde jaar waarin u uw opiniestuk schreef een hoofdartikel in een tijdschrift stond – en wel een tijdschrift van en voor witte racisten – over, ik citeer, "het raciale patronagesysteem van positieve discriminatie, het met twee maten meten in de misdaad, rekening houden met de tekortkomingen van zwarten, en meer van dat soort zaken".'[3] Harris citeerde ook wat een 'zelfverklaarde eurocentrist' had geschreven die naar de term verwees.

Ze wees erop dat een rechter van het Hooggerechtshof zich ervan bewust moet zijn dat bepaalde termen 'zwaarbeladen zijn en geassocieerd worden met een bepaald perspectief en soms een bepaalde politieke agenda'.

'Nou, ik begrijp wat u bedoelt,' antwoordde Kavanaugh. 'En ik hecht er belang aan.'

Harris keek vervolgens naar rechtszaken met zeer grote implicaties waarbij het Hooggerechtshof bevestigde dat staten gehuwde of ongehuwde mensen het gebruik van voorbehoedsmiddelen niet mochten verbieden. Ze vroeg Kavanaugh op zes verschillende manieren of hij geloofde dat het Hooggerechtshof tot een juiste uitspraak was gekomen. Hij ontweek deze vragen ook, tot Harris hem in een hoek dreef door te zeggen dat opperrechter John Roberts en rechter Samuel Alito beiden geloofden dat het Hooggerechtshof tot de juiste uitspraak was gekomen.

'Dat is wat zij zeiden,' reageerde Kavanaugh, hoewel hij nog steeds vaag was over de vraag of het recht op privacy op de juiste manier toegepast was op het gebruik van voorbehoedsmiddelen.

'Gelooft u dat het recht op privacy de keuze van een vrouw om een zwangerschap te beëindigen beschermt?' vroeg ze.

Kavanaugh leek verbijsterd. Harris citeerde wat rechter Ruth Bader Ginsburg tijdens haar benoemingshoorzitting in 1993 had gezegd: 'Dit is heel belangrijk voor het leven van een vrouw, voor haar waardigheid. Het is een besluit dat zij zelf moet nemen. En als een regering zeggenschap heeft over dat besluit van de vrouw wordt ze behandeld alsof ze geen volwassene is die verantwoordelijk is voor haar eigen keuzes.'

Kavanaugh bleef de antwoorden ontwijken, waarschijnlijk omdat hij dacht dat hij wist waar Harris naartoe wilde. In werkelijk was Harris op weg naar iets waarmee ze Kavanaugh overviel: 'Met alle respect, edelachtbare, wat deze hoorzitting betreft, geeft u geen antwoord op die vraag en kunnen we doorgaan,' zei ze.

Vervolgens vroeg ze, alsof het iets was wat haar net te binnen schoot: 'Kunt u ook maar enige wet bedenken die de overheid het gezag geeft om besluiten te nemen over het lichaam van de man?'

Kavanaugh deed net of hij het niet begreep en vroeg of ze een specifiekere vraag wilde stellen.

'Ik zal de vraag herhalen,' zei Harris. 'Kunt u ook maar enige wet bedenken die de overheid het gezag geeft om besluiten te nemen over het lichaam van de man?'

In een hoek gedreven, met een doodstil publiek en de camera's ingezoomd op zijn gezicht, antwoordde hij: 'Ik eh, ik eh... Op dit moment kan ik me die niet voor de geest halen, senator.'

Natuurlijk kon hij dat niet, want zulke wetten bestaan niet in de Verenigde Staten.

Dit onderdeel van de ondervraging werd de volgende dag volop in de media besproken. Politieke commentatoren van kabelzenders spraken erover. Het werd een klassiek viraal moment. Planned Parenthood en andere groepen die streden voor het recht van vrouwen om zeggenschap over hun eigen lichaam te hebben, plaatsten het op hun websites.

In tegenstelling tot Kavanaugh, de man die als beste van zijn studiejaar afgestudeerd was aan Yale University, had Harris aan een openbare rechtenfaculteit gestudeerd in het district Tenderloin in

San Francisco en was zij zeker niet de beste van haar studiejaar geweest. Toch kende zij de wet goed, en ze liet zien dat ze over de vaardigheden van een procederend advocaat beschikte om vragen te stellen die tot de kern van de zaak doordrongen.

Het was echter maar een kleine overwinning, zeker niet genoeg om Kavanaughs benoeming tegen te houden. Een andere ontwikkeling waar de senatoren, behalve Dianne Feinstein, niets van afwisten zou een grotere invloed op het proces hebben.

Op 5 juli 2018 belde Christine Blasey Ford, een psychologieprofessor uit Palo Alto in Californië, de telefoniste van haar congresvertegenwoordigster Anna Esho. Ze wilde informatie doorgeven over wat Kavanaugh haar had aangedaan toen hij zeventien jaar was en zij vijftien, ongeveer veertig jaar gelden. En ze wilde op de een of andere manier datgene tegenhouden wat ze vreesde: dat Kavanaugh tot rechter aan het Amerikaanse Hooggerechtshof benoemd zou worden. Maar ze wilde ook anoniem blijven. Vier dagen later deed president Trump datgene waarvoor Blasey Ford al bang was geweest: hij voegde Kavanaugh toe aan het Hooggerechtshof.

Blasey Ford vertelde Eshoo haar verhaal op 20 juli. Eshoo belde Feinstein om haar van de zaak op de hoogte te brengen, zonder Blasey Fords naam te noemen. Feinstein vroeg of Eshoo contact met Blasey Ford wilde opnemen om haar te vragen of ze haar verhaal in een brief wilde schrijven. En dat deed ze. Feinstein, die Blasey Fords verzoek om anoniem te blijven respecteerde, hield de brief onder haar hoede en vertelde zelfs de Democratische leiders er niets over. De klok tikte door. In haar boek over de bevestiging van Kavanaugh, *Supreme Ambition*, schrijft Ruth Marcus van *The Washington Post* dat Eshoo op 9 september, toen het bijna zeker was dat Kavanaughs benoeming goedgekeurd zou worden, met Harris over de brief sprak. Ze zei 'dat er niets gedaan leek te zijn met de beschuldiging'.[4]

Volgens Marcus was Harris woest en belde ze Feinstein op en 'eiste antwoorden over deze geheime brief'.[5] De Democratische senatoren kwamen in een geheime fractievergadering bijeen en confronteerden Feinstein ermee. Marcus citeert Harris, die tegen Feinstein gezegd zou hebben dat dit gevolgen zou hebben: 'U móét dit uitzoeken.'[6]

In de dagen erna begonnen delen van het verhaal uit te lekken naar *The Intercept* en *The New Yorker*. Vervolgens kwam Blasey Ford op 16 september zelf naar buiten met haar beschuldigingen in een onthullend verhaal in *The Washington Post*.[7] Blasey Ford kon zich niet alle details herinneren van wat er veertig jaar daarvoor was gebeurd, of zelfs maar in welk jaar het was geweest. Maar ze stelde dat Kavanaugh en zijn schoolvriend Mark Judge haar mee naar boven naar een slaapkamer hadden weten te krijgen tijdens een feestje in een rijke voorstad van Washington DC. En dat Kavanaugh haar op het bed had geduwd en haar had betast, terwijl hij haar haar kleren uit probeerde te trekken. Toen ze probeerde te schreeuwen, vertelde ze, legde een dronken Kavanaugh zijn hand over haar mond om haar hulpgeroep te smoren.

'Ik dacht dat hij me misschien wel per ongeluk zou vermoorden,' had ze volgens *The Washington Post* gezegd. Blasey Ford vertelde dat ze wist te ontsnappen toen er iemand boven op hen sprong, waardoor ze allemaal op de grond vielen.

De aantijgingen vormden het begin van een opmerkelijke reeks beschuldigingen over en weer tussen degenen die achter Blasey Ford en die achter Kavanaugh stonden. Democraten en Republieken in de Justitiecommissie ruzieden en vielen elkaar aan met kritiek. En binnen en buiten de Senaat vroeg men zich af waarom Feinstein de rest van de wereld niets had laten weten over de beschuldigingen die in de brief van Blasey Ford stonden.

Feinstein reageerde met een verklaring: 'Die persoon vroeg me met klem om het vertrouwelijk te behandelen, ze weigerde om in de openbaarheid te treden of om meer aandacht voor de zaak te vragen en ik heb dat besluit gerespecteerd. Ik heb de zaak echter doorverwezen naar de federale onderzoeksautoriteiten.'[8]

Toen Kavanaugh op 27 september weer voor de commissie moest

verschijnen om op de beschuldigingen van Blasey Ford te reageren, zaten Kavanaugh en Blasey Ford naast elkaar, ieder aan een getuigentafel. Ze kwamen beiden met een verschillend, maar even meeslepend getuigenis.

Harris, die gebruikmaakte van haar ervaring als een openbaar aanklager die slachtoffers van seksuele misdaden had bijgestaan, bood allereerst haar verontschuldigingen aan voor de manier waarop de Republikeinen Blasey Ford behandelden, die haar het zwijgen hadden willen opleggen omdat ze haar als een bedreiging zagen voor Kavanaughs benoeming:

'Dr. Ford, allereerst, voor alle duidelijkheid: u staat hier niet terecht. [...] U zit hier voor leden van de Commissie voor Justitie van de Amerikaanse Senaat omdat u de moed hebt gehad om naar voren te treden, omdat u, zoals u dat zei, gelooft dat dit uw burgerplicht was.'[9] Vervolgens stelde Harris Blasey Ford een reeks vragen zoals ze bij ieder aanrandingsslachtoffer zou doen.

Daarna wendde Harris zich tot Kavanaugh en probeerde hem zo ver te krijgen dat hij de toezegging deed dat hij het Witte Huis zou vragen om een verder achtergrondonderzoek door de FBI, om eens en voor altijd de aantijgingen tot op de bodem uit te zoeken. Kavanaugh wilde dat niet toezeggen. De volgende dag stemde de Commissie voor Justitie, waarin de Republikeinen de meerderheid hadden, ermee in de bevestiging van zijn benoeming naar de volledige Senaat te sturen. Op 6 oktober 2018 werd Kavanaughs aanstelling als rechter voor het Hooggerechtshof goedgekeurd met de kleinst mogelijke marge in de geschiedenis van het hof: 50 tegen 48.

De hoorzitting van Kavanaugh deed onmiskenbaar terugdenken aan de bevestiging van Clarence Thomas in 1991, toen Kamala Harris plaatsvervangend openbaar aanklager was in Oakland. In die tijd was een rechtenprofessor, Anita Hill, de aarzelende getuige. In 2018 wilde Blasey Ford, de psychologieprofessor, niet getuigen. In 1991 zag Dianne Feinstein op een televisiescherm in de wachtruimte van Heathrow Airport hoe Hill getuigde. De reactie van de kiezers op de behandeling van Hill door mannen in de Senaat hielp Feinstein aan de overwinning toen ze in 1992 voor de Senaat gekozen werd. Het was 'Het Jaar van de Vrouw'. En 26 jaar later nam Feinstein, als senator, het besluit om de brief van Blasey Ford achter te houden, omdat ze bezorgd was over de invloed die de openbaarwording van de inhoud op het leven van Blasey Ford zou hebben, en omdat ze haar verzoek om de brief vertrouwelijk te behandelen wilde respecteren. Harris maakte zich ook zorgen over de invloed van dit alles op Blasey Ford, maar ze geloofde ook dat de belangrijke beschuldiging onderzocht moest worden.

In 2019 concludeerde het tijdschrift *Time* dat Kavanaugh en Blasey Ford tot de honderd meest invloedrijke mensen van 2018 behoorden.[10] Mitch McConnell schreef het bijschrift bij Kavanaughs foto. Hij verwees naar de 'overdreven partijdigheid en bijzondere belangen' die de Senaat hadden proberen 'af te leiden' van hun afweging van zijn uitmuntende kwalificaties. Harris schreef het bijschrift naast de foto van Blasey Ford:

> Haar verhaal, dat ze vertelde terwijl ze haar tranen moest bedwingen, deed Washington en het land op hun grondvesten schudden. Haar moed, terwijl ze tegenover degenen stond die haar het zwijgen wilden opleggen, spoorde Amerikanen aan tot actie. En haar ondoorgrondelijke offer, uit een gevoel van burgerplicht, zette de manier waarop we met slachtoffers van seksueel geweld omgaan in de schijnwerpers. Christine Blasey Fords ambitie was niet om beroemd te worden of om in deze namenlijst te komen. Ze had een goed leven en een succesvolle carrière, en zette alles op het spel om een waarschuwing te uiten over een keuze die ernstige gevolgen zou kunnen hebben. Diep in haar hart is ze een lerares. En door haar moed dwong ze het land ertoe om rekening te houden met een kwestie die maar al te vaak genegeerd en in het duister verborgen wordt gehouden.

Hun wrijving over de manier waarop Feinstein met Blasey Fords brief was omgegaan daargelaten, bleef Harris de herverkiezing van Feinstein steunen. Feinstein werd in november 2018 opnieuw voor een ambtstermijn van zes jaar gekozen.

Hoofdstuk 31

Een sterfgeval in de familie

Sinds het moment waarop ze minister van Justitie Jeff Sessions van zijn stuk had gebracht, was Kamala Harris een favoriet geworden van Samantha Bee, Stephen Colbert en andere komische presentatoren van talkshows op televisie. Ze was ook steeds meer het doelwit geworden van commentatoren van Fox News, Donald Trump en mensen uit zijn wereldje. Jason Miller, een presentator van CNN die achter president Trump stond, beschuldigde Harris ervan dat ze 'hysterisch' was geweest tijdens de ondervraging van Sessions: een klassieke seksistische karakterisering.

'Echt? Nou, als er iemand hysterisch was, dan was het wel die oude man die zei dat hij bang werd van haar vragen,' zei Colbert, toen hij Harris tijdens een van zijn programma's verdedigde.[1]

Door de manier waarop Harris Sessions had verhoord, begon ze op te vallen tussen de vele Democratische senatoren. Haar ster steeg nog hoger na haar optreden tijdens de hoorzitting van Kavanaugh. In de laatste weken van de campagne voor de tussentijdse verkiezingen van 2018 was ze een veelgevraagd persoon. Ze ging zo mogelijk op elk verzoek in, hoewel ze – wat niet zichtbaar was voor haar publiek – werd geconfronteerd met de kwetsbaarheid van het leven. Een van haar naaste medewerkers had kanker en Harris was zich er diep vanbinnen van bewust dat hij het waarschijnlijk niet ging redden.

Voor het oog van de buitenwereld ging Harris gewoon door

met haar werk. Ze woog duidelijk af of ze mee moest gaan doen aan de presidentsverkiezingen en bezocht de belangrijkste staten: Iowa, New Hampshire, South Carolina en Nevada. Toen de verkiezingsdag dichterbij kwam, gaf ze minstens 709.500 dollar van haar campagnefonds uit om Democratische kandidaten voor de Senaat en het Huis van Afgevaardigden te helpen. En ze schonk giften aan partijen en kandidaten van staatsverkiezingen in Florida, Wisconsin, Pennsylvania, Michigan, Iowa, New Hampshire en South Carolina, en in Orange County, Californië, waar ze zelf vandaan kwam.

Op 19 oktober 2018 waren verslaggevers erbij aanwezig toen Harris in South Carolina kritiek leverde op de pogingen van de Republikeinen om de Affordable Care Act, oftewel 'Obamacare', af te breken en ze uitte kritiek op niet met name genoemde groepen die 'haat en verdeeldheid' zaaiden.[2] De menigte zong 'Happy Birthday' voor haar, een dag voor haar 54ste verjaardag. Joe Biden had South Carolina een week eerder bezocht, de staat die hem een flinke duw in de rug zou geven om de Democratische genomineerde voor het presidentschap te worden, net als in het verleden bij Hillary Clinton en Barack Obama was gebeurd.

Onderweg stelde Harris belastingverlagingen voor de middenklasse voor om Amerikanen die 100.000 dollar of minder verdienden te helpen, en om de belastingen voor de grote banken te verhogen. Haar voorstel moest de belastingverlagingen tenietdoen die president Trump en de Republikeinen er in 2017 bij het Congres hadden doorgedrukt. Trumps belastingverlagingen waren vooral heel erg gunstig voor grote ondernemingen en vermogende personen, maar door de federale inhoudingen voor lokale en staatsbelastingen zorgde de belastingmaatregel voor hogere afdrachten voor de bevolking van Californië, New York en andere staten die hoge vastgoedwaarden hebben en die als staat hoge inkomstenbelastingen heffen.

Vanuit South Carolina vloog ze naar Iowa. CNN-verslaggever Maeve Reston was op 23 oktober in Cedar Rapids en berichtte dat een jonge lerares Engels Harris vertelde dat de senator 'toen ze de toenmalige kandidaat voor het Hooggerechtshof Brett Kavanaugh en Christine Blasey Ford ondervroeg namens alle vrouwen had gesproken die seksueel lastiggevallen zijn'.[3]

Harris nodigde de lerares uit om naar haar toe te komen en ze omhelsde de huilende vrouw.

De analyse van Reston luidde: 'Het is nog veel te vroeg om Harris' kansen in te schatten binnen een enorme groep mogelijke kandidaten voor 2020. Maar met haar aanklagersstijl en onberispelijke gedrag tijdens de hoorzitting van Kavanaugh heeft ze duidelijk een unieke band gesmeed met vrouwen. En dat kon weleens een krachtige steun in haar rug zijn tijdens haar campagne als ze besluit om aan de presidentsverkiezingen mee te doen.'

Met de kop die stelde dat Kamala Harris 'wellicht het antigif voor Trump' zou zijn, schreef Rekha Basu, columniste van *The Des Moines Register*, over de enthousiaste ontvangst van Harris in Iowa na haar ondervraging van Kavanaugh voor de Justitiecommissie. Basu schreef: 'En toen ze op een bepaald moment geërgerd de zaal van de hoorzitting uit liep, verwoordde ze wat vrouwen in heel het land dachten die dezelfde gevoelens hadden. "Ik kan hier niet langer blijven zitten en hier deel van uitmaken," had ze in de gang gezegd. "Het was zo afschuwelijk dat ze dit erdoor drukten."'[4]

De column ging verder: 'Ze komt over als intelligent en ad rem, hartelijk en gepassioneerd en, misschien belangrijker nog, iemand die de belichaming is van de ambities en worstelingen van iedere Amerikaan.' En: 'Harris' toespraak tot de Iowa Asian-Latino Coalition deed in eerste instantie denken aan de allesoverstijgende kracht van Amerika's eerste zwarte president en zijn uitspraak dat er maar één Amerika was. De laatste tijd lijkt dat niet meer van toepassing. Maar stel je eens voor dat er een vrouwelijk perspectief toegevoegd wordt aan Barack Obama's multiculturele achtergrond.'

Edward-Isaac Dovere, een van de verslaggevers die met Harris meereisde in Iowa, schreef op 26 oktober 2018 in *The Atlantic*: 'Overal waar ze kwam, en op de vliegvelden daartussenin, waren vrouwen van alle leeftijden en rassen. Ze huilden. Bedankten haar. Vertelden haar hun eigen verhalen.'[5]

En hij citeerde haar: 'Het draait om de diagnose en dan moet er een behandeling komen, toch? Dat is ook de waarheid vertellen, de diagnose "je hebt kanker". Dus dat zijn de feiten, laten we het dan nu aanpakken. Welke behandeling is er nodig? Als we het ontkennen en de feiten niet vertellen, laten we het probleem in wezen voortwoekeren.'

De uitspraak was tegelijkertijd metaforisch en letterlijk. Die verschrikkelijke ziekte, kanker, was waar ze die week voortdurend aan moest denken.

Net als veel jonge mannen die zich aangetrokken voelen tot een baan binnen de politiek, was Tyrone Gayle intelligent, ijverig, deskundig en idealistisch. Hij had een overtuigende glimlach, kon grappig zijn en ook scherp reageren als hij zich ergerde aan een verslaggever. In 2012 werkte hij mee aan de verkiezingscampagne voor de Senaat van Tim Kaine van Virginia. In 2014 was hij perssecretaris voor de Democratische Congrescampagne Commissie. Bij de presidentiële campagne van 2016 was hij een van Hillary Clintons hoogste persofficieren.

Tijdens die campagne van 2016 kreeg Gayle de diagnose darmkanker te horen, maar hij leek de ziekte na zijn behandeling overwonnen te hebben. In 2017 huurde de net verkozen senator Kamala Harris hem in als haar eerste perssecretaris. Hij maakte al snel volledig deel uit van Harris' werk en leven in Washington DC. Hij hielp haar om haar mediastrategie op te zetten en volgde het nieuws waarvan zij op de hoogte moest zijn. Ze hadden ook een gedeelde achtergrond. Zijn ouders waren Jamaicaanse immigranten, net als haar vader. Gayle hielp haar ook om een playlist op Spotify samen te stellen. Haar voorkeur was Bob Marley en hiphop, maar hij wist haar ervan te overtuigen dat Boyz II Men de moeite waard was om naar te luisteren.

Maar plotseling kwam de darmkanker terug en dat herinnerde

Harris ongetwijfeld aan haar moeders strijd tegen kanker in 2009. Hoewel Tyrone vaak niet naar zijn werk kon komen, zorgde Harris ervoor dat ze hem wel op de hoogte hield van alles. Ze stuurde berichtjes, belde hem, vroeg om zijn advies, vertelde hem dat hij er knap uitzag toen zijn haar uitviel en hij sterk vermagerde. Op 5 mei 2018 feliciteerde ze hem toen hij met de liefde van zijn leven, Beth Foster, trouwde. Harris en haar man hadden in april een *wedding shower*, een feest voor het aanstaande bruidspaar, georganiseerd en ze gaven hun een kristallen vaas als cadeau. Beth en Tyrone hadden elkaar in 2012 ontmoet toen zij voor de herverkiezingscampagne van president Obama werkte en hij voor senator Kaine.

Nog geen halfjaar na de bruiloft, op 25 oktober 2018, kreeg Lily Adams, een vriendin van Gayle en Harris' communicatieleider, een telefoontje van Beth Foster Gayle. Het zag er niet goed uit. Adams stapte in haar auto en reed naar New York. Ze gaf het nieuws ook door aan Harris. De senator zegde al haar verplichtingen voor die dag af, dertien dagen voor de tussentijdse verkiezingen, en reed naar Reagan Washington National Airport, nam een lijnvliegtuig naar New York en ging naar het Memorial Sloan Kettering Cancer Center in de Upper East Side van Manhattan.

Beth Foster Gayle vertelde het verhaal aan Anderson Cooper van CNN: 'Ze kwam onopvallend Tyrones kamer in het ziekenhuis binnen. Daar hield ze zijn hand vast. Ze vertelde grappige verhalen over hem. En ze zei: "*Goodbye.*" Ze omhelsde mij terwijl mijn hele wereld instortte. Ze keek me aan en vertelde me dat ze me altijd zou blijven steunen. Het is een moment dat ik mijn leven lang niet zal vergeten.'[6]

Toen de verkiezingen dichterbij kwam, keerde Trump weer naar zijn oude gewoonte terug om immigranten aan te vallen en de angst van zijn kiezers aan te wakkeren. Hij waarschuwde dat er een lange stoet van immigranten vanuit Centraal-Amerika op weg naar het noorden was. En alsof hij een invasie verwachtte, stuurde de opperbevelhebber er militairen op af die de zuidgrens moesten gaan verdedigen tegen ongewapende, berooide en wanhopige immigranten.

Op 26 oktober, de dag nadat Gayle was overleden, kwam er bewijs aan het licht dat Trumps oorlogsretoriek een gevaarlijke invloed had op mensen die toch al labiel waren. Op die dag arresteerden federale gezagsdragers Cesar Sayoc jr. in Plantation, in de staat Florida. Hij was ooit een worstelaar en stripper geweest en woonde nu in een busje dat volgeplakt zat met pro-Trump-stickers en teksten die kritiek uitten op de media en de Democraten. Sayoc werd aangeklaagd voor het sturen van bompakketjes naar verschillende prominente Democratische critici van president Trump, onder wie Harris. In elk pakketje zat een foto van de geadresseerde met een rode x over zijn of haar gezicht. Geen enkele bom ging af en Sayoc kreeg in 2019 een gevangenisstraf van twintig jaar opgelegd.

Harris ging door met haar politieke activiteiten en ze verscheen in Atlanta, waar ze een toespraak hield op Spelman College, Amerika's oudste particuliere alfawetenschappen college voor zwarte vrouwen. Daar zei ze: 'We kunnen onze voorouders eren door vervroegd te gaan stemmen. En met name in de komende tien dagen kunnen we een boodschap naar buiten brengen dat als er ook maar iemand is die wil voorkomen dat we gaan stemmen, die persoon door ons weggestemd wordt. Want dat is een strijd die de moeite waard is.'[7]

In de dagen daarna bezocht ze Florida, waar ze campagne voerde voor de Democratische senator Bill Nelson en de burgemeester van Tallahassee Andres Gillum, die beiden gouverneur wilde worden (maar die allebei verloren). Daarna ging ze naar Wisconsin, waar ze campagne voerde om ervoor te zorgen dat de Republikeinse gouverneur Scott Walker verloor (en dat deed hij). Vervolgens Iowa weer, en daarna Arizona en verschillende andere staten. In 2018 kregen de Democraten het Huis van Afgevaardigden weer in handen, hoewel niet de Senaat. Ze bleven de minderheidspartij.

Harris maakte naam en het leek erop dat ze de allergrootste verkiezingsrace zou gaan winnen. Maar allereerst moet ze een belangrijk bezoek afleggen.

In het weekend na de verkiezingsdag kwamen de familieleden en vrienden van Tyrone Gayle bijeen voor een herdenkingsdienst in het Howard Theatre, niet ver van de plek waar Harris haar bachelor had behaald. In haar herdenkingstoespraak voor Gayle noemde ze hem 'een strijder, een zachtaardige, vriendelijke strijder'. Ze zei: 'Hij begreep dat wij, degenen die in die machtige kantoren zitten een grote verantwoordelijkheid hebben om al het mogelijke in het werk te stellen voor de mensen die níét in die kantoren zitten.' Ze voegde eraan toe: 'Door hem ben ik een betere overheidsfunctionaris geworden. Een betere persoon.'[8]

Hoofdstuk 32

'Voor het volk'

Kamala Harris, haar naaste adviseurs en haar familieleden kwamen op 28 en 29 juli 2018 bij elkaar in Park Hyatt Residence, in het appartement waarin Maya Harris woonde en dat uitkeek op Central Park. Ze waren bij elkaar gekomen om '*the Thing*' te bespreken, zoals Harris' adviseurs Ace Smith, Sean Clegg, Juan Rodriguez en Dan Newman het noemden. Moest ze dat Thing gaan doen? En stel dat ze dat Thing deed? Hoe zou dat Thing uitpakken? Welke gevolgen zou dat Thing op hun werk en leven hebben?

Het Thing was het meest invloedrijke besluit van de loopbaan van Harris en waarschijnlijk ook van henzelf: namelijk of ze wel of niet zou proberen om de president van de Verenigde Staten te worden. Maya Harris, Tony West, Harris' echtgenoot Doug Emhoff, Smith, Clegg, Rodriguez en Harris' senaatsstafchef Nathan Barankin, zijn opvolger Rohini Kosoglu, Harris' communicatieleider Lily Adams en een paar anderen die aanwezig waren in de vergaderzaal van het gebouw gaven hun beste kijk op de zaak. Opiniepeiler David Binder, die ook Obama's opiniepeiler was, had grondig onderzoek gedaan. Leden van focusgroepen zeiden dat Harris overkwam als een sterke persoon, met moreel gezag, in tegenstelling tot president Trump, die niet te vertrouwen was.

Er zou een sterke competitie tussen de Democratische kandidaten onderling zijn, maar haar levenservaring, haar loopbaan als aanklager en haar stellingname aan de kant van de immigranten konden haar onderscheiden van andere kandidaten. Haar fondsenwervingsteam was ervan overtuigd dat Harris door haar banden met de Bay Area en Los Angeles – de geldautomaat voor Democratische presidentskandidaten – gemakkelijk geld bijeen zou kunnen krijgen.

Harris zat het grootste deel van de tijd enkel te luisteren, hoewel ze de groep meerdere keren vertelde dat ze alleen mee wilde doen, als ze daar al toe besloot, om te winnen. Ze was er niet in geïnteresseerd om naar de op een na hoogste plek te streven. Belangrijker nog: ze wilde niet van Donald Trump verliezen. Het verslaan van Trump was de existentiële kwestie. Ze begreep dat maar een klein deel van de kandidaten voor het presidentschap de nominatie wint, en dat haar kansen om de algemene verkiezingen te halen hoogstens 10 procent zouden zijn. Ze moest het echt wíllen om aan de verkiezingsstrijd mee te doen en weten waarom ze meedeed. Als ze de algemene verkiezingen bereikte, wilde ze er zo zeker mogelijk van zijn dat ze een sterke kandidaat zou zijn namens de Democraten.

In 2017 besloot de Californische senaat de datum van de voorverkiezingen te verschuiven naar de eerste dinsdag na de eerste maandag in maart, een stap waar Harris' campagneteam mede invloed op had gehad. Als Harris besloot om het Thing te doen, zou ze ten opzichte van de concurrenten het voordeel hebben van de thuisstaat. Ze zou het naar haar idee goed genoeg moeten doen in Iowa en New Hampshire, nog beter in Nevada, en in South Carolina moeten winnen. Dat zou haar momentum geven voor de voorverkiezingen van 2 maart in Californië, de staat met zoveel gedelegeerden. Als ze in Californië won, was ze maar moeilijk tegen te houden.

Niemand stond te juichen. Ze probeerden allemaal nuchter te blijven over wat er voor hen lag. Op de laatste dag kreeg Tony West de taak om de nadelen naar voren te brengen. Het zou op emotioneel en fysiek gebied heel veel vragen. Harris moest beseffen dat zijzelf en haar gezin bij een grootschalige campagne onder het vergrootglas kwamen te liggen, dat elk woord dat ze sprak als nooit tevoren uiteen gerafeld zou worden. Het was een enorm risico, niet alleen voor haarzelf maar ook voor haar dierbaren, onder wie Dougs kinderen, de stiefkinderen van Harris. De tegenpartij zou grondig onderzoek doen naar ieder van hen. Harris zat nog geen twee jaar in de Senaat, moest ze niet eerst meer wapenfeiten op haar naam zien te krijgen? Stel dat ze een feestje organiseerden en er kwam niemand opdagen? Dat zou haar prestige schaden, en wellicht funest zijn voor haar loopbaan.

Uiteindelijk besloot de politicus die soms de kritiek had gekregen dat ze té voorzichtig was om in het diepe te duiken, helemaal kopje onder.

Harris denderde als een trein door de maanden daarna, hoewel dat denderen wel gecontroleerd en bewust gepland was. Terwijl er medewerkers aan haar campagneteam werden toegevoegd en ze onopvallend in Baltimore kantoorruimte huurden voor hun hoofdkwartier, ging Harris na de benoemingshoorzittingen van Brett Kavanaugh in september meteen op reis om campagne te voeren voor kandidaten die meededen aan de tussentijdse verkiezingen van 2018. Velen van hem kwamen uit staten die van belang waren voor de Democratische voorverkiezingen voor het presidentschap.

Tijdens commissiehoorzittingen die herfst en aan het begin van de winter ondervroeg ze functionarissen van de regering-Trump over de behandeling van zwangere vluchtelingen in gevangenschap aan de grens. En ze eiste dat het ministerie van Binnenlandse Veiligheid kinderen die van hun ouders gescheiden waren weer met hun ouders herenigde. Ze diende een wetsvoorstel in dat eiste dat agenten van de Grensbewaking en Immigratie en Douane bodycams droegen. En ze was een van de schrijvers van de wet tegen het lynchen. Ze ging de verwoesting bekijken die Camp Fire had aangericht. Bij deze grote bosbrand waren dat najaar 86 mensen omgekomen en was de hele stad Paradise in Noord-Californië volledig door brand verwoest. Een ongemakkelijke nog niet afgeronde Californische zaak dook op. Begin december 2018 berichtte *The Sacramento*

Bee dat de Californische procureur-generaal Xavier Becerra, nadat Harris al als senator beëdigd was, een schikking had getroffen voor een schadeclaim van 400.000 dollar wegens grensoverschrijdend gedrag door Harris' directeur van de Afdeling Wetshandhaving. Die man was nu in Washington een van haar medewerkers. De schadeclaim was in meerdere opzichten gênant voor Harris, in elk geval deels omdat het invloed had op hoe men naar haar rol als manager keek. Haar assistenten zeiden dat ze niet wist dat die schadeclaim was geëist, laat staan dat er geschikt was. Maar de Afdeling Wetshandhaving is een grote afdeling van het Californische ministerie van Justitie en de directeur ervan moest verantwoording afleggen aan de procureur-generaal. Harris dwong haar medewerker ertoe om ontslag te nemen uit haar Senaatsteam nadat het verhaal in *The Sacramento Bee* was verschenen. Hij werkte al voor haar sinds ze openbaar aanklager van San Francisco was, halverwege de jaren 2000. De klok tikte door. Ze bracht later in december een bezoek aan Afghanistan.

In maart 2017, twee maanden nadat ze beëdigd was als Senaatslid, had Harris een bedrag van ruim 1 miljoen dollar, dat nog op de bankrekening van haar campagne voor het ambt van procureur-generaal stond, overgemaakt naar een andere campagnerekening die 'Harris voor gouverneur 2026' heette, voor het geval dat... Het geld stond in 2018 nog op die rekening nadat ze het besluit had genomen om mee te doen aan de presidentsverkiezingen. Ze schonk het dus aan diverse liefdadigheidsinstellingen waar ze achter stond: 100.000 dollar aan de Los Angeles Brotherhood Crusade, die lagere inkomensgroepen helpt; 71.000 dollar aan de Coalition for Humane Immigrant Rights in Los Angeles; 100.000 dollar aan een brandweerfonds; 50.000 dollar aan de Anti-Recidivism Coalition; 41.000 dollar aan het California Peace Officers' Memorial, dat monumenten onderhoudt tegenover het Congresgebouw van California, waarop alle Californische wetshandhavers staan die tijdens hun werkzaamheden omgekomen zijn, onder wie Isaac Espinoza. En 37.500 dollar aan de United Farm Workers. Ze schonk geld aan organisaties die wetenschappelijk onderwijs voor meisjes stimuleren, die onderdak bieden aan slachtoffers van huiselijk geweld, en die huishoudelijk personeel steunen. Ze was ruimhartig en schonk bewust. Iedere organisatie die geld ontving, kon een kandidaat helpen die in maart 2020 aan de Californische voorverkiezingen meedeed.

Hoewel Harris nog niet officieel bekend had gemaakt dat ze aan de verkiezingsrace meedeed, berichtten *The New York Times*, *The Washington Post* en andere kranten in hun artikelen aan het eind van het jaar dat Harris zich aan het voorbereiden was op de verkiezingsstrijd. Evenals de senatoren Cory Booker, Kirsten Gillibrand en Elizabeth Warren. Bernie Sanders deed ook mee, en Joe Biden zou zich waarschijnlijk later ook verkiesbaar stellen. CNN noemde 29 mogelijk Democratische kandidaten voor de presidentsverkiezingen, onder wie vier uit Californië.

Toen haar autobiografie *The Truths We Hold* begin 2019 uitkwam, werd daar met enige commotie en veel vragen op gereageerd. De titel was bewust gekozen en verwees ook naar wat de Onafhankelijkheidsverklaring van de Verenigde Staten over waarheden en feiten zei. De campagne zou om waarheid en gerechtigheid draaien, hoewel ze tijdens interviews over het boek zei dat ze er niet klaar voor was om op dat moment iets bekend te maken over haar plannen.

Op 9 januari 2019, toen ze 's ochtends bij het praatprogramma *The View* van de zender ABC aanwezig was, begon een van de gastvrouwen, Whoopi Goldberg, met de opmerking: 'Dus ik moet u nu vragen of u meedoet aan de verkiezingsstrijd?'[1]

'Ik ben blij dat ik hier in *The View* bekend kan maken dat ik er nog niet klaar voor ben om mijn bekendmaking te doen,' antwoordde Harris met een glimlach. Ze lachten luid.

'Ik kom wel in de verleiding,' zei Harris, toen het lachen eenmaal bedaard was. 'Maar ik ben er nog niet klaar voor.'

Ze wachtte omdat ze het bekend wilde maken tijdens *Good Morning America* van ABC, op 21 januari, Martin Luther King-dag, een jaarlijkse feestdag om deze predikant te eren. 'Het Amerikaanse volk verdient het om iemand te hebben die namens hen strijdt, die hen ziet, die naar hen luistert, die zich om hun ervaringen bekommert en die zichzelf voor hen wegcijfert,' zei Harris.[2]

De start van haar campagne vond de volgende zondag, 27 januari, plaats in Oakland. Haar adviseurs wisten hoe ze er een show van moesten maken in Oakland. Ze hadden dat immers in oktober 2007 ook gedaan toen ze Hillary Clintons presidentiële campagne in Californië organiseerden. Er kwamen toen 14.000 mensen naar het centrum van Oakland. Ze deden er alles aan om ervoor te zorgen dat het aantal mensen dat voor Harris kwam opdagen nog indrukwekkender was, en met succes. Oakland City Hall was versierd met Amerikaanse vlaggen en rood-wit-blauwe vaandels, de zon scheen en er kwamen 20.000 mensen naar de verkiezingsbijeenkomst. Harris sprak over Martin Luther King jr. en wees erop dat Shirley Chisholm meer dan veertig jaar daarvoor haar historische aankondiging had gedaan dat ze, als eerste zwarte vrouw, meedeed aan de verkiezingen voor het presidentschap.

Harris' toespraak zat vol met voor haar publiek actuele thema's en ze noemde Afro-Amerikaanse helden. Ze vertelde de aanwezigen dat ze in het Kaiser Permanente Hospital was geboren, niet ver daar vandaan, en dat ze in de rechtbanken van Oakland had gewerkt als plaatsvervangend openbaar aanklager voor Alameda County. Ze vertelde hoe trots ze was als ze in de rechtszaal stond en zei: 'Kamala Harris, voor het volk', zoals de gewoonte was.

'Voor het volk' was haar thema die dag. Het moest de reden aangeven waarom ze aan de verkiezingsstrijd mee ging doen.

'Ik stel me verkiesbaar voor het presidentschap om president te zijn van het volk, door het volk en voor alle mensen,' zei ze.[3]

Een van de gezichten in de menigte was Jackie Phillips, het hoofd van Cole School in Oakland, die Harris had gekend als de tiener die altijd in was voor een lolletje maar die ook vastbesloten was om iets te bereiken. Phillips was 'sprakeloos van trots'.

De bijeenkomst kreeg zeer positieve recensies. Zelfs president Trump, die zelf gek was op grote menigten, erkende in een interview met *The New York Times* dat de bijeenkomst van Harris in Oakland, 'tot dusverre de beste start' was van een verkiezingscampagne.[4]

Het was de manier waarop Harris te werk ging: al vroeg mee gaan doen aan de strijd, tonen dat je sterk bent, misschien het veld uitdunnen. Het leek veelbelovend. Ze had een goede start. Maar een verkiezingsstrijd in de staat Californië was heel wat anders dan een nationale verkiezingscampagne.

Hoofdstuk 33

De timing is cruciaal

Minder dan twee weken nadat ze had aangekondigd dat ze met de verkiezingsrace zou meedoen, maakte Fox News bekend dat Kamala Harris vooraan liep. Maar dat was niet waar, toen niet en ook niet daarna. Joe Biden was vanaf het allereerste begin degene die vooraan ging. Maar Harris stond aan de top en dat betekende dat ze als nooit tevoren onder een vergrootglas lag.

Journalisten en commentatoren vroegen zich af of ze wel zo'n goede aanklager was geweest als ze zelf beweerde. Sommigen vroeg zich af of ze niet té goed was en zo gehard en taai was geworden dat ze niet in staat was tot het spontane contact met mensen dat Obama wel had gehad tijdens de campagnereizen, en of ze misschien geen aansluiting zou vinden bij haar volgende jury: het Amerikaanse volk. De *Los Angeles Times* vroeg aan Feinstein of zij Harris zou steunen. De oudere senator veroordeelde Harris met karige lof: 'Ik ben een groot fan van senator Harris en ik werk met haar samen. Maar ze is totaal nieuw hier, dus het kost wat tijd om iemand te leren kennen...'[1] Biden was dé kandidaat voor haar.

Harris koos Baltimore als thuisbasis voor haar campagne, hoewel ze zelf geen band met die stad had. Ze wist wel dat het nieuws zich vaak van het oosten naar het westen van het land verspreidde in de Verenigde Staten, en om daar rekening mee te houden, had ze een basis nodig aan de oostkust. Maya Harris, Kamala's zus, had de leiding van het campagneteam in het oosten, terwijl veel van Harris' hogere adviseurs in San Francisco bleven. Juan Rodriguez, die haar Senaatscampagne had geleid, was nu ook campagneleider. Hij was nog geen 35 jaar oud. Rodriguez was geboren in Burbank, als de zoon van immigranten uit El Salvador die op hun negentiende naar de Verenigde Staten waren gekomen op de vlucht voor het geweld in hun land en om een beter leven na te streven. Zijn moeder was schoonmaakster, zijn vader timmerman. Hij studeerde aan de UCLA, de universiteit van Los Angeles, haalde vervolgens zijn bedrijfskundemaster aan Peperdine University in Malibu en liep stage bij de burgemeester van Los Angeles, Antonio Villaraigosa, voor hij verder opklom binnen Harris' organisatie.

Binnen de campagne ontstond er al snel wrijving tussen verschillende groepen. Tegenvallers, sommige door eigen schuld, zorgden voor scheuringen. Harris had de gewoonte om verslaggevers uit de weg te gaan en te laat te komen bij bijeenkomsten. Haar mening wisselde nogal over 'single-payer' gezondheidszorg (waarbij de overheid alles betaalde) en korte berichten over de legalisering van de commerciële verkoop van cannabis en het decriminaliseren van prostitutie wanneer dit plaatsvindt tussen volwassenen met hun instemming: een idee dat sommige mensen erg tegenstond die haar hadden geprezen toen ze in 2016 de eerste rechtszaak aanspande tegen de eigenaren van Backpage.

In februari vertelde ze aan een interviewer van de podcast *The Breakfast Club* dat ze op de middelbare school zelf stickies had gerookt en ze zei erbij: 'De helft van mijn familie komt van Jamaica. Wat denk je anders?'[2]

Haar vader, Donald Harris, kon er niet om lachen en hij blogde dat zijn overleden grootmoeders en ouders 'zich in hun graf omdraaiden nu ze zagen dat de naam van hun familie, hun reputatie en trotse Jamaicaanse identiteit zonder meer, of dat nu als grap bedoeld was of niet, verbonden wordt met het frauduleuze stereotype van een hasj rokende genotszuchtige persoon bij het nastreven van identiteitspolitiek'.[3] Hij haalde dat bericht weer weg, maar pas toen er al breed over werd gepraat en geschreven. Voor Harris was dit voorval een spontane fout die ze zelf had gemaakt en het was een les dat tijdens een campagne voor de presidentsverkiezingen elk woord van de kandidaat ertoe doet.

Omdat Harris uit Californië kwam en driemaal een verkiezingsstrijd in een hele staat had gevoerd, zou ze moeten weten hoe ze fondsen moest werven. Maar dat was niet zo. Ondanks haar indrukwekkende start in Oakland haalde Harris 12 miljoen dollar op in het eerste kwartaal van 2019, een middelmatig bedrag. Ter vergelijking: senator Barack Obama haalde meer dan 25 miljoen dollar op in het eerste kwartaal nadat hij had bekendgemaakt dat hij president wilde worden, en dat was twaalf jaar daarvoor geweest, in 2007.

In een groot strijdveld waarin sterke vrouwen meededen als Elizabeth Warren, Amy Klobuchar en Kristen Gillibrand viel Harris niet bepaald op. Ze was niet zo links als Warren of Bernie Sanders. Ze sprak ook niet tot de verbeelding van kiezers die wel massaal aandacht hadden voor Pete Buttigieg, de burgemeester van South Bend. Die viel op als de kandidaat die, zoals hij het zelf zei 'de enige linkshandige, Maltees-Amerikaanse, episcopaalse, homoseksuele, millennial oorlogsveteraan in de verkiezingsrace' was.[4] Hij was opgeleid aan Harvard en had met een Rhodes-studiebeurs in Oxford gestudeerd. En hij leek te voldoen aan de wensen van kiezers, onder wie veel kiezers in Californië op wie Harris wellicht gerekend had, die iemand van een nieuwe generatie wilden. Erger nog voor Harris: ze kon haar reden om mee te doen aan de verkiezingsstrijd niet goed uiteenzetten en zei enkel dat er iemand nodig was die het tegen Trump zou opnemen. Ze slaagde er niet in om kiezers weg te halen bij Joe Biden.

Haar eerste grote kans om voor een ommekeer in de race te zorgen kwam tijdens haar eerste debat, op 27 juni 2019. Na een uur debatteren wachtte ze even, haalde diep adem, wendde zich tot Biden en viel hem aan op zijn werk tientallen jaren daarvoor in de Senaat. Hij had toen met senatoren die voorstanders van rassenscheiding waren samengewerkt om het busvervoer te verhinderen dat zou leiden tot gemengde scholen.

'Het was pijnlijk om u te horen spreken over het aanzien van twee Amerikaanse senatoren die hun reputatie en loopbaan gebouwd hebben op de scheiding van rassen in dit land. En niet alleen dat, u werkte ook met hen samen om een eind te maken aan het busvervoer naar gemengde scholen. En weet u, er was een klein meisje in Californië dat in de tweede schoolklas zat die ervoor moest zorgen dat haar openbare scholen gemengde scholen werden, en ze werd elke dag met de bus naar school gebracht. En dat kleine meisje, dat was ik.'

Haar bereidheid om de koploper aan te vallen op de alles bepalende kwestie van het ras van personen in de Verenigde Staten maakte duidelijk dat ze meedeed om te winnen. Ze kreeg meteen veel donaties binnen. Ze schoot omhoog in de peilingen. Journalisten trokken de conclusie dat zij duidelijk de winnaar was van dat eerste debat. Maar de winst en de stijging in de peilingen was maar van korte duur. In een verhaal in *The New York Times* kwam een steeds terugkerend probleem voor Harris naar voren. Haar woordvoerder zei dat ze achter het busvervoer stond als methode om gemengde scholen te krijgen, maar 'weigerde om daar meer informatie over te geven'. Nadat ze de kwestie ter sprake had gebracht, vermeed ze het onderwerp. In *The New York Times* stond:

> De vraag voor mevrouw Harris is of ze haar momentum van donderdag kan behouden. Sinds het begin van haar campagne heeft ze goed gepresteerd als ze vanuit een goed opgesteld plan werkte. Soms echter sneed ze zichzelf in de vingers als ze gedwongen werd om voor de vuist weg te gaan spreken. En zoals zo vaak het geval is als een van de kandidaten een andere aanvalt wanneer er meerdere kandidaten zijn, moet we afwachten of ze er zelf beter van wordt, of dat ze enkel meneer Biden schade berokkend heeft.[5]

De aanval had Biden verrast en leek hem persoonlijk pijnlijk te hebben geraakt. Later zei hij erover op *The Tom Joyner Morning*

Show: 'Ik dacht dat we vrienden waren, en ik hoop dat we dat nog steeds zullen zijn.'[6] Hij wees erop in dat interview dat ze hem in 2016 had uitgenodigd om naar de Californische Democratische Conventie in San Jose te komen om in het openbaar zijn steun te betuigen voor haar verkiezingsstrijd voor de Senaat. En dat had hij gedaan. Zijn aanwezigheid en persoonlijke toespraak zorgden ervoor dat de Democratische partij van Californië Harris steunde en niet Loretta Sanchez.

Dat was toen. In 2019 deed Harris datgene wat in haar ogen nodig was om te kunnen winnen.

Bij algemene verkiezingen zou Harris' achtergrond als openbaar aanklager, iemand die mensen vanwege hun slechte daden in de gevangenis had gezet, goed overkomen. Maar bij de voorverkiezingen werd ze aangevallen door personen die voor sociale gerechtigheid streden, en die betwijfelden of ze wel echt een 'progressieve' aanklager was.

'Elke keer weer als progressieven er bij haar op aandrongen om als openbaar aanklager, en later als de procureur-generaal van de staat, hervormingen door te voeren van het strafrecht, was mevrouw Harris het niet met hen eens en zweeg ze. Verontrustender was dat mevrouw Harris uit alle macht streed om onterechte veroordelingen te handhaven die het gevolg waren van officieel wangedrag, waaronder geknoei met bewijs, meineed en de onderdrukking van cruciale informatie door aanklagers.' Dit schreef Lara Bazelon, een hoogleraar aan de Rechtenfaculteit van de University of San Francisco in een opiniestuk in *The New York Times*.[7] Bazelons scherpe analyse verscheen op 17 januari 2019, maar bleef gedurende de hele campagne nagalmen.

Tijdens het tweede Democratische debat voor de voorverkiezingen voor het presidentschap, dat eind juli in Detroit werd gehouden, bracht Congreslid Tulsi Gabbard van Hawaii dat thema weer ter sprake en het was meedogenloos. Gabbard zei dat Harris, als aanklager, 'meer dan 1500 mensen in de gevangenis had laten zetten voor overtredingen die met marihuana verband hielden'.[8] En dat ze had nagelaten om bewijs te onderzoeken dat een terdoodveroordeelde vrij had kunnen krijgen, waarmee ze naar de zaak van Kevin Cooper verweest. Het was uit zijn verband gehaald. Maar op een podium met tien kandidaten kon Harris niet passend reageren. Ze maakte het nog erger toen ze op CNN verscheen, bij Anderson Cooper. In plaats van zich actief op te stellen en erop in te gaan, of om de zaak recht te zetten, kwam ze hooghartig over: 'Dit zal niet erg bescheiden klinken, maar ik ben duidelijk een topkandidaat en daarom verwachtte ik al dat ik het doelwit zou zijn en wat klappen zou krijgen vanavond. Wanneer mensen op 0 of 1 procent staan, of hoe zij er ook maar voorstaat, dus ik verwachtte wel dat ik vanavond aangevallen zou worden.'[9]

Harris krabbelde terug wat een paar van de standpunten betreft die ze had ingenomen als openbaar aanklager en procureur-generaal. Ze zei met name dat het haar speet dat in sommige county's ouders van vaak spijbelende kinderen in de gevangenis waren gezet op grond van een wet waarvoor zij had gepleit. Hun gevangenschap was een 'onbedoeld gevolg' geweest, zei ze in 2019.[10] Maar een paar jaar eerder, in januari 2015, toen ze voor haar tweede ambtstermijn als procureur-generaal werd beëdigd, zei ze in haar inhuldigingstoespraak: 'Het wordt tijd dat we gaan zeggen dat het in de staat Californië een misdaad is als een kind niet naar school gaat.' Dit deed de fundamentele vraag rijzen: Kamala Harris nam standpunten in, maar wat waren haar principes?

Begin november raakte het geld van de campagne op, en campagneleider Juan Rodriguez moest mensen ontslaan en met de kritiek omgaan van de mensen die moesten vertrekken.

Rodriguez was de quarterback en leider geweest van het American footballteam van zijn middelbare school. Quarterbacks leerden hoe ze klappen moeten incasseren. Binnen de uiteenvallende campagne van Harris was de strijd losgebarsten. *The New York Times* boorde de haperende campagne van Harris op 29 november de grond in, in een artikel van bijna drieduizend woorden met de kop: 'HOE DE CAMPAGNE VAN KAMALA HARRIS UITEENVIEL'.

'Het Democratische veld van 2020 wordt gekenmerkt door al het tumult, waarbij sommige kandidaten stijgen, anderen ermee ophouden en nog eens twee nieuwe kandidaten deze maand besluiten mee te gaan doen. Toch is er maar één kandidaat die snel naar de top schoot en in vroege peilingen weer hard omlaagviel naar de enkele cijfers: mevrouw Harris.'[11]

Rodriguez was getackeld. Maar quarterbacks worden niet getackeld tenzij er om hen heen van alles is misgegaan. En dat was het geval binnen het campagneteam van Harris. De toon van elke campagne wordt van bovenaf bepaald. Maya Harris wantrouwde de strategen, die wisten dat het dwaas was om tussen Kamala en Maya in te gaan staan. Er werden geen berichtjes meer over en weer gestuurd. Er waren veel te veel interne tragedies. Campagnemedewerkers die hun baan kwijtraakten omdat het geld opraakte, sloegen om zich heen toen ze vertrokken.

Democraten winnen de presidentiële nominatie van hun partij niet zonder eerst de overwinning te behalen bij de voorverkiezingen in zuidelijke staten, en Harris moest goed presteren in South Carolina, waar de zwarte kiezers van cruciaal belang waren. Het campagneteam van Harris had, evenmin als de campagneteams van de andere Democraten, geen rekening gehouden met de onwankelbare kracht van de steun die Joe Biden van de zwarte kiezers kreeg. Doordat Harris niet steeg in de peilingen, kreeg ze ook geen geld binnen en zonder geld kon ze in de staten die het eerst aan de beurt waren geen zendtijd kopen voor reclamespotjes die haar misschien in de peilingen hadden geholpen. Het was een vicieuze cirkel. Eind 2019 had Harris 40,3 miljoen dollar opgehaald, net iets meer dan de helft van de 76 miljoen dollar die Pete Buttigieg in 2019 had binnengekregen. Harris slaagde er niet in om de mensen in beweging te brengen die maar kleine bedragen gaven, maar die voor een groot deel van het geld van de Democratische kandidaten voor het presidentschap zorgden. Statistieken van de Federale

Verkiezingscommissie laten zien dat 54 procent van de donaties aan haar bestond uit giften van 200 dollar of minder. Dat was ver onder wat Elizabeth Warren, de senator uit Massachusetts, kreeg: 74 procent van haar 127 miljoen dollar bestond uit giften van 200 dollar of minder. Op een bepaalde dag in de zomer ontving Harris slechts 4000 dollar aan giften via internet.

Er was echter hoop.

Kandidaten voor het presidentschap mogen slechts een gift van maximaal 2800 dollar per donor ontvangen voor de voorverkiezingen en nog eens 2800 dollar voor de algemene verkiezingen. Omdat de campagne zo duur is, zijn kandidaten uiteindelijk afhankelijk van Super PAC's (Politieke Actie Comités). Die zijn onafhankelijk en mogen onbeperkt geld ontvangen en uitgeven voor of tegen kandidaten, en dat is met name het geval tijdens de voorverkiezingen. Toen een van de rijke supporters van Harris en twee vroegere campagneassistenten zagen dat de campagne dreigde te mislukken, zetten ze samen een Super PAC op met de naam People Standing Strong. Het comité haalde 1,2 miljoen dollar op. Daarvan was 1 miljoen dollar afkomstig van Quinn Delaney, een rijke progressieve vrouw uit Oakland die financiële steun geeft aan kandidaten en campagnes die in haar ogen strijden voor rassengelijkheid. Delaney en haar man, vastgoedprojectontwikkelaar Wayne Jordan, zijn de trouwste supporters van Harris.

In de politiek is de timing cruciaal. Om 11.42 uur aan de oostkust, op 3 december 2019, kwam Christopher Cadelago van *Politico* met het nieuws dat een Super PAC dat achter Harris stond zendtijd had gereserveerd in Iowa. Dit nieuws kwam nadat Harris' campagneteam, dat op zwart zaad zat, sinds september geen enkel televisiespotje in Iowa had uitgezonden. Dan Newman en Brian Brokaw, de consultants die voor People Standing Strong werkten, hadden 501.000 dollar overgemaakt naar televisiezenders in Iowa om spotjes te gaan uitzenden die reclame maakten voor Harris. Ze waren bereid om nog eens 500.000 dollar te sturen. Het zou de grootste aankoop van zendtijd ooit zijn namens een kandidaat die zelf geen miljarden bezat om de eigen campagne te financieren.

'Wij vormden de enige oplossing voor haar. We moesten zendtijd hebben,' zei Brokaw, die in 2010 Harris' campagne voor de functie van procureur-generaal had geleid.[12]

Het spotje trok vrijwel zeker de aandacht van de kiezers en onderscheidde Harris misschien van de rest van de kandidaten. In het spotje waren de grootste successen van Harris te zien: fragmenten van haar ondervraging van rechter Brett Kavanaugh, van minister van Justitie William Barr en van voormalig minister van Justitie Jeff Sessions, met daarbij haar kenmerkende uitspraak: 'Ik stel u een heel concrete vraag. Ja of nee?'

'Ik kan niet antwoorden als ik zo opgejaagd word. Ik word er nerveus van,' stamelde Sessions in het spotje.

De commentaarstem zei: 'Kamala Harris laat Republikeinen door de mand vallen. Ze worden nerveus van haar en zijn niet meer in staat om hun leugens en corruptie te verdedigen. Ze zal hetzelfde doen met Donald Trump. [...] Kamala Harris: de Democraat die het meest gevreesd wordt door Donald Trump.'

Op 3 december, drie uur en zes minuten na zijn eerste primeur, kwam Cadelago met een nieuw groot verhaal: 'Kamala Harris beëindigt haar campagne voor de presidentsverkiezingen nadat ze er maandenlang niet in is geslaagd om in de peilingen van onderaf aan omhoog te klimmen: een prematuur vertrek voor een Californische senator die ooit een topkandidaat voor de nominatie werd genoemd.'[13]

Brokaw en Newman waren stomverbaasd. Ze konden hun oren niet geloven. Het kon onmogelijk waar zijn dat ze de handdoek in de ring gooide. Maar het was wel zo. Brokaw belde Delaney om haar het nieuws te vertellen. Hij beloofde dat ze haar geld terug zou krijgen en hij wist inderdaad het grootste deel ervan terug te sturen.

Harris was uit de race gestapt nadat ze met haar team overlegd had en besefte dat ze geen geld had. Door er al vroeg uit te stappen, zou ze zichzelf de schande besparen van een groot verlies in de voorverkiezingen van Iowa en, erger nog, in haar thuisstaat. Haar naam zou in Californië niet op het stembiljet van de voorverkiezingen van 3 maart staan. En dat was maar goed ook. Uit peilingen bleek dat ze zou gaan verliezen in Californië. Door dat gênante verlies zouden er twijfels gerezen zijn aan haar kansen als kandidaat in toekomst.

Al snel zou er zich echter een nieuwe kans voordoen.

Hoofdstuk 34

Dansend in de regen

Nu ze haar ambities voor het presidentschap aan de kant had gezet, keerde Kamala Harris terug naar het werk waarvoor ze gekozen was: Californië vertegenwoordigen in de Senaat van de Verenigde Staten. Na een zware en uitputtende strijd moest ze door haar werk in de Senaat weer in een goed blaadje komen bij de kiezers in haar thuisstaat, en, misschien, bij Joe Biden.

Het Huis van Afgevaardigden had op 16 januari 2020 de tenlastelegging ingediend voor de impeachment van president Trump. De uitkomst stond al vast omdat Senaatsleider Mitch McConnell de leiding van het impeachmentproces had. Aangezien hij het verzoek van de Democraten afwees om getuigen op te roepen, kreeg Harris geen kans om weer in de nationale schijnwerpers te staan, zoals toen ze minister van Justitie Sessions en de kandidaat voor het Hooggerechtshof Brett Kavanaugh ondervroeg.

Tussen het eind van het impeachmentproces in februari en augustus bleef ze op de achtergrond, maar ze diende wel 33 wetsvoorstellen en resoluties in. Sommige waren partijgebonden, zoals de resolutie die Trumps adviseur Stephen Miller veroordeelde 'vanwege zijn voortdurende onverdraagzaamheid, haat en verdeeldheid zaaiende politieke retoriek'. De resolutie drong erop aan dat Miller zijn ontslag zou indienen. Dat deed hij echter niet.

Er was vrijwel geen aandacht in de pers voor de wetsvoorstellen. Sommige richtten zich specifiek op Californië: het herstellen en verbeteren van de toegang tot openbaar grondgebied, waaronder South Fork Trinity River-Mad River Restoration Area in Noord-Californië, en het opruimen van de vervuiling in de rivier de Tijuana, helemaal in het zuiden bij de Californisch-Mexicaanse grens.

Andere voorstellen betroffen zaken die ze tijdens haar campagnestrijd naar voren had gebracht. Er waren wetsvoorstellen over het milieu om mensen in arme gemeenschappen te beschermen tegen vervuiling door industriële complexen, en om research te financieren naar veilige alternatieven voor chemicaliën in consumentenproducten, waaronder cosmetica. Dat laatste was bedoeld om vrouwen te beschermen die in schoonheidssalons werken: niet het soort kwestie dat in de ogen van de oude mannen in de Senaat aangepakt moest worden in hun wetgevingspakket.

Met een van haar wetsvoorstellen wilde ze onderzoek laten financieren naar baarmoedermyomen. Een ander wetsvoorstel, de Black Maternal Health Momnibus Act van 2020, drong er bij het ministerie van Gezondheidszorg en Sociale Zaken op aan de hoge sterftecijfers van moeders en zuigelingen onder zwarte vrouwen aan te pakken, en om van het Federal Bureau of Prisons te eisen dat gevangenissen geld zouden krijgen om de gezondheid van zwangere vrouwen die in de gevangenis zitten te verbeteren.

Harris richtte zich al vroeg op de coronapandemie en diende in maart al wetsvoorstellen in om de financiële steun te verhogen voor mensen die hun baan verloren omdat staten een lockdown afkondigden. Terwijl de pandemie zich verspreidde, diende zij wetsvoorstellen in die huurders beschermden tegen uitzetting en die financiële steun gaven aan kleine bedrijven. Ook was er een voorstel dat van de president eiste dat hij een speciale gezant aanstelde die zich met de voorbereidingen op een pandemie moest bezighouden, en dat hij de budgetten verhoogde voor staten waar per post gestemd mocht worden, en dat hij de raciale en etnische ongelijkheid tussen minderheden die corona kregen liet bestuderen. Een ander wetsvoorstel regelde hulp voor kleine en middelgrote restaurants zodat die met de overheden konden samenwerken, waaronder de oorspronkelijke bewoners van Amerika, om voedsel uit te delen aan de arme bevolking.

Harris was een Democraat in een Senaat die in handen is van de Republikeinen, in een verkiezingsjaar waarin ze aan de verkiezingsstrijd meedeed om de Democratische genomineerde voor het presidentschap te worden. Dat alles betekende dat er geen enkele kans was dat een van haar wetsvoorstellen werd aangenomen. Maar elk wetsvoorstel was een verklaring over welke kwesties ze wilde gaan aanpakken als ze daar eenmaal de kans toe zou krijgen.

Tijdens het debat tussen de Democratische kandidaten voor het presidentschap op 15 maart 2020 maakte Joe Biden, die de Democratische genomineerde leek te gaan worden, bekend dat hij een vrouw zou uitkiezen als zijn running mate. De vrienden van Harris wilden haar helpen.

Een van hen, Michael Tubbs, werd in 2016 op 26-jarige leeftijd verkozen tot burgemeester van Stockton, de stad waar hij was opgegroeid, nadat hij vier jaar in de gemeenteraad had gezeten. Hij had die zetel verkregen toen hij zijn studie aan het afronden was aan Stanford University, ongeveer 100 kilometer en een hele wereld van Stockton vandaan. Tubbs was de zoon van een alleenstaande tienermoeder en een vader die in de gevangenis zat, en hij had stage gelopen bij de regering-Obama, in het Witte Huis. Toen Tubbs burgemeester werd, lag er een behoorlijk taak op hem te wachten. De stad met 300.000 inwoners kwam net een faillissement te boven, en zijn voorganger had bekend dat hij schuldig was aan het misbruiken van overheidsgeld en aan het geven van alcohol aan een minderjarige, nadat hij er in eerste instantie van beschuldigd was dat hij geheime opnamen had gemaakt van tienerkampbegeleiders tijdens een spelletje strippoker.

'Ik concludeerde dat het laf van me zou zijn om onderzoek te blijven doen naar en essays te schrijven over alle problemen van Stockton, zonder dat ik me zou inspannen om er iets aan te doen,' zei Tubbs tegen verslaggever Cynthia Hubert van *The Sacramento*

Bee, toen hij haar uitlegde waarom hij naar Stockton terugkeerde.

Als burgemeester zette Tubbs zich in om zijn stad nieuw leven in te blazen, en senator Harris nam regelmatig contact met hem op, gaf hem advies en vroeg of ze iets voor hem kon doen vanuit Washington. Op haar verjaardag in 2019, toen ze meedeed aan de verkiezingsrace voor het presidentschap, belde Harris Tubbs op om hem te feliciteren met de geboorte de vorige dag van Michael Malakai Tubbs jr, het eerste kind van Michael en zijn vrouw.

'Zeg maar tegen hem dat tante Kamala niet kan wachten tot ze hem kan zien,' zei ze tegen de burgemeester.

Tubbs belde de Californische luitenant-gouverneur Eleni Kounalakis op en vroeg of het mogelijk was om een lobbycampagne op te zetten voor Harris. Kounalakis zei tegen Harris dat ze bereid was om die te gaan organiseren namens haar, maar Harris wees het aanbod af. Ze wilde graag Bidens running mate zijn, maar ging ervan uit dat Biden wist waar ze was en hoe hij met haar in contact kon komen. Uiteindelijk zorgden omstandigheden ervoor dat Biden er nog harder over na moest denken om Harris uit te kiezen.

Op 25 mei overleed George Floyd, nadat hij 8 minuten en 46 seconden op de grond gedrukt was door de knie van een politieagent uit Minneapolis. De politie was gebeld omdat Floyd een pakje sigaretten probeerde te betalen met een vals biljet van 20 dollar. Twee maanden daarvoor had de politie in Louisville, in de staat Kentucky, in de veronderstelling dat ze het huis van drugsdealers doorzochten, Breonna Taylor doodgeschoten, een ongewapende spoedeisendehulpmedewerker die in haar bed lag. Harris zette een mondmasker op ter bescherming tegen corona en liep naar het Witte Huis om mee te doen aan het protest op 30 mei.

Sommige kandidaten voor het vicepresidentschap voerden fel campagne voor die baan. Harris wilde hem ook, maar haar campagne was subtieler. Ze wist dat ze op het lijstje van Biden stond als een van de mogelijke kandidaten. Rohini Kosoglu, die Harris' stafchef was in de Senaat en later tijdens de campagne voor het presidentschap, regelde dat Bidens assistenten die onderzoek deden naar Harris' achtergrond alles kregen wat ze nodig hadden. Kosoglu zorgde er ook voor dat Biden besefte dat alles wat Harris naar buiten had gebracht over de standpunten die ze al heel lang had over rassen- en strafrechtkwesties niet in conflict waren met zijn zienswijze. Als er wel verschillen van inzicht waren, zou Bidens standpunt prevaleren. Van de zwarte vrouwelijke kandidaten naar wie gekeken werd, was Harris de enige die belangrijke verkiezingen binnen een staat had gewonnen en die had meegedaan aan een nationale verkiezingscampagne.

Er moest wel het een en ander rechtgezet worden. Het was algemeen bekend dat Joe Bidens vrouw, dr. Jill Biden, Harris' aanval op haar man over de rassenkwestie tijdens het debat van 27 juni 'een stomp in de maag' had genoemd. Tijdens een gesprek in *The Late Show with Stephen Colbert* in juni had Harris een poging gedaan om uit te leggen waarom ze Biden had aangevallen over de rassenkwestie: 'Het was een debat. De hele reden was, letterlijk, dat het een debat was. Het werd een debat genoemd.' Over het idee dat ze als Bidens running mate uitgekozen zou worden, zei ze: 'Ik zou het een eer vinden als ik gevraagd werd, en ik vind het al een eer dat mijn naam op het lijstje staat. Ik zal je eerlijk zeggen: ik zal alles doen wat in mijn macht ligt, waar ik ook maar ben, om Joe Biden te helpen winnen.'

In juli en augustus werden nog andere kandidaten genoemd die ook steun kregen, vooral Congreslid Karen Bass, een Democraat uit Los Angeles en voorzitter van de Black Caucus van zwarte leden van het Congres. Degenen die haar steunden, waren onder andere enkele politici die nationale ambities hadden en beseften dat Harris meteen vooraan zou staan voor de Democratische nominatie voor het presidentschap nadat Biden vier of acht jaar president was geweest. Bass leek een minder waarschijnlijk kandidaat voor het presidentschap. Wat de meeste zorgden baarde, was dat Harris' supporters in Californië geloofden dat de mannen die Biden adviseerden, onder wie voormalig senator Christopher Dodd en de voormalig gouverneur van Pennsylvania Ed Rendell, een verhaal geloofden dat Democraten in Californië Harris niet mochten en niet meer steunden, en dat Bass een degelijk alternatief zou vormen. Harris had inderdaad wat vijanden gemaakt onder de Democraten. Maar er was ook een kern van mensen die haar steunden. Bass had nooit verkiezingen meegemaakt op nationaal niveau, en er begonnen negatieve verhalen over haar rond te gaan. Zo zou ze vol lof geweest zijn voor Fidel Castro, iets wat niet goed zou vallen in Florida. En ze zou positief over de Scientology Church spreken in een toespraak die zo op internet te vinden was.

Luitenant-gouverneur Kounalakis raakte erbij betrokken.

'Ik heb niet om toestemming gevraagd,' zei Kounalakis.

Binnen het kleine politieke wereldje van San Francisco had Mark Buell, Harris' eerste financiële directeur van haar campagne, Harris en Kounalakis aan elkaar voorgesteld. De vader van Kounalakis, Angelo Tsakopoulos, was in 1958 als vijftienjarige jongen zonder een cent op zak vanuit Griekenland naar de Verenigde Staten geëmigreerd. Hij wist op te klimmen via Sacramento State College en werd de grootste projectontwikkelaar van de regio Sacramento. Hij organiseerde ook de fondsenwervingsbijeenkomst waar Buells toekomstige vrouw, Susie Tompkins, Bill Clinton ontmoette en bij de politiek betrokken raakte. Harris en Kounalakis begonnen regelmatig samen te lunchen en kregen een band. (Harris belt haar op haar verjaardag op en zingt dan 'Happy Birthday'.) Voordat Kounalakis meedeed aan de verkiezingsstrijd om luitenant-gouverneur te worden, was ze een belangrijke financiële ondersteuner geweest van de campagnes van Hillary Clinton in 2008 en 2016, en ze werd de eerste ambassadeur naar Hongarije van de regering-Obama. Kounalakis woont in hetzelfde appartementencomplex in San Francisco als Buell, met een uitzicht van 360 graden over de Bay Area. Zij en Mark en Susie Buell stemmen vaak hun fondsenwervingsinspanningen op elkaar af, waarbij donoren eerst naar haar appartement komen voor wijn en cocktails en dan vervolgens de lift naar boven nemen voor een diner bij Mark en Susie Buell. Toen Kounalakis zich verkiesbaar stelde voor het ambt van luitenant-gouverneur belde Harris om te zeggen: 'Ik zal achter je staan, en je gaat winnen.'

Op 31 juli 2020 belde Kounalakis het campagneteam van Biden op en ze vroeg om een Zoom-vergadering. Die vond drie dagen later plaats. Kounalakis had een indrukwekkende groep personen bijeen weten te krijgen die achter Harris stonden: de burgemeester van San Francisco London Breed, de burgemeester van Oakland Libby Schaaf, de burgemeester van Long Beach Robert Garcia, de minister van Financiën van Californië Fiona Ma, de staatssecretaris van Californië Alex Padilla, burgemeester Tubbs en voormalig gouverneur Gray Davis. Iedereen kreeg twee minuten de tijd om te vertellen waarom Harris de beste vicepresident zou zijn. Sommigen van hen hadden verhalen vanuit hun functie. Anderen kwamen met persoonlijke verhalen. Garcia van Long Beach zei dat Harris de eerste persoon was geweest die gebeld had om hem te condoleren toen zijn moeder aan corona was overleden op 26 juli.

Tubbs wees erop dat Harris driemaal aan verkiezingen op staatsniveau had meegedaan, dat ze zich verkiesbaar had gesteld voor de presidentsverkiezingen en 'gepokt en gemazeld in de strijd' was. 'Er is er maar één zoals Kamala Harris,' zei Tubbs.

Kounalakis voerde aan dat ze een 'vrouw was die verandering bracht' binnen de Amerikaanse politiek. 'Er is geen stereotype omschrijving te bedenken van Kamala Harris.'

Op 11 augustus, op een dinsdag, sprak Biden met Harris via Zoom.

'Ben je er klaar voor om aan de slag te gaan?'

Biden had zijn uiteindelijke keuze zeer geheim gehouden. Op de zaterdag voor die dinsdag, voordat hij zijn keuze officieel bekendmaakte, hadden Harris en haar naaste adviseurs nog geen enkel idee dat hij haar zou uitkiezen.

'Mijn god, ik ben er zo klaar voor om aan de slag te gaan,' antwoordde Harris.

De mening van Bidens zoon Beau over Harris, die hij zich over haar had gevormd toen de procureurs-generaal van de staten de banken aanpakten in 2011 en 2012, had zwaar meegewogen bij Bidens besluit.

‘Er is niemand wiens mening ik meer waardeer dan Beau en ik ben er trots op dat Kamala naast me staat bij deze campagne,’ zei Biden nadat hij zijn keuze bekend had gemaakt.

Het ambt van vicepresident was niet wat Harris voor ogen had gehad toen ze in 2019 aan haar campagne voor het presidentschap was begonnen. Ze was aan de presidentsrace begonnen om te winnen en ze was niet van plan geweest om iemands vicepresident te worden. Vanuit Biden gezien was de keuze logisch. Harris groeide op binnen de harde politieke strijd van San Francisco, was volledig doorgelicht door onderzoeksjournalisten en een aantal van de beste researchers van beide politieke partijen. Ze had aan moeilijke verkiezingsraces meegedaan en had gewonnen en verloren. Het team van Biden was op de hoogte van haar goede en minder goede eigenschappen. Ze zou goed overkomen tijdens een debat met vicepresident Mike Pence en het was niet haar gewoonte om fouten te maken tijdens een verkiezingsstrijd. Ze zou ook voor enthousiasme zorgen en misschien wat danspasjes maken op de weg naar een overwinning, geleid door iemand die de oudste man ooit zou zijn die tot president was gekozen. Zoals politici zeggen: ze was ‘operationeel’, klaar voor de taak.

Ze had ook iets te vertellen, een verhaal dat uniek is en ook heel erg Amerikaans.

Nadat Biden Harris had uitgekozen, nam ze contact op met Wanda Kagan, haar vriendin van de middelbare school in Montreal, en Harris vroeg of ze Wanda’s levensverhaal mocht vertellen. Die aarzelde niet en gaf toestemming. In een video die ze op 23 september 2020 twitterde, vertelde Harris het verhaal, zonder Kagans naam te noemen. Ze dacht eraan terug dat een goede schoolvriendin van haar ‘soms zo verdrietig was als ze naar school kwam. En dat ze soms niet naar huis leek te willen gaan.’ Toen de vriendin haar in vertrouwen nam en vertelde dat ze misbruikt werd, had Harris tegen haar gezegd: ‘Je moet bij ons komen wonen.’ De pijn van haar vriendin was een van de redenen geweest waarom Harris een openbaar aanklager had willen worden, vertelde ze op de video.

Twee dagen voor de verkiezingen op 3 november 2020 dacht Kagan terug aan haar schooltijd en aan wat er van het meisje was geworden dat haar door de moeilijkste tijden van haar leven heen had geholpen.

'De Verenigde Staten krijgen een heel goede persoon, want zo is ze nu eenmaal. Zo is ze altijd al geweest,' zei Kagan.

Op 19 oktober 2020 was Kamala Harris de Democratische genomineerde voor het vicepresidentschap bij een campagnebijeenkomst aanwezig in Jacksonville, Florida. Het regende pijpenstelen. Harris droeg haar Chuck Taylor-sportschoenen en uit de speakers klonk luid de muziek waarmee ze het podium af liep: 'Work That' van Mary J. Blige.

Just because the length of your hair ain't long
And they often criticize you for our skin tone
Wanna hold your head high [...]
Girl be yourself.

Harris duwde haar paraplu naar achteren en danste op het ritme van de muziek, met een brede glimlach, lachend, genietend van de plek waar ze zich bevond, en misschien wel waar ze vandaan was gekomen.

Peggy Noonan, de presidentiële speechschrijver van Ronald Reagan sprak er schande van in een column in *The Wall Street Journal* vier dagen later. Ze zei dat 'het gênant was' om de kandidaat voor het vicepresidentschap te zien dansen en dat Harris frivool overkwam.

The Recount zette een videoclip van vijftien minuten op internet van de dansende Harris in Jacksonville. Er werd 2,3 miljoen keer naar gekeken.

Beth Foster Gayle was net opgestaan en ze was koffie aan het zetten in haar huis in Washington DC op de ochtend van 25 oktober. Ze probeerde moed te verzamelen voor de dag die voor haar lag. Het was deze dag precies twee jaar geleden dat haar man Tyrone Gayle, de eerste Senaatsperssecretaris van Harris, was overleden.

Op zo'n dag komen moeilijke, gelukkige en verdrietige herinneringen naar boven. Er kwam een berichtje binnen op haar telefoon. Het kwam van de Democratische genomineerde voor het vicepresidentschap, die ergens op campagne was. Kamala Harris wilde haar laten weten wat ze tijdens de bijeenkomst in Jacksonville, de stad waar Tyrone vandaan kwam, had gezien. Iemand had een bord omhooggehouden met de woorden: DOE HET VOOR TYRONE. Met andere woorden: de persoon die dat bord omhooghield wilde dat Harris de verkiezingen zou winnen voor de man die te jong overleden was. Harris wilde Beth laten weten dat iemand anders ook aan Tyrone dacht.

Het berichtje bracht een beetje licht op een donkere gedenkdag en het toonde een aspect van Kamala Harris dat maar weinig mensen ooit zouden zien. Ze kon zich hard opstellen, vaak te hard, tegenover de mensen om zich heen. In haar klim naar de top had ze mensen achtergelaten die zich gebruikt voelden. Ook liet ze onafgemaakt werk achter omdat ze te snel van de ene belangrijke baan naar de andere overstapte. Maar ze nam ook de tijd om te laten zien dat ze om mensen gaf, en om die o zo zeldzame eigenschap tentoon te spreiden: empathie. Op deze specifieke dag besefte ze dat er iemand was die verdriet had en ze wilde die persoon laten weten dat iemand aan haar dacht.

Zo zit Kamala Harris in elkaar.

Dankbetuiging

Om begrijpelijke redenen hebben Kamala Harris en haar familie geen interviews gegeven of hulp geboden bij de totstandkoming van *Kamala's pad*. In september en oktober, toen ik dit boek schreef, richtte Harris al haar aandacht op het voeren van een landelijke campagne.

Ik heb gebruikgemaakt van bronnen die beschikten over informatie uit de eerste hand over de gebeurtenissen die ze beschreven. Velen van hen passeren de revue in dit boek, anderen hadden goede redenen om anoniem te blijven. Mijn oprechte dank gaat uit naar elk van hen: mede door hen ben ik – én de lezers van *Kamala's pad* – goed geïnformeerd.

Speciale dank komt toe aan Josh Meyer, mijn vriend uit de dagen dat we voor de *Los Angeles Times* werkten. Zonder zijn artikelen en kennis over het reilen en zeilen in Washington was dit boek er niet geweest. De prikkelende verslaggeving van Josh is volkomen uniek. Voor dit project gebruikte hij zijn decennialange ervaring in Washington om mij van onschatbare informatie te voorzien, die ik gebruikte om de hoofdstukken te schrijven over Harris' drukke tijd als senator en haar inspanningen om door Biden te worden gekozen als running mate. Ondanks de strakke deadline kreeg Josh dit allemaal bijtijds voor elkaar, reden te meer om buitengewoon dankbaar te zijn.

Andy Furillo, mijn dierbare vriend en de beste rechtbankverslaggever die ik ken, heeft me enorm geholpen met zijn artikelen, zijn kennis en zijn verhalen over de tijd waarin Harris als openbaar aanklager werkzaam was in San Francisco.

Sasha Hupka's hulp was voor mij van onschatbare waarde: ze voerde gesprekken met belangrijke personen in dit boek en deed onderzoek naar de Harris' tijd in Berkeley en Oakland. Sasha is een accurate verslaggever en een uitstekende schrijver, die een grote toekomst in de journalistiek voor zich heeft liggen. Dank ook aan Yumi Wilson, die de volgende generatie journalisten opleidt op UC Berkeley, dat ze Sasha heeft aanbevolen.

Kristina Rebelo was een uitstekende kracht op het gebied van feitenonderzoek en tekstredactie. Karina Robinson is briljant op het terrein van historisch onderzoek, genealogie en feitenonderzoek en heeft me geholpen bij het uitpluizen van Harris' stamboom. Dank aan bibliothecaris Greg Lucas van de California State Library en diens fantastische medewerkers. De bibliotheek is een van de werkelijke parels die Californië telt.

Kamala's pad zou niet zijn geschreven zonder Michael Duffy, de eminente opinieredacteur van *The Washington Post*. Hij stelde voor dat ik dit project zou gaan uitvoeren en drong aan toen ik aarzelde, waarna hij Priscilla Painton, de grandioze redacteur van Simon & Schuster, namens mij benaderde. Dank je wel, Priscilla, voor je voortdurende steun, je kennis en je accurate redactiewerk – en voor het feit dat je in zee bent gegaan met iemand die nog nooit een boek had geschreven.

Daarnaast veel dank aan mijn vriend Scott Lebar, een geweldige journalist en hoofdredacteur van *The Sacramento Bee* die, toen hij werd benaderd door een agent die op zoek was naar iemand die over Kamala Harris kon schrijven, mijn naam aan haar doorgaf. Dank je wel, Karen Brailsford van Aevitas Creative Management, dat je me wegwijs hebt gemaakt in de wereld van de uitgeverij en dat je het met mij hebt aangedurfd.

Ik leerde Kamala Harris kennen toen ik columnist en later redacteur van de opiniepagina was van *The Sacramento Bee*. Dank, Stuart

Leavenworth, dat je me in dienst hebt genomen. Ook Cheryl Dell ben ik zeer dankbaar, die mij als uitgever van de *Bee* de grote eer verschafte redacteur van de opiniepagina te worden.

Mijn oprechte dank gaat uit naar Shawn Hubler, Joyce Terhaar, Foon Rhee, Erika D. Smith, Gary Reed, Ginger Rutland, Mariel Garza, Jack Ohman, Pia Lopez en wijlen Rex Babin, mijn collega's op de redactie van de *Bee*.

De feitelijke verslaggeving van onder meer Christopher Cadelago, John Diaz, Michael Finnegan, Leah Garchik, Joe Garofoli, John Howard, Carla Marinucci, Melanie Mason, Phil Matier, Maeve Reston, Jerry Roberts, Andy Ross, Phil Trounstine, Karen Tumulty, Lance Williams en Phil Willon heeft me geholpen bij de totstandkoming van dit boek. Dank aan Dave Lesher van Call-Matters.org dat hij mij een positie aanbood vanwaar ik de opkomst van Kamala Harris kon observeren.

En dank jullie wel, Tony en Tess, Clara en Ken en Libby en Grayson voor jullie liefde en steun. En bovenal dank aan mijn vrouw Claudia. Door jouw liefde, steun en begrip is alles mogelijk.

Noten

Hoofdstuk 1: Shyamala's dochter

1 Kamala Harris (kamalaharris), 'My Mother, Shyamala Gopalan Harris, Was a Force of Nature…'. Instagram, 1 maart 2020, https://www.instagram.com/p/B9MndAdnoHs/?utm_source=ig_web_copy_link.

2 Kamala Harris, *The Truths We Hold*. New York: Penguin (2019), p. 7.

3 Ellen Barry, 'How Kamala Harris's Immigrant Parents Found a Home, and Each Other, in a Black Study Group'. *The New York Times*, 13 september 2020.

4 Scott Duke Harris, 'In Search of Elusive Justice'. *Los Angeles Times*, 24 oktober 2004.

5 Stephen Carter, 'Harris Departure Stirs Turmoil: Econ Dept. Loses Radical Prof'. *Stanford Daily*, 25 januari 1974.

6 K. Harris, *The Truths We Hold*, p. 6.

7 Donald J. Harris, 'Reflections of a Jamaican Father'. *Jamaica Global*, 18 augustus 2020.

8 Peter Byrne, 'Kamala's Karma', *SF Weekly*, 24 september 2003.

9 'Kamala D. Harris, 32nd Attorney General'. Ministerie van Justitie van Californië, https://oag.ca.gov/history/32harris#:~:text=-Born%20and%20raised%20in%20the, graduate%20studies%20at%20UC%20Berkeley.

10 D. Harris, 'Reflections of a Jamaican Father'.

11 Christer Petley, *Slaveholders in Jamaica: Colonial Society and Culture during the Era of Abolition*. Londen: Pickering & Chatto (2009), p. 1.
12 *Ibid*, p. 2.
13 *Ibid*, 7.
14 *Ibid*.
15 *Ibid*, 117.
16 *Ibid*, 159.
17 Maura Hohman, 'Kamala Harris Details Being Raised by a Single Mom, Importance of Family in dnc Speech'. *Today*, 9 augustus 2020, https://www.today.com/news/dnc-speech-kamala-harris-details-being-raised-single-mom-t189876.
18 'Flashback: Ronald Reagan and the Berkeley People's Park Riots'. *Rolling Stone*, 15 mei 2017.
19 Chuck McFadden, 'Armed Black Panthers in the Capitol, 50 Years On'. *Capitol Weekly*, 26 april 2017.
20 Henry Weinstein, '"Free Huey": A White Man's View: Nowhere to Run, Nowhere to Hide'. *Daily Californian*, 20 mei 1968.
21 Thomas Orloff (voormalig openbaar aanklager van Alameda County, Californië), in gesprek met de auteur, oktober 2020.
22 Mark A. Stein en Valarie Basheda, 'Black Panther Founder Huey Newton Is Killed'. *Los Angeles Times*, 23 augustus 1989.
23 K. Harris, *The Truths We Hold*, p. 10.
24 Kamala Harris (kamalaharris), 'My Mother Was Very Intentional…'. Instagram, 9 februari 2020, https://www.instagram.com/p/B8WnPWzn-EN/?utm_source=ig_web_copy_link.
25 K. Harris, *The Truths We Hold*, p. 19.
26 Dan Bilefsky, 'In Canada, Kamala Harris, a Disco-Dancing Teenager, Yearned for Home'. *The New York Times*, 5 oktober 2020.
27 Wanda Kagan (levenslange vriendin) in gesprek met Sasha Hupka, researcher van de auteur, 1 november 2020.

Hoofdstuk 2: Dat kleine meisje

1 Dan Morain en Paul Jacobs, 'Worlds of Politics, Law Often Mix for Speaker'. *Los Angeles Times*, 1 april 1991.

2 Minister van Binnenlandse Zaken van Californië, 'Proposed Amendments to the Constitution: Propositions and Proposed Laws Together With Arguments'. Sacramento: California Office of State Printing, 1964.

3 *Proposed Amendments to the Constitution: Propositions and Proposed Laws Together with Arguments to Be Submitted to the Electors of the State of California at the General Election, Tuesday, Nov. 3, 1964*. California State Archives, ministerie van Binnenlandse Zaken, 1 september 1964.

4 Conor Dougherty, 'Overlooked No More: William Byron Rumford, a Civil Rights Champion in California'. *The New York Times*, 7 augustus 2019.

5 William Byron Rumford, 'The Fair Housing Bill and Proposition 14, 1963–1964', interview door Edward France en Joyce Henderson, *Legislator for Fair Employment, Fair Housing, and Public Health*. Earl Warren Oral History Project, internetarchieven van Californië, 1973, https://oac.cdlib.org/view?docId=hb8n39p2g3;NAAN=13030&doc.view=-frames&chunk.id=div00040&toc.depth=1&toc.id=&brand=oac4.

6 *Reitman v. Mulkey*, 387 U.S. 369 (1967).

7 Neil V. Sullivan en Evelyn S. Stewart, *Now Is the Time: Integration in the Berkeley Schools*. Bloomington: Indiana University Press (1970), p. 203.

8 *Ibid*, x.

9 *Ibid*, 7.

10 Natalie Orenstein, 'Did Kamala Harris' Berkeley Childhood Shape the Presidential Hopeful?' Berkeley-side, 24 januari 2019, https://www.berkeleyside.com/2019/01/24/did -kamala-harris-berkeley-childhood-shape-the-presidential-hopeful.

11 Sullivan en Stewart, *Now Is the Time*, p. 171.

12 NBC News, 'Democratic Presidential Debate – June 27'. YouTube-video, 27 juni 2020, https://www.youtube.com/watch?v=cX7hni-zGD8.

13 Kamala Harris (@KamalaHarris), 'There Was a Little Girl in California Who Was Bussed to School…'. Twitter, 27 juni 2019, https://twitter.com/KamalaHarris/status /1144279766097346 58?s=20.

Hoofdstuk 3: Een opleiding, apartheid en een slachtpartij

1 Kamala Harris (@KamalaHarris), 'Being a Graduated of @HowardU…'. Twitter, 19 juni 2019, https:// twitter.com/KamalaHarris/status/1141375083807748096?s=20.

2 K. Harris, *The Truths We Hold*, p. 22.

3 Karen Gibbs (levenslange vriendin van Harris) in gesprek met de auteur, oktober 2020.

4 Gene Kramer, Associated Press, 7 november 1984.

5 Willie L. Brown, *Basic Brown: My Life and Our Times*. New York: Simon & Schuster (2019), p. 207.

6 Dan Morain, 'How the "Duke" Helped Mandela'. *The Sacramento Bee*, 21 juli 2013.

7 *Ibid.*

8 *Ibid.*

9 Dan Morain, 'Mandela Ends Tour by Promising to Return'. *Los Angeles Times*, 1 juli 1990.

10 Interview van de auteur met Willie Brown, 2013.

11 Matthew D. Davis (advocaat uit San Francisco) in gesprek met de auteur, oktober 2020.

12 Jane Gross, 'California Becomes the First State to Vote Curbs on Assault Rifles'. *The New York Times*, 13 maart 1989.

13 Joe Mathews, 'It Was Guns, Not Race, That Affected Bradley'. *Politico*, 4 november 2008.

14 Doug Willis, 'Five Children Killed in Schoolyard Shooting Remembered at Memorial Service'. Associated Press, 23 januari 1989.

15 Carl Ingram, 'Governor Signs Assault Weapon Legislation'. *Los Angeles Times*, 25 mei 1989.

Hoofdstuk 4: Proeven aan de politiek

1 *Crime Trends in the City of Oakland: A 25-Year Look (1987–2012)*. Chief Justice Earl Warren Institute on Law and Social Policy, University of California, Berkeley School of Law, februari 2014, https:// www.law.berkeley.edu/files/Crime_Trends_in_the_City_of_Oakland_-_A_25-Year_Look.pdf.

2 Dan Morain, 'Garish Oakland Funeral: 1,000 Witness Last Ride of Slain Drug Ring Kingpin'. *Los Angeles Times*, 30 augustus 1986.

3 'Kamala Harris Officially Launches 2020 Presidential Campaign'. *CNN*, 28 januari 2019, https://lite.cnn.com/en/article/h_812f00af9ad-82880d57b91b881207ccb.

4 Nancy O'Malley (openbaar aanklager van Alameda County) in gesprek met de auteur, september 2020.

5 Elise Viebeck, 'Joe Biden Was in Charge of the Anita Hill Hearing. Even He Says It Wasn't Fair'. *The Washington Post*, 26 april 2019.

6 Dan Morain, 'In His Own Image: Elihu Harris Vows to Improve Perceptions – and Reality – of Life in Oakland'. *Los Angeles Times*, 6 januari 1991.

7 Dan Morain, 'State Audit Blasts Oakland School District'. *Los Angeles Times*, 25 januari 1990.

8 Dean E. Murphy, 'Boxer, Feinstein Rivalry Is Softened by Historic Election'. *Los Angeles Times*, 8 november 1992.

9 Maureen Dowd, 'The Thomas Nomination: The Senate and Sexism'. *The New York Times*, 8 oktober 1991.

10 'Supreme Court Nominee Brett Kavanaugh Confirmation Hearing, Day 2, Part 5'. C-SPAN, 4 september 2018, https://www.c-span.org/video/?449705-15/supreme-court-nom inee-brett-kavanaugh-confirmation-hearing-day-2-part-5.

11 Leah Garchik, 'Friday Lunches at Le Central Were Legendary'. *San Francisco Chronicle*, 2 april 2002.

12 Thomas B. Rosenstiel en Dan Morain, 'Herb Caen's 50 Years: Prophet of "The City" Sees Decline'. *Los Angeles Times*, 16 april 1987.

13 Daniel M. Weintraub en Dan Morain, 'Keene's Records Subpoenaed; Aide Investigated'. *Los Angeles Times*, 10 september 1988.

14 Dan Morain, 'Column One: California's Profusion of Prisons'. *Los Angeles Times*, 16 oktober 1994.

15 Dan Morain, '2 More Brown Associates Get Well-Paid Posts'. *Los Angeles Times*, 29 november 1994.

16 *Ibid.*

17 Dan Morain en Carl Ingram, 'Brown Blocks GOP Assembly Takeover as 1 Republican Bolts'. *Los Angeles Times*, 6 december 1994.
18 Herb Caen, 'Cut Along Dotted Lines'. *San Francisco Chronicle*, 14 december 1995.
19 Herb Caen, ''Twas the Day After'. *San Francisco Chronicle*, 26 december 1995.
20 Willie Brown, interview door Susan Leigh Taylor, Stan Bunger en Phil Matier, *KCBS Radio Morning News*, KCBS, 1 februari 2019.
21 'San Francisco Mayoral Inauguration'. C-SPAN, 8 januari 1996, https://www.c-span.org/video/?69289-1/san-francisco-mayoral-inauguration.
22 Tom Orloff (voormalig openbaar aanklager van Alameda County, Californië) in gesprek met de auteur, oktober 2020.
23 Peter Fimrite, 'Life Term for Fremont Man Who Scalped Girlfriend'. *San Francisco Chronicle*, 28 september 1996.

Hoofdstuk 5: Koers bepalen

1 'Why Bill Fazio Is the Choice for D.A.' Hoofdartikel, *San Francisco Chronicle*, 26 november 1995.
2 Carla Marinucci, 'Hallinan Tells of Fling, Son, Paternity Suit'. *San Francisco Examiner*, 3 februari 2012.
3 *Hallinan v. Committee of Bar Examiners*, 65 Cal. 2d 447, 15 december 1966.
4 William Claiborne, 'San Francisco Prosecutor Tries Something Different'. *The Washington Post*, 20 februari 1996.
5 Maura Dolan, 'A Liberal Lays Down the Law in S.F.' *Los Angeles Times*, 5 april 1997.
6 Phillip Matier en Andrew Ross, 'Blow-by-Blow Description of DA's Tussle'. *San Francisco Chronicle*, 3 mei 1996.
7 Phillip Matier en Andrew Ross, Matier & Ross – Brown's Creative Financing Underwrites Far-Flung Trade Jaunts'. *San Francisco Chronicle*, 2 februari 1998.
8 Andy Furillo (Kamala Harris-researcher) in gesprek met de auteur, oktober 2020.

9 Louise Renne (voormalig openbaar aanklager van San Francisco) in gesprek met de auteur, september 2020.

10 Matthew D. Davis (advocaat in San Francisco) in gesprek met de auteur, oktober 2020.

Hoofdstuk 6: Met vetgedrukte letters in de bladen

1 Brown, *Basic Brown*, p. 54.

2 Libby Schaaf (burgemeester van Oakland) in gesprek met de auteur, oktober 2020.

3 Jackie Phillips (voormalig schoolhoofd Cole School) in gesprek met de researcher van de auteur, Sasha Hupka, oktober 2020.

4 Pat Steger, 'Fairy-Tale Wedding for Getty-Jarman in Napa Valley'. *San Francisco Chronicle*, 21 juni 1999.

5 Stacy Finz, 'The Daily'. *San Francisco Chronicle*, 15 maart 2001.

6 Carolyne Zinko, 'Moreno Lets It All Hang Out/All-Star "Monologues" Draw High-Powered V-Day Supporters'. *San Francisco Chronicle*, 17 februari 2002.

7 Catherine Bigelow, 'Elton John's "Your Song" Is Their Song at Star-Studded Fund-Raiser'. *San Francisco Chronicle*, 18 oktober 2002.

8 'Kamala Harris with Montel Williams and His Daughter, Ashley at the Eighth Annual Race to Erase MS in Los Angeles'. YouTube-video, 18 mei 2001, https://www.youtube.com/watch?v=e8iZw2y-Wb7M.

9 Phil Matier en Andy Ross, 'Costs of BART Talks Picking Up Speed of Runaway Train'. *San Francisco Chronicle*, 16 juli 2001.

10 'Bumbling into a Second Term'. Hoofdartikel, *San Francisco Chronicle*, 23 augustus 2000.

11 Evan Halper, 'Meet One of Hillary Clinton's Biggest Donors in California. They Hardly Ever Talk Politics'. *Los Angeles Times*, 3 juli 2016.

12 Michael Kruse, 'How San Francisco's Wealthiest Families Launched Kamala Harris'. *Politico*, 10 augustus 2019.

13 Mark Buell (vriend van Harris en filantroop) in gesprek met de auteur, oktober 2020.

Hoofdstuk 7: Koppensnellen – figuurlijk

1 Gary Cohn, Carla Hall en Robert W. Welkos, 'Women Say Schwarzenegger Groped, Humiliated Them'. *Los Angeles Times*, 2 oktober 2003.
2 Louise Renne (voormalig openbaar aanklager van San Francisco) in gesprek met de auteur, oktober 2020.
3 Mark Buell (vriend van Harris en filantroop) in gesprek met de auteur, oktober 2020.
4 John Keker (topadvocaat) in gesprek met de auteur, oktober 2020.
5 Dan Morain, 'Ready for Combat: The Man Who Would Prosecute Oliver North Is a Marine Veteran Known for His Tough Courtroom Stance'. *Los Angeles Times*, 12 januari 1989.
6 Debbie Mesloh (vriendin van Harris en medewerker aan de eerste campagne; campagnewoordvoerder) in gesprek met de auteur, oktober 2020.
7 Laura Talmus (vriendin van Harris en fondsenwerver) in gesprek met de auteur, september 2020.
8 Jane Ganahl, 'Finding Their Voices: Training Program Helps Women Shape Political Dreams'. *San Francisco Chronicle*, 23 februari 2003.
9 Byrne, 'Kamala's Karma'.
10 Phillip Matier en Andrew Ross, 'Brains, Brio, Beauty – and Wounded Feelings'. *San Francisco Chronicle*, 10 november 2003.
11 Phillip Matier en Andrew Ross, 'Contract Reportedly Out on Life of Dog Case Prosecutor'. *San Francisco Chronicle*, 21 november 2001.
12 Demian Bulwa, 'Harris Defeats Hallinan after Bitter Campaign'. *San Francisco Chronicle*, 10 december 2003.

Hoofdstuk 8: Agent neergeschoten

1 *People v. Hill*, A117787, 13 januari 2011.
2 Demian Bulwa en Jaxon Van Derbeken, 'Suspect in Slaying of SFPD Officer in Custody'. *San Francisco Chronicle*, 12 april 2004.
3 *People v. Hill*, A117787, 13 januari 2011.

4 Demian Bulwa en Jaxon Van Derbeken, 'Suspect in Slaying of SFPD Officer in Custody/ Bayview "War Zone" Site of Fatal Shooting Late Saturday Night'. *San Francisco Chronicle*, 12 april 2004.

5 *Ibid.*

6 Jaxon Van Derbeken, 'Not Guilty Plea in Killing of Officer'. *San Francisco Chronicle*, 15 april 2004.

7 Jaxon Van Derbeken, 'S.F. Police Push Hard for Death Penalty'. *San Francisco Chronicle*, 21 april 2004.

8 Matthew B. Stannard, 'San Francisco D.A. Won't Pursue Death in Cop Slaying'. *San Francisco Chronicle*, 14 april 2004.

9 Assembly Joint Resolution No. 82, California Legislature, 2003-2004 Regular Session (2004).

10 Matthew B. Stannard, 'Police Mourn Hero Who Refused to Give Up'. *San Francisco Chronicle*, 17 april 2004.

11 *Ibid.*

12 Bill Lockyer (voormalig procureur-generaal) in gesprek met de auteur, september 2020.

13 John Balzar, 'Feinstein Support of Death Penalty Draws Party Boos'. *Los Angeles Times*, 8 april 1990.

14 Kamala Harris, 'Justice for Officer Espinoza, Peace for the City'. *San Francisco Chronicle*, 23 april 2004.

Hoofdstuk 9: Slim optreden tegen misdaad

1 Leslie Fulbright, 'Life at the Bottom: S.F.'s Sunnydale Project'. *San Francisco Chronicle*, 3 februari 2008.

2 Michael Finnegan, 'San Francisco's D.A.'s Program Trained Illegal Immigrants for Jobs They Couldn't Legally Hold'. *Los Angeles Times*, 22 juni 2009.

3 Matthew D. Davis (jaargenoot van Harris op Hastings en een vriend) in gesprek met de auteur, oktober 2020.

4 Assembly Bill No. 3042 Sentencing, California State Legislature (2004).

5 Lee Romney, 'Bill Would Fight Child Prostitution'. *Los Angeles Times*, 5 september 2004.

6 Don Thompson, 'Calif. Bill Could Jail Parents if Kids Miss School'. Associated Press, 13 mei 2020.
7 *Ibid.*

Hoofdstuk 10: Harris en Obama

1 Dan Morain, 'Republicans Dismiss Harris at Their Peril'. *Los Angeles Times*, 8 februari 2019; Buffy Wicks (Obama's belangrijkste organisator in Californië in 2007, die later staflid werd in het Witte Huis) in gesprek met de auteur, februari 2019.
2 Carla Marinucci, 'Excitement Surrounds Obama's Visit to Oakland'. *San Francisco Chronicle*, 18 maart 2007.
3 Dan Morain en Doug Smith, 'Clinton and Obama in a Dead Heat'. *Los Angeles Times*, 16 april 2007.
4 SanBenito.com, 11 december 2007, https://sanbenito.com/softball-pitch-for-2008/.
5 Catherine Kim en Zack Stanton, '55 Things You Need to Know About Kamala Harris'. *Politico*, 11 augustus 2020.

Hoofdstuk 11: De stormloop

1 Dan Morain, 'Kamala Harris, an Early Barack Obama Backer, Begins Her Ascent'. *Los Angeles Times*, 12 november 2008.
2 Ace Smith (Harris' belangrijkste strateeg, politiek adviseur) in gesprek met de auteur, oktober 2020.
3 Scott Martelle, 'Top of the Ticket'. *Los Angeles Times*, 7 september 2007.
4 Kamala Harris, 'Everyone Gets Sick. And We Deserve Better'. *The New York Times*, 19 december 2018.
5 'LA Mayor Antonio Villaraigosa Endorses Kamala Harris for Attorney General'. Facebook, 16 april 2010, https://www.facebook.com/notes/kamala-harris/la-mayor-antonio-villaraigosa-endorses-kamala-harris-for-attorney-general/417633530662/.
6 Peter Jamison, 'A Lack of Conviction'. *SF Weekly*, 5 mei 2010.

7 Kate Chatfield (beleidsdirecteur van de Justice Collaborative; ook verbonden aan de rechtenfaculteit van de University of San Francisco) in gesprek met de auteur, oktober 2020.
8 Bob Egelko, 'SF Man Awarded $10 Million after Jury Finds Police Framed Him for Murder'. *San Francisco Chronicle*, 6 april 2018.
9 Jaxon Van Derbeken, 'Reality tv Figure's Courtroom Drama'. *San Francisco Chronicle*, 3 februari 2010.
10 Jaxon Van Derbeken, *San Francisco Chronicle*, 10 februari 2010.
11 *People v. Trulove*, CA1/2, A130481A (Cal. Ct. App. 2014).
12 Jaxon Van Derbeken, 'Ex-Reality TV Show Contestant Acquitted of Murder in S.F. Retrial'. *San Francisco Chronicle*, 11 maart 2015.
13 Paul Elias, 'San Francisco Pays $13.1 Million to Man Framed for Murder'. Associated Press, 19 maart 2019.
14 *Ibid.*
15 Marc J. Zilversmit (strafrechtadvocaat en in beroepszaken gespecialiseerd advocaat uit San Francisco) in gesprek met de auteur, september 2020.
16 Ace Smith (belangrijkste strateeg van Harris) in gesprek met de auteur, oktober 2020.
17 Jeff Gottlieb en Ruben Vives, 'Is a City Manager Worth $800,000?' *Los Angeles Times*, 15 juli 2010.

Hoofdstuk 12: Veranderingen in Californië

1 'Cooley Has Edge in Experience for Attorney General'. Hoofdartikel, *The Sacramento Bee*, 8 oktober 2010.
2 Bridget Bowman, 'When Kamala Harris Lost on Election Night, but Won Three Weeks Later'. *RollCall*, 16 juli 2019.
3 Jeff Gottlieb, Ruben Vives en Jack Leonard, 'Bell Leaders Hauled Off in Cuffs'. *Los Angeles Times*, 22 september 2010.
4 Steve Cooley (openbaar aanklager van Los Angeles County) in gesprek met de auteur, oktober 2020.
5 Alexander Burns, 'California's High-Stakes ag Race'. *Politico*, 18 november 2010.

6 Marisa Lagos, 'Corruption Fighter Accepted Many Gifts'. *San Francisco Chronicle*, 9 augustus 2010.
7 *Hollingsworth v Perry*, 704 F. Supp. 2d 921 (2010) 123.
8 'State Attorney General Debate, Kamala Harris, Ken Cooley'. 5 oktober 2010, ats-video van webcast.ucdavis.edu op 24 juli 2015, https://video.ucdavis.edu/media/State+Attorney+General+Debate+-+Kamala+Harris%2C+Ken+Cooley+10-05-2010/0_s5l4d8po.

Hoofdstuk 13: Procureur-generaal Harris

1 Edmund G. Brown Jr., *Governor's Budget Summary, 2011–12*. State of California, 10 januari 2011, p. 1.
2 Dane Gillette (voormalig directeur afdeling strafzaken van het kantoor van de procureur-generaal van Californië) in gesprek met de auteur, oktober 2020.
3 *Brown v. Plata*, 563 U.S. 493 (2011).
4 Howard Broadman (voormalig rechter van het gerechtshof) in gesprek met de auteur, oktober 2020.

Hoofdstuk 14: Relikwie

1 *Morales v. Hickman*, 415 F. Supp. 2d 1037 (N.D. Cal. 2006).
2 Jim Herron Zamora et al., 'Massie Executed for 1979 S.F. Murder'. *San Francisco Chronicle*, 27 maart 2001.
3 *Jones v. Chappell*, 31 F. Supp. 3d 1050 (C.D. Cal. 2014).
4 'Attorney General Kamala D. Harris Issues Statement on Appeal of Court Ruling on California's Death Penalty', persbericht, ministerie van Justitie van Californië, 2014, https://oag.ca.gov/news/press-releases/attorney-general-kamala-d-harris-issues-statement-appeal-court-ruling-california.
5 *Jones v. Davis*, 806 F. 3d 538 (9th Cir., 2015).
6 'Senator Kamala Harris on California Death Penalty Moratorium', persbericht, Kamala D. Harris, 13 maart 2019, https://www.harris.senate.gov/news/press-releases/senator-kamala-harris-on-california-death-penalty-moratorium.

7 ‘Kamala Harris Calls for Federal Moratorium on Executions’. Associated Press, 14 maart 2019.
8 ‘Condemned Inmate List (Secure)’, Dienst Gevangeniswezen en Reclassering, bijgewerkt tot 7 oktober 2020, https://www.cdcr.ca.gov/capital-punishment/condemned-inmate-list-secure-request/.
9 ‘Coronavirus Prison Fatalities Surpass Two Decades of Executions’, Death Penalty Information Center, 31 augustus 2020, https://deathpenaltyinfo.org/news/coronavirus-prison-fatalities-surpass-two-decades-of-executions-covid-19-has-killed-more-california-death-row-prisoners-than-the-state-has-executed-in-27-years.
10 Aldrin Brown en David E. Hendrix, ‘Evidence on Trial: Kevin Cooper Is on Death Row for the 1983 Massacre of Four People in Chino Hills’. *Press-Enterprise*, 20 augustus 2000.
11 ‘Was Kevin Cooper Framed for Murder? *The New York Times*, 17 mei 2018.

Hoofdstuk 15: De huwelijksklokken luiden

1 K. Harris, *The Truths We Hold*, p. 111.
2 Dean Murphy, ‘Some Democrats Blame One of Their Own’. *The New York Times*, 5 november 2004.
3 ‘Court Challenges in Pipeline for San Francisco Gay Marriages’. *The Big Story with John Gibson*, nieuwsuitzending op tv, John Gibson, Fox News Network, 17 februari 2004.
4 *Lockyer v. City and County of San Francisco*, 17 Cal. Rptr. 3d 225 (2004).
5 Adam Liptak, ‘California Supreme Court Overturns Gay Marriage Ban’. *The New York Times*, 16 mei 2008.
6 ‘Supplement to the Statement of Vote: Statewide Summary by County for State Ballot Measures’, General Election – Statement of Vote, 4 november 2008, California Secretary of State, https://elections.cdn.sos.ca.gov/sov/2008-general/ssov/10-ballot-measures-statewide-summary-by-county.pdf (bezocht in september 2020).

7 Jessica Garrison, Cara Mia Dimassa en Richard C. Paddock, 'Nation Watches as State Weighs Ban'. *Los Angeles Times*, 5 november 2008.
8 'Brief for the State of California as Amicus Curiae in Support of Respondents', *Hollingsworth v. Perry*, 12-144, U.S. (2013).
9 Ronald George, inwijdingsplechtigheid van de American Academy of Arts and Sciences, 'The Perils of Direct Democracy: The California Experience,' opmerkingen van opperrechter Ronald M. George, Cambridge, Massachusetts, 10 oktober 2009.
10 'Brief for the State of California as Amicus Curiae in Support of Respondents', *Hollingsworth v. Perry*, 12-144, U.S. (2013).
11 'Prop 8: Gay Marriages Can Resume in California, Court Rules'. *Los Angeles Times*, 28 juni 2013.
12 Kamala Harris (@KamalaHarris), 'On My Way to S.F. City Hall...'. Twitter, 28 juni 2013, https://twitter.com/KamalaHarris/status/350744403272413185?s=20.
13 Kron 4, 'Raw Video Wedding of Kris Perry and Sandy Stier'. YouTube, https://www.youtube.com/watch?v=_RcpgACc6JY.

Hoofdstuk 16: De vervoekte foto's

1 John Myers, 'Even Rivals Say Mark Leno Is One of Sacramento's Most Accomplished Lawmakers. Now, His Time Is Up'. *Los Angeles Times*, 29 augustus 2016.
2 Getuigenis van procureur-generaal Harris, California Senate Public Safety Committee, zitting van de senaat van Californië 2011–2012 (2011). Audio-opname. Media-archief California State Senate.
3 Dan Morain, 'When Confiscating Guns in California Make Sense'. *The Sacramento Bee*, 22 januari 2013.
4 Erin Lehane (vriendin Harris) in gesprek met de auteur, oktober 2020.

Hoofdstuk 17: Hypotheekcrisis

1 Kamala Harris (@KamalaHarris), 'As Attorney General of California...'. Twitter, 23 februari 2019, https://twitter.com/KamalaHarris/status/10994983994 54384128?s=20; Facebook, 23 februari 2019, htt-

ps://www.face book.com/KamalaHarris/posts/10157501079732923?-comment_id =10157501137007923.

2 K. Harris, *The Truths We Hold*, p. 97.

3 Brady Dennis, 'N.Y. Bumped from 50-State Foreclosure Committee'. *The Washington Post*, 23 augustus 2011.

4 Alejandro Lazo, 'Kamala Harris Pressured to Reject Bank Foreclosure Settlement'. *Los Angeles Times*, 30 september 2011.

5 Procureur-generaal van Californië Kamala Harris, brief aan adjunct-directeur van het ministerie van Justitie Thomas J. Perrelli en procureur-generaal Miller van Iowa, 30 september 2011.

6 K. Harris, *The Truths We Hold*, p. 94.

7 *Ibid*, p. 100.

8 Nelson D. Schwartz en Shaila Dewan, 'Political Push Moves a Deal on Mortgages Inches Closer'. *The New York Times*, 23 januari 2012.

9 Dan Morain, 'A Shallow Promise of Justice in Housing Scandal'. *The Sacramento Bee*, 26 januari 2012.

10 Edward-Isaac Dovere, 'The Battle That Changed Kamala Harris'. *The Atlantic*, 20 augustus 2020.

11 'Attorney General Kamala D. Harris Secures $18 Billion California Commitment for Struggling Homeowners', persbericht, ministerie van Justitie van Californië, 9 februari 2012, https://oag.ca.gov/news/press-releases/attorney-general-kamala-d-harris-secures-18-billion-california-commitment.

12 'Kamala Harris Among the Rising Dem Stars at DNC'. *All Things Considered*, nieuwsuitzending op de radio, Richard Gonzales, NPR, 3 september 2012.

13 Phil Willon, '$25-Billion Foreclosure Settlement Was a Victory for Kamala Harris in California, but It Wasn't Perfect'. *Los Angeles Times*, 16 oktober 2016.

14 David Dayen, 'Kamala Harris Celebrates Her Role in the Mortgage Crisis Settlement. The Reality Is Quite Different'. *The Intercept*, 13 maart 2019, https://theintercept.com/2019/03/13/kamala-harris-mortage-crisis/.

15 Dayen, 'Kamala Harris Celebrates Her Role.'

16 Matt Levin, 'Big Investment Firms Have Stopped Gobbling Up California Homes'. CalMatters, *Los Angeles Daily News*, 5 april 2018.
17 Interview van de auteur met Mark Leno, oktober 2020.

Hoofdstuk 18: Fenomenale vrouwen

1 Joe Garofoli, 'Kamala Harris Gets Key Convention Slot'. *San Francisco Chronicle*, 4 september 2012.
2 Kamala Harris, concept van een toespraak, overhandigd aan de auteur, september 2012.
3 Burgess Everett en Elana Schor, 'Kamala Harris Keeps 'Em Guessing'. *Politico*, 8 maart 2018.

Hoofdstuk 19: 'Gewoon zo'n ventje

1 *Jukin Media, Inc. v. QWorldstar, Inc.*, 2:16-cv-06800 (C.D. Calif. 2017).
2 Chasten Buttigieg, 'Chasten Chats with Douglas Emhoff and Sen. Kamala Harris (w/Special Appearance from Pete Buttigieg!)', YouTube, 21 april 2020, https://www.youtube.com/watch?v=D7xyMtJS-ioU.
3 K. Harris, *The Truths We Hold*, p. 126.
4 C. Buttigieg, 'Chasten Chats with Douglas Emhoff.'
5 Ronald Wood (advocaat uit Los Angeles) in gesprek met de auteur, oktober 2020.
6 Mark Buell (vriend van Harris en filantroop) in gesprek met de auteur, oktober 2020.
7 Erin Lehane (vriendin Harris) in gesprek met de auteur, oktober 2020.
8 Doug Emhoff (@DouglasEmhoff), 'If I Can Do These Dad Moves…'. Twitter, 30 juni 2019, https://twitter.com/DouglasEmhoff/status/1145458269298630661?s=20.
9 Manuel Roig-Franzia, 'Doug Emhoff Paused His Career for His Wife Kamala Harris's Aspirations – and Became the Campaign's "Secret Weapon"'. *The Washington Post*, 28 oktober 2020.

Hoofdstuk 20: Vrouw met haast

1 Dan Morain, 'Kamala Harris Stays on Message, Which Means She Bobs and Weaves'. *The Sacramento Bee*, 9 augustus 2014.

2 Debra J. Saunders, 'Will California's Next Top Cop Support Legal Pot?' *San Francisco Chronicle*, 10 oktober 2014.

3 Jennifer Medina, 'Judge Rejects Teacher Tenure for California'. *Teacherwise* (blog), 10 juni 2014, https://teacherwise.wordpress.com/2014/06/10/judge-rejects-teacher-tenure-for-california/.

4 'Statement of Vote: November 4, 2014, General Election', California Secretary of State, https://elections.cdn.sos.ca.gov/sov/2014-general/pdf/2014-complete-sov.pdf, 34–36.

5 Dan Morain, 'Chief Justice of the California Supreme Court Leaves the Republican Party, Citing Kavanaugh'. *CalMatters*, 13 december 2018, https://calmatters.org/politics/2018/12/chief-justice-of-the-california-supreme-court-leaves-the-republican-party-citing-kavanaugh/.

6 'Attorney General Kamala D. Harris Sworn In, Delivers Inaugural Address', persbericht, ministerie van Justitie van Californië, 5 januari 2015.

Hoofdstuk 21: Joe Biden steekt Harris de helpende hand toe

1 Rory Carroll, 'Kamala Harris: The "Female Obama" Plots Her Course on the Road to Washington', *The Guardian* (Britse editie), 14 januari 2015.

2 Elizabeth Warren, 'I'm Supporting Kamala'. Elizabeth Warren in de Senaat, 14 januari 2015, https://elizabethforma.com/im-supporting-kamala/.

3 Dan Morain, 'Harris' Senate Ambitions Now Are More Sizzle than Substance'. *The Sacramento Bee*, 17 januari 2015.

4 Christopher Cadelago, 'Willie Brown: Villaraigosa Should Sit Out U.S. Senate Race'. *The Sacramento Bee*, 23 januari 2015.

5 'Willie Brown's Guide to Losing Friends and Alienating Voters'. Hoofdartikel, *The Sacramento Bee*, 27 januari 2015.

6 Michael Finnegan, 'Loretta Sanchez's Public Image a Factor in Senate Race'. *Los Angeles Times*, 14 mei 2015.
7 Dan Morain, 'Dan Morain: Loretta Sanchez Runs Against Kamala Harris and Herself'. *The Sacramento Bee*, 22 januari 2016.
8 Kenny Ducey, 'A History of Cam Newton and the "Dab"'. *Sports Illustrated*, 7 februari 2016, https://www.si.com/extra-mustard/2016/02/07/nfl-super-bowl-cam-newton-dab-dance-celebration#:~:text=Back%20in%20October%2C%20Cam%20Newton,-for%20making%20the%20dance%20popular.
9 Carla Marinucci, 'Kamala Harris' "Bizarre" Move: No Press at Kick-off Event'. *San Francisco Chronicle*, 3 april 2015.
10 Christopher Cadelago, 'Kamala Harris Spending Big Chunk of Money Raised for Senate Race'. *The Sacramento Bee*, 29 oktober 2015.
11 Phil Willon, 'Kamala Harris Shakes Up Senate Campaign Staff'. *Los Angeles Times*, 17 november 2015.
12 Alex Roarty, 'Posh Hotels and Pricey Airfare: Meet the Senate Candidate Driving Democrats Crazy'. *The Atlantic*, 6 december 2015.
13 Dan Morain, 'Harris' Senate Ambitions Now Are More Sizzle Than Substance'. *The Sacramento Bee*, 17 januari 2015.
14 Dan Morain, 'Joe Biden Calls for Some Political Civility in Uncivil Times'. *The Sacramento Bee*, 5 maart 2016.
15 Phil Willon en Jazmine Ulloa, 'Rep. Loretta Sanchez Implies Obama Endorsed Senate Rival because They Are Both Black'. *Los Angeles Times*, 22 juli 2016.

Hoofdstuk 22: Kies je speerpunten met zorg

1 Christopher Cadelago, 'Loretta Sanchez, Kamala Harris Wrangle Over Trump University'. *The Sacramento Bee*, 14 september 2016.
2 Floyd Norris, 'Corinthian Colleges Faltering as Flow of Federal Money Slows'. *The New York Times*, 26 juni 2014.
3 Chris Kirkham, 'Corinthian Closing Its Last Schools; 10,000 California Students Displaced'. *Los Angeles Times*, 26 april 2015.

4 'Twelve Senators Urge Education Department to Protect Students while Continuing Oversight of Other For-Profit Colleges', U.S. Senate Committee on Heath, Education, Labor & Pensions, 26 juni 2014, https://www.help.senate.gov/ranking/newsroom/press/twelve-senators-urge-education-department-to-protect-students-while-continuing-oversight-of-other-for-profit-colleges.

Hoofdstuk 23: De eeuwige oorlog

1 '9 Reasons to Love Kamala Harris', Planned Parenthood, https://www.plannedparenthoodaction.org/elections/kamala-harris (bezocht op 27 oktober 2020).

2 Paige St. John, 'Kamala Harris' Support for Planned Parenthood Draws Fire after Raid on Anti-Abortion Activist'. *Los Angeles Times*, 7 april 2016.

3 Julie Turkewitz en Jack Healy, '3 Are Dead in Colorado Springs Shootout at Planned Parenthood Center'. *The New York Times*, 27 november 2015.

4 Christopher Cadelago, 'Kamala Harris to Review Group behind Planned Parenthood Abortion Videos'. *The Sacramento Bee*, 24 juli 2015.

5 Kathy Kneer (voorzitter en directeur van Planned Parenthood-vestigingen in Californië) in gesprek met de auteur, oktober 2020.

6 Jill E. Habig, e-mail, aan de auteur verstrekt door de bron, 5 april 2016.

7 St. John, 'Kamala Harris' Support for Planned Parenthood.'

8 Kathy Kneer (voorzitter en directeur van Planned Parenthood-vestigingen in Californië) in gesprek met de auteur, oktober 2020.

9 Reproductive FACT Act, AB-775, parlement van de staat Californië (2015).

10 'About NIFLA, NIFLA, https://nifla.org/about-nifla/ (bezocht op 27 oktober 2020).

11 National Institute of Family and Life Advocates, brief aan de parlementaire commissie, Bill Analysis of Assembly Bill 775, 14 april 2015.

12 Dan Morain, 'How an Abortion Rights Law Ended Up Bankrolling Anti-Abortion Forces in CA'. *CalMatters*, 4 november 2019, https://calmatters.org/politics/2019/11/abortion-law-california-settlement-nifla-becerra-daleiden-sekulow/.

13 'Attorney General Kamala D. Harris Issues Statement on Governor Brown Signing Reproductive FACT Act into Law', persbericht, ministerie van Justitie van Californië, 9 oktober 2015, https://oag.ca.gov/news/press-releases/attorney-general-kamala-d-harris-issues-statement-governor-brown-signing.

14 Adam Liptak, 'Supreme Court Backs Anti-Abortion Pregnancy Centers in Free Speech Case'. *The New York Times*, 26 juni 2018.

15 Morain, 'How an Abortion Rights Law Ended Up Bankrolling Anti-Abortion Forces.' *CallMatters*, 4 november 2019, https://calmatters.org/politics/2019/11/abortion-law-california-settlement-nifla-becerra-daleiden-sekulow/

16 *The People of the State of California v. David Robert Daleiden and Sandra Susan Merritt*, districtsrechtbank van San Francisco (2017).

17 'New video: Planned Parenthood and Kamala Harris Colluded to Weaponize CA Video Recording Law against Disfavored Speech', Center for Medical Progress, 6 oktober 2020, https://www.centerformedicalprogress.org/2020/10/new-video-planned-parenthood-and-kamala-harris-colluded-to-weaponize-ca-video-recording-law-against-disfavored-speech/.

Hoofdstuk 24: 'Pak ze maar aan!'

1 *The State of Human Trafficking in California*, Human Trafficking Work Group. California Department of Justice, 2012.

2 Claire Cain Miller, 'Craigslist Says It Has Shut Its Section for Sex Ads'. *The New York Times*, 15 september 2010.

3 National Association of Attorneys General, brief aan Samuel Fifer, 31 augustus 2011.

4 National Association of Attorneys General, brief aan de senatoren John Rockefeller IV en John Thune, en volksvertegenwoordigers Frederick Upton en Henry Waxman, 23 juli 2013.

5 Maggy Krell (voormalig medewerkers van het ministerie van Justitie van Californië; speciale adviseur van Planned Parenthood Affiliates of California) in een gesprek met de schrijver, oktober 2020.
6 'Attorney General Kamala D. Harris Announces Criminal Charges against Senior Corporate Officers of Backpage.com for Profiting from Prostitution and Arrest of Carl Ferrer, CEO', persbericht, ministerie van Justitie van Californië, 6 oktober 2016, https://oag.ca.gov/news/press-releases/attorney-general-kamala-d-harris-announces-criminal-charges-against-senior.
7 Carissa Phelps (advocaat voor kinderen; auteur een openbaar aanklager) in discussie met de auteur, oktober 2020.
8 Mike Masnick, 'Merry Christmas: Kamala Harris Files Brand New Criminal Charges against Backpage Execs after Last Ones Were Tossed Out'. *Techdirt* (blog), 23 december 2016, https://www.techdirt.com/articles/2016 1223/15495736339/merry-christmas-kamala-harris-files-brand-new-criminal-charges-against-backpage-execs-after-last-ones-were-tossed-out.shtml.
9 Don Thompson, 'Judge Allows Money Laundering Charges against Backpage Execs'. Associated Press, 23 augustus 2017.
10 Tom Jackman en Mark Berman, 'Top Officials at Backpage.com Indicted after Classifieds Site Taken Offline'. *The Washington Post*, 9 april 2018.
11 *United States of America v. Michael Lacey*, CR-18-00422-PHX-SPL (BSB) (D. Ariz. 2018).

Hoofdstuk 25: 'Ik ben van plan om te strijden'

1 George Skelton, 'Capitol Journal: Few Are Paying Attention to California's Senate Contest – because It May Be Putting Them to Sleep'. *Los Angeles Times*, 10 oktober 2016.
2 Julie Tamaki en Dan Morain, 'Baffling Portrait of S.F. Gunman Emerges'. *Los Angeles Times*, 3 juli 1993.
3 Erin Lehane (Harris' vriendin) in gesprek met de auteur, oktober 2020.

4 Phillip Matier en Andrew Ross, 'How Kamala Harris Turned U.S. Senate Contest into a Cakewalk'. *San Francisco Chronicle*, 6 november 2016.
5 Kamala Harris, *The Truths We Hold*, p. ii.
6 KCRA-Sacramento, 'Kamala Harris Election Night Speech, 2016'. YouTube, 1 mei 2016, http://bit.ly/1kjRAAn.
7 Phil Willon, 'Newly Elected Kamala Harris Vows to Defy Trump on Immigration'. *Los Angeles Times*, 10 november 2016.

Hoofdstuk 26: Op het nationale toneel

1 Katharine Q. Seelye, 'A New Senator, Known Nationally and Sometimes Feared'. *The New York Times*, 10 november 2012.
2 Amber Phillips, 'One Election Bright Spot for Democrats: Women of Color'. *The Washington Post*, 10 november 2016.
3 Ron Wyden (senior senator van Oregon in de Amerikaanse Senaat) in gesprek met de researcher van de auteur, Josh Meyer, oktober 2020.
4 'Schumer Announces Senate Democratic Committee Memberships for the 115th Congress', persbericht, 20 december 2016, http://static.politico.com/be/b6/1ba2e7f1465fadebe406e448aaad/senate-democratic-committee-assignments.pdf.
5 'Harris Appoints Community Leader, Veteran Organizer and Champion of Immigrant Communities to Lead State Operation,' persbericht, Kamala D. Harris, 18 december 2016, https://www.harris.senate.gov/news/press-releases/harris-appoints-community-leader-veteran-organizer-and-champion-of-immigrant-communities-to-lead-state-operation.

Hoofdstuk 27: Het verzet

1 Nomination of John F. Kelly, Hearing before the Committee on Homeland Security and Governmental Affairs, U.S. Senate, 115ste Congres, eerste vergadering, 10 januari 2017.
2 Hans Johnson en Sergio Sanchez, 'Just the Facts: Immigrants in California'. Public Policy Institute of California, mei 2019, https://www.ppic.org/publication/immigrants-in-california/.

3 Ron Wyden (senior senator van Oregon in de US Senaat) in gesprek met de researcher van de auteur, Josh Meyer, oktober 2020.
4 Background to 'Assessing Russian Activities and Intentions in Recent US Elections': The Analytic Process and Cyber Incident Attribution. Kantoor van de directeur van de Nationale Inlichtingendienst, 6 januari 2017, https://www.dni.gov/files/documents/ICA_2017_01.pdf.
5 Greg Miller en Adam Entous, 'Declassified Report Says Putin "Ordered" Effort to Undermine Faith in U.S. Election and Help Trump'. The Washington Post, 6 januari 2017.
6 *Ibid.*
7 Open Hearing on the Intelligence Community's Assessment on Russian Activities and Intentions in the 2016 U.S. Elections, Hearing before the Select Committee on Intelligence of the United States Senate, 115ste Congres, eerste vergadering, 10 januari 2017.
8 Open Hearing to Consider the Nomination of Hon. Mike Pompeo to Be Director of the Central Intelligence Agency, Hearing before the Select Committee on Intelligence of the United States Senate, 115ste Congres, eerste vergadering, 12 januari 2017.
9 'Senator Kamala D. Harris Presses Pompeo on Russian Interference in the Election & National Security Impact of Global Climate Change', persbericht, Kamala D. Harris, 12 januari 2017, https://www.harris.senate.gov/news/press-releases/senator-kamala-d-harris-presses-pompeo-on-russian-interference-in-the-election-and-national-security-impact-of-global-climate-change.

Hoofdstuk 28: 'Ik ben hier degene die de vragen stelt'

1 Nicholas Fandos, 'Growing Number of G.O.P. Lawmakers Criticize Trump's Refugee Policy'. *The New York Times*, 29 januari 2017.
2 Kamala Harris, *The Truths We Hold*, p. 157.
3 Ian Schwartz, 'Let Me at Least Finish Once Before You Interrupt Me'. *RealClear Politics*, 6 juni 2017.
4 Jeremy Herb, 'Senators Try to Quiet Harris, but She Doesn't Back Down'. *CNN*, 7 juni 2017.

5 Kamala Harris (@KamalaHarris), 'RT This If You've Ordered…'. Twitter, 10 juni 2017, https://twitter.com/KamalaHarris/status/873678921841201152?s=20.

6 Jim Spears a.k.a. QuaranTweeting (@QuaereNon), 'Smoke the Hell Out of Jeff Sessions Tuesday…'. Twitter, 10 juni 2017, https://twitter.com/QuaereNon/status/873679800552103936?s=20.

7 Jim Spears (college professor uit Louisiana) in een interview met de researcher van de auteur, Josh Meyer, oktober 2020.

8 'Attorney General Testimony on Russian Investigation'. C-SPAN, 13 juni 2017, https://www.c-span.org/video/?429875-1/attorney-general-calls-collusion-accusations-detestable-lie.

9 *Ibid.*

Hoofdstuk 29: 'Ja of nee'

1 'Senator Harris Returns from Trip to the Middle East', persbericht, Kamala D. Harris, 17 april 2017, https://www.harris.senate.gov/news/press-releases/senator-harris-returns-from-trip-to-the-middle-east.

2 Elaine Duke (Amerikaanse ambtenaar en voormalig plaatsvervangend minister van Binnenlandse Veiligheid) in gesprek met de researcher van de auteur, Josh Meyer, oktober 2020.

3 'James Comey: Lordy, I Hope There Are Tapes'. C-SPAN, 8 juni 2017, https://www.c-span.org/video/?c4672714/james-comey-lordy-hope-tapes.

4 Ron Wyden (senior senator van Oregon in de Amerikaanse Senaat) in gesprek met de researcher van de auteur, Josh Meyer, oktober 2020.

5 *Ibid.*

Hoofdstuk 30: Harris versus Kavanaugh

1 'Supreme Court Nominee Brett Kavanaugh Confirmation Hearing, Day 1, Part 1'. C-SPAN, 4 september 2018, https://www.c-span.org/video/?449704-1/brett-kavanaugh-confirmation-hearing-begins-amid-democratic-objections-public-protests.

2 'Supreme Court Nominee Brett Kavanaugh Confirmation Hearing, Day 2, Part 5'. C-SPAN, 4 september 2018, https://www.c-span.org/video/?449705-15/supreme-court-nominee-brett-kavanaugh-confirmation-hearing-day-2-part-5.
3 *Ibid.*
4 Ruth Marcus, *Supreme Ambition: Brett Kavanaugh and the Conservative Takeover*. New York: Simon & Schuster (2019), p. 240.
5 *Ibid*, p. 241.
6 *Ibid*, p. 246.
7 Emma Brown, 'California Professor, Writer of Confidential Brett Kavanaugh Letter, Speaks Out about Her Allegation of Sexual Assault'. *The Washington Post*, 16 september 2018.
8 *Ibid.*
9 'Supreme Court Nominee Brett Kavanaugh Sexual Assault Hearing, Professor Blasey Ford Testimony'. C-SPAN, 27 september 2018, https://www.c-span.org/video/?451895-1/professor-blasey-ford-testifies-sexual-assault-allegations-part-1.
10 '*Time* 100 Most Influential People, 2019'. *Time*, https://time.com/collection/100-most-influential-people-2019/.

Hoofdstuk 31: Een sterfgeval in de familie

1 Lorena O'Neil, 'Samantha Bee, Stephen Colbert Criticize Jason Miller Calling Kamala Harris "Hysterical"'. *Hollywood Reporter*, 15 juni 2017.
2 Bill Barrow en Meg Kinnard, 'Kamala Harris: Midterms a Fight for "the Best of Who We Are"', Associated Press, 19 oktober 2018.
3 Maeve Reston, 'Kamala Harris Receives a Hero's Welcome from Women in Iowa', *CNN*, 25 oktober 2018, https://www.cnn.com/2018/10/25/politics/kamala-harris-iowa-women/index.html.
4 Rekha Basu, 'Kamala Harris' Passion, Optimism, Warmth May Be the Antidote to Trump's Snide Divisiveness'. *The Des Moines Register*, 23 oktober 2018.
5 Edward-Isaac Dovere, 'Kamala Harris's Anti-Trump Tour'. *The Atlantic*, 26 oktober 2018.

6 Beth Foster Gayle, interview met Anderson Cooper. *Anderson Cooper 360*, CNN, 12 augustus 2020.
7 'Harris at Spelman College: "Go Forward Unburdened, Unwavering, and Undaunted by the Fight"', persbericht, Kamala D. Harris, 26 oktober 2018, https://www.harris.senate.gov/news/press-releases/harris-at-spelman-college-go-forward-unburdened-unwavering-and-undaunted-by-the-fight.
8 KCRA-Sacramento, 'Tyrone Gayle Memorial Service'. YouTube, 10 november 2018, https://www.youtube.com/watch?v=DId5FtJ_N48.

Hoofdstuk 32: 'Voor het volk'

1 'Sen. Kamala Harris Says She's "Not Yet Ready" to Announce if She'll Run for President'. *The View*, seizoen 22, deel 77. ABC, 8 januari 2019, https://abcnews.go.com/theview/video/sen-kamala-harris-shes-ready-announce-shell-run-60236162.
2 'Sen. Kamala Harris Announces 2020 Presidential Run'. *Good Morning America*. ABC, 21 januari 2019, https://www.goodmorningamerica.com/news/video/sen-kamala-harris-announces-2020-presidential-run-60518540.
3 Kamala Harris, 'I'm Running to Be President of the People...'. *Facebook*, 28 januari 2019, https://www.facebook.com/KamalaHarris/posts/im-running-to-be-president-of-the-people-by-the-people-and-for-all-people-im-run/10157431129232923/.
4 Peter Baker en Maggie Haberman, 'Trump, in Interview, Calls Wall Talks "Waste of Time" and Dismisses Investigations'. *The New York Times*, 31 januari 2019.

Hoofdstuk 33: De timing is cruciaal

1 Jennifer Haberkorn, 'Feinstein Says She Supports Joe Biden for 2020, and Notes That Sen. Kamala Harris Is "Brand-New Here"'. *Los Angeles Times*, 3 januari 2019.
2 Breakfast Club Power 105.1 FM, 'Kamala Harris Talks Gender Pay Gap, Climate Control, Russian Interference + More,' YouTube, 12

juli 2019, https://www.youtube.com/watch?v=QPwlZxBVoeA&feature=youtu.be&ab_channel=BreakfastClubPower105.1FM.

3 Sinéad Baker, 'Kamala Harris' Father Said She Disgraced Her Jamaican Family by Using a "Fraudulent Stereotype" to Joke About Smoking Weed'. *Business Insider*, 21 februari 2019.

4 Chelsea Janes en Amy B. Wang, 'Pete Buttigieg Is Ending His Presidential Bid'. *The Washington Post*, 1 maart 2020.

5 Julie Bosman en Katie Glueck, 'Civil Rights Discussion "Shouldn't Be about the Past", Biden Says'. *The New York Times*, 28 juni 2019.

6 Arlette Saenz, Jessica Dean en Eric Bradner, 'Joe Biden Previews More Aggressive Approach Ahead of Next Democratic Debate'. *CNNPolitics*, 28 juli 2019.

7 Lara Bazelon, 'Kamala Harris Was Not a "Progressive Prosecutor"'. *The New York Times*, 17 januari 2019. Zie ook Phil Willon, 'Kamala Harris Should Take Bolder Action on Police Shootings, Civil Rights Advocates Say'. *Los Angeles Times*, 18 januari 2016; en Kate Kelly, 'How Does Harris View Big Business? Her Time as California's Top Lawyer Offers Clues'. *The New York Times*, 30 oktober 2020.

8 Chris Cillizza, 'How You Know Tulsi Gabbard Really Got Under Kamala Harris' Skin'. *CNN*, 1 augustus 2019.

9 *Ibid.*

10 Melanie Mason en Michael Finnegan, 'Kamala Harris Regrets California Truancy Law That Led to Arrest of Some Parents'. *Los Angeles Times*, 17 april 2019.

11 Jonathan Martin, Astead W. Herndon en Alexander Burns, 'How Kamala Harris's Campaign Unraveled'. *The New York Times*, 29 november 2019.

12 Brian Brokaw (manager van Harris' campagne in 2010 voor procureur-generaal) in gesprek met de auteur, oktober 2020.

13 Christopher Cadelago en Caitlin Oprysko, '"One of the Hardest Decisions of My Life": Kamala Harris Ends Once-Promising Campaign'. *Politico*, 3 december 2019.

Hoofdstuk 34: Dansend in de regen

1 H. Res. 858, 116ste Congres, tweede vergadering. (2019-2020).

2 Cynthia Hubert, 'Michael Tubbs, One of America's Youngest Mayors, Aims to Lift His Hometown of Stockton'. *The Sacramento Bee*, 12 april 2017.

3 Michael Tubbs (Stockton, Californië, burgemeester) in gesprek met de auteur, oktober 2020.

4 Alexander Burns en Katie Glueck, 'Kamala Harris Is Biden's Choice for Vice President'. *The New York Times*, 11 augustus 2020.

5 *The Late Show with Stephen Colbert*, 'Sen. Kamala Harris on Joining the Biden Ticket: I'd be Honored'. YouTube, 18 juni 2020, https://youtu.be/jkTOpWzC9Rc.

6 Eleni Kounalakis (luitenant-gouverneur van Californië) in gesprek met de auteur, oktober 2020.

7 Joey Garrison, et. al, 'Inside a Grueling Search for VP; How Joe Biden Came to Choose Kamala Harris'. *USA Today*, 14 augustus 2020.

8 Joe Biden (@JoeBiden), 'I First Met@KamalaHarris…'. Twitter, 13 augustus 2020, https://twitter.com/JoeBiden/status/1293970573559599105?s=20.

9 Kamala Harris (@KamalaHarris), 'In High School, I Found Out My Best Friend…'. Twitter, 23 september 2020, https://twitter.com/KamalaHarris/status/1308779071204192256?s=20.

10 Wanda Kagan (schoolvriendin in Montreal) in gesprek met de researcher van de auteur, Sasha Hupka, november 2020.

11 Peggy Noonan, 'A Good Debate, and It's Not Quite Over'. *The Wall Street Journal*, 23 oktober 2020.